ウィリアム王子とキャサリン・ミドルトン嬢
写真はMARIO TESTINO（マリオ・テスティノ）氏の好意による提供
写真提供：バッキンガム宮殿　以下（BP）

荘厳なウィンザー城（BP）

バッキンガム宮殿での謁見(BP)

宮殿での園遊会にて、テントの下でのティーパーティー(BP)

宮殿での女王とフィリップ殿下（BP）

ガーター勲章授与式に向かうチャールズ皇太子とアン王女（BP）

クリスマスカードにチャールズ皇太子のサイン

ハイグローブの庭園でのウィリアム、チャールズ、ハリー（著者コレクション）

熱心に耳を傾ける人間味
あふれる女王(著者コレクション)

カミラ・コーンウォール公爵夫人(著者コレクション)

ウィリアムとキャサリンの結婚記念の食器
WCではなくCWをモノグラムに採用した（BP）

エリザベスとフィリップ、初めて出会った日のように腕を組んで（BP）

フィリップ殿下と娘のアン、スコットランドでのバーベキュー(BP)

ウィンザー城ではためく王室旗(BP)

初々しく優雅な英国皇太子妃(バースコスチューム協会)

(右)アメリカ西部のドレス姿のダイアナ妃、
カナダでのバーベキュー
(バースコスチューム協会)

女王、チャールズ、アン　はじける笑い(BP)

執務室での王女（BP）

思い出深いダイアナ妃のドレス（ザ・ロイヤルコレクション）

(右)王立海軍将校
フィリップ殿下(BP)
(左)アンニゴーニによる
女王陛下エリザベスII世(BP)

(下) イギリスの小学生コンテスト
2011年度の勝者(BP)

フリージア、チューリップ、カーネーション、スズランの小さな花束を手にした女王（BP）

アン王女（BP）

毎年6月に行われている軍旗敬礼分列式(BP)

女王陛下(BP)

ジョージVI世とエリザベス王妃、幼いエリザベスとマーガレットと共に（BP）

ロンドン塔の衛兵の前で視察中の女王（NTIの好意による提供）

バッキンガム宮殿の
日常生活

B・メヤ‐スタブレ
新倉真由美訳

BUCKINGHAM PALACE
AU TEMPS D’ÉLISABETH II

Bertrand MEYER-STABLEY : “BUCKINGHAM PALACE AU TEMPS D’ÉLISABETH II ”

Photos by courtesy : British Information Services, Service de presse de Buckingham Palace, Mario Testino - Buckingham Palace, The National Portrait Gallery, By kind permission of NTI, Collection de l’auteur D.R.
This book is published in Japan by arrangement with HACHETTE LIVRE, département HACHETTE LITTERATURES through le Bureau des Copyrights Français, Tokyo.

バッキンガム宮殿の日常生活　目次

序

思い邪《よこしま》なる者に災いあれ！　浪費する者に災いあれ！　新首相デヴィッド・キャメロンの時代、イギリスには前代未聞の財政緊縮が科せられているが、イギリス連合王国は一丸となって君主制を祝いお祭り騒ぎをしている。

二〇一一年四月二九日、ウィリアム王子はキャサリン・ミドルトンと盛大な挙式をあげ、二〇一二年春にはエリザベス二世が一週間通して即位六〇周年記念式典ダイアモンドジュビリーを行う。バッキンガム宮殿は歴史的行事にあたり、兵隊たちに金色のベルトとピカピカの鎧という堅苦しい制服を着せ、比類なき豪華さを誇示する。道には旗が飾られ、ダイアモンドや花で飾られた見事な馬車の壮麗な行列が行われる。完璧なカクテルパーティーはウィンザー家の伝説にきらめきを与え、勲章は輝きを増し、昔からの秘訣を知るベテランの使用人たちが真価を発揮する。

エリザベス二世は六〇年近く王室の機構を風雪から守り続けてきた！　子どもたちの無分別な行動に振り回されながらも、女王陛下は台風の目の中で持ちこたえた。彼女は荒れ狂う海の中の動かざる岩にも似て、マスコミの絶え間ない攻撃に向かい合う哲学者のようだ。彼らは情け容赦なく毎日朝食のたびに、女王自ら出演している連続ドラマに新たなエピソードを加え続ける。題して〈ウィンザー家のスキャンダル〉。

一九五二年の戴冠以来、王国自身も提供している見世物には、世界中の人びとがどんなに些細な場面にも登場する。衛星放送される結婚式、戴冠式、葬儀、誕生日、洗礼式、純粋な恋愛。バッキンガム宮殿の門をテレビに開放してから、エリザベス二世は連鎖する悪循環から抜け出られなくなってしまった。王国のメロドラマが一般公開されたのだ。マスコミは視聴者の夢と憧れを満足させるためにマウントバッテン＝ウィンザー家を一貫して追い続け、視聴率を上げるためならシナリオを書き変えることも辞さなかった。

矛盾しているようだが、番組のスーパースター女王はミステリアスな面を保つことに成功した。彼女は漠然とした愛着と、郷愁を感じるライフスタイルと失われつつある規律や理想を見事に演じ、崇拝者たちの心を捉えている。

バッキンガム宮殿に立てこもり、生涯を祖国とウィンザー家に捧げた彼女は、沈着冷静に統治し続けている。一九九七年のダイアナ妃の死とそれを取り巻いた国民感情は、王国と国民の間の溝を浮き彫りにさせ、君主国に弔鐘を鳴らした。

ウィンザー家は早急にイギリス国民と新たな協定を結び、次世代に何をもたらすことができるか証明する必要に迫られた。国民は馬車や城や財宝や厳格な儀式等に象徴される、古臭い王朝以外のものを求めていた。君主国は社会学的に実社会と断絶しているように見える。皇太子妃の逝去が巻き起こした人びとの悲嘆に満ちた反応は、過去数年間イギリスに起きていた未曾有の大騒動に対し、王国が何も対策を打てなかったことを証明した。いったん人びとの感情が収まると、いくらかの広報活動を除いては、すべて以前と同じような日々が再開された。数トンに及ぶヴィクトリア時代の石造りの建築に覆われたバッキンガム宮殿とその閉塞的な雰囲気の中で、女王は隔離された世界から抜け出る気にはなれない。

女王の協力者の大半は称号を持ち、イギリスの貴族階級に属している。王室のリストは常に大使や裁判官や司教や知事などとの面会予定で溢れている。内務省が統治していた一九世紀のように、何から何まで女王の人格を中心に据えているバッキンガム宮殿は一種の飛び領土を形成している。非現実的に見える組織の中に飛び込んでみると、恐らく普通でないことは何もないと気づく。

一般庶民の生活と、霧に覆われた宮殿の生活との間には本物の溝がある。羽根橋は滅多に開くことはない。毎日通行人たちは宮殿の前に立ち止まって窓を見上げ、漠然とそこに隠されている現実の片鱗をつかめないかと期待する。時どき同じ瞬間にカーテンの影から女王も観察し、国民の様子をのぞき見ていることもある。しかしバッキンガム宮殿のアリスは鏡を突き抜けることはできない。女王にとり外界は、エリザベス一世にとってのインドの領地のように、潜在意識の中にしか存在しない。

彼女の現実は城にある。そこでの生活は時計のように規則正しく、変更も例外もない。かつての召使が指摘した。〈外は交通渋滞と騒音でいっぱいですが、宮殿は素晴らしく静かで落ち着いています〉。

セントジェームズ宮廷と言われているイギリスの宮廷は、巨大な機械のままである。大英帝国は壮麗さを維持している唯一の国である、という点では筋が通っている。バッキンガム宮殿は、王室のロールスロイスに必ず特別の装飾を施す。君主国の見世物には絶対に必要なのだ！

バッキンガムについて

ヴィクトリア治世以降、バッキンガム宮殿はイギリス君主の公邸である。あらゆる権力と王の主権の象徴であり、かつて住んでいたバッキンガム公爵は、時折歴代の君主の恐怖政治を示唆した。ヴィクトリアはそれを忌み嫌い、エドワード七世は、冷たく巨大で陰気な宮殿を、ためらいなく〈墓場〉と名付けた。ジョージ五世も同様で、ウィンザー公、エドワード八世は、国王として初めて入口から大広間に入ったときに、声を荒げ廊下のじめじめした匂いと閉塞感が全く変わっていないと言わずにはいられなかった。ジョージ六世は、絶えずそこから逃げ出して大好きなサンドリンガムやバルモラルに戻ることを夢見ていた。エリザベス二世は宮殿になじんではいるが、毎週金曜日一五時になるとそこを離れ、月曜日に戻ってくる。彼女の不在中、邸宅は閉まっている。劇場のようにフットライトは消され、幕が引かれるのだ。公演は終了する。

ノルマンディ征服以来、ロンドンにある四つの宮殿は、順番に王家の邸宅に使われた。サクソン人最後の王、エドワード司祭が設立したウエストミンスターは、ヘンリー八世時代にホワイトホールに、さらに一世紀半後にジェームズ宮殿に席を譲った。一七六二年ジョージ三世時代、当時一八歳だったシャーロット・ド・メクレンブルグ－ストレリッツ王妃は、バッキンガムハウスを私邸として与えられた。子どもたちを育てた邸宅と鑑賞用の庭園があったのは、昔のバッキンガムハウスの北ウイングだった。

シャーロットとジョージ三世が相継いで逝去し、ジョージ四世はバッキンガム宮殿を大邸宅風の雰囲気を保ったまま仮住まい用に使おうとした。しかし彼はひいきにしていた建築家のジョン・ナッシュに籠絡され、一八二五年以降ネオクラシック様式の優雅で巨大な建造物を建て始めた。宮廷の入口には大理石の門が建築された。

しかしこの新しい宮殿は、一八三七年にヴィクトリアが即位するまでほとんど使われていなかった。一八歳の若き女王はそこを住まいにしようと決めた。建築家のブロアはナッシュが建てた建築物をさらに高くし、大理石の門を取り外し、宮廷をイタリアのルネサンスを模倣し、正面を長さ一一〇mのウイングで取り囲んだ。ヴィクトリア記念の格子柵を建設し、一九一二年にアストン・ウエブ卿が置き換えたのが、今日知られている厳粛な雰囲気の正面である。

歴史的な宮殿は、ウエストミンスター寺院がノルマンディ征服直後に開放したEYEの館である。この館はエバリー、ハイド、ネイトの三軒の小さな邸宅から成る。エバリーと沼地を通りテムズ川まで蛇行して流れているタイバーン川周辺が主要な領地である。今日タイバーン川はロンドンの地下を流れる川の一つだが、バッキンガムの正面の地下を流れていると考えると、その館の用地だったことがわかる。

歴史家のオーウェン・ヘドリーを信用するなら、エバリー、ハイド、ネイトの邸宅は、一五三六年ヘンリー八世に譲渡された。一六二三年ジャック一世国王は、宮殿と庭園二〇haの中心部の二haを確保しながら、ミドルセックス初の伯爵ライオネル・クランフィールドをエバリーの土地所有者にした。王は即位当初からフランスの蚕の生育を真似たいと思い、この区画に興味を持ち、一六〇九年には二haの土地に黒い桑の木を植え周囲を囲って保護させた。しかしこの試みは失敗し、一六二三年以降桑の栽培園での蚕の生育はとりやめになった。幸い王は引き続き土地を所有していた。

桑の栽培園に隣接した南側には、〈雌鶏〉と呼ばれる二〇aの畑があり、エバリーの邸宅同様ミドルセックスの伯爵に受け継がれた。同年ロンドンの弁護士ウィリアム・ブレーク卿はその畑を囲って家を建てさせた。一六三三年すべてを購入したゲーリング卿はノリッジの伯爵になり、市民戦争中はチャールズ一世の将軍の一人を務めた。

ジョージ・ゲーリング卿は元の家を拡張し、南ウイングと鳩小屋を増設して鑑賞用の庭園をより美しくしたゲーリングハウスは、バッキンガム宮殿の原型になった。一六七二年から桑の木栽培園の賃貸契約を王から得ようとしていたアーリントン伯爵が、一六七七年所有者になった。彼は火災の後、セントジェームズ公園の正面に邸宅を再建築させた。これが二つのウイングと丸天井のある美しいアーリントンハウスである。

しかしやがて新たな所有者が現れた。バッキンガム公爵ジョン・シェフィールドとその傲慢な妻である。彼女はジェイムズ二世の愛娘だ。宮殿の記録誌には、公爵は一七〇二年に〈博学で器用〉に変わったと詳述されている。新しい邸宅の図面を作成したウィリアム・ウインドは、基礎の建物を少し北側に建てようと考えた。すると桑の栽培園を浸食し、バッキンガムハウスは公爵の所有地と王の所有で譲渡された土地の両方に建設されることになる。公爵はアン女王から前庭を東の公道に向けて拡張し、セントジェームズ公園を削って道の方に向ける許可を口頭で得ていた。

元々バッキンガムハウスはレンガ作りで、独立したウイングと中心の建物はカーブした柱廊で繋がっていた。しかし一七〇八年には既に賞賛されており、〝ニュービュー・オブ・ロンドン〟誌は予言的な観点で記述している。「優雅な宮殿、…偉大な君主たちは軽蔑するかもしれませんが」

ホレイショー・ウォルボールが〈バッキンガム王妃〉と呼んでいた公爵夫人は、その邸宅を王室的とは言えなかったが華麗に飾り立て、逝去する一七四三年まで住んだ。

一七六一年バッキンガム公の実子、チャールズ・シェフィールド卿は、国王に四万五六〇〇ユーロで宮殿を売却した。当初は王妃の持参財産のようなサマセット・ハウスと交換する予定だったが、それはすぐに家族の邸宅になった。一七六二年五月二二日土曜日ジョージ三世とシャーロット王妃はそこに引っ越した。彼らはセントジェームズ宮殿をレセプション用に使い続けていたので、そこは優しく〈王妃の家〉と呼ばれていた。現在もなお、大使たちの信任や新しい国王の宣言の儀式は、バッキンガム宮殿にほど近いセントジェームズ宮殿で行われる。

カールトンハウスの邸宅は狭すぎるように感じたので、ジョージ四世は一八二〇年の即位と共に、バッキンガムハウスはバッキンガム宮殿にした。

「もし民衆が宮殿を望むなら、建設に反対はしないが、私には仮住まいが必要になります。私はバッキンガムハウスを仮住まい用にしたいです。そこには古くからの思い出があり、私にとっては特別に大切な場所なのです」

彼はお気に入りの建築家ジョン・ナッシュに打ち明けた。当初約三万二〇〇〇ユーロと推定されていた建築費は五四万ユーロにのぼり、最終的には一〇〇万ユーロ以上の巨額に達した。

建材に使用したのはイギリス西部の都市、バースの石だった。ナッシュは王の希望によりかつての骨組は残したが、ほとんどの部分は彼の意思に任された。大広間はバッキンガムハウスの入口の広間に対応させ、大階段の形はジョージ三世の階段の大きさと高さに合わせ、大邸宅への通路も以前の様式を留めた。ナッシュは建築に深さを加え、庭に面したテラスの中央を半円形に突出させた。横には温室と記念碑がある。王室の〈観賞用庭園〉はウィリアム・タウンゼント・エイトンがデザインした。庭園に面した二階の一番南側はフェンシングの道場にし、現在の晩餐の間、青の客間、部分的に半円のドーム型の音楽の間、白の客間、控えの間を建築した。そこから離れて衛兵室と緑の客間と王座の間があり、五一m×九mの絵画の間を作った。

オーウェン・ホドリーが注目しているように、二階に繋がる対になった大階段のポーチのように、全体を通じ外側も内側も大規模な改装はみられない。ナッシュは演出的な要素を加え、バッキンガムハウスのアーチ型の突出部があるウイングに、さらに長いウイングを建設し、その横に私邸に通じる庭園の入口を作った。クリストファー・ヒッバートは著書『ロイヤルロンドン』の中で、屋根組ができたとき、王が建築家に語ったことを綴っている。

「あなたが建設した大邸宅は非常に美しいので、訪問客のレセプション用にしたいと思うのですが」

ナッシュは当惑した様子で、そのためには建設のスケールが小さ過ぎると主張した。王は上機嫌で答えた。

「あなたは何もわかっていませんが、これは素晴らしい宮殿になるでしょう」

ナッシュの仕事を隅々まで完成させたのはエドワード・ブロアだった。

王はかなり長寿で前庭の入口の大理石のアーチの建設も見届け、見事な宮殿になると予測し、一八三〇年六月二〇日崩御したときには、初めての務めを果たせる準備が整っていた。

一八三〇年から三七年まで王として君臨したウィリアム四世は全く利用せず、宮殿最初の居住者はヴィクトリア女王だった。彼女がバッキンガム宮殿に住む決心をしたのは一八三七年七月中旬だったとされている。ウィリアム四世は急いで準備を整えるよう命じていたが、即位した姪にはクリスマスが済むまで着手できないと伝えられた。若き女王が新しい宮殿に招いた在英アメリカ大使の妻、サリー・スティーブンソンはじめ何名かの招待客によると、彼女は仕事の責任者を呼んで七月にバッキンガムハウスで晩餐会を開きたいと告げた。

「申し訳ございませんが、それはできません、女王陛下」

一人が答えた。しかし、ヴィクトリアの公式な招待の一カ月後の七月二一日、スティーブンソン夫人はバージニア州の〈大切な妹〉に、ヴィクトリアから夫と共にバッキンガムハウスでの晩餐会に招待されたと書き送っている。二週間後には感極まる手紙を書いた。

「豪華で贅を尽くした邸宅で、千夜一夜物語に出てきそうでした。素晴らしい表現でしょう？」

〈高齢の重鎮たち〉は幼い女王から城の管理について手書きの指示を受取った。それには雇えるだけの職人を働かせ、決められた日に新しい宮殿に移り住み、女王らしく振舞うと書かれていた。

歴史家のウエイントローブの記述によると、ヴィクトリアは少しずつロンドンの騒音や公害のようにバッキンガムを嫌うようになったが、即位後数年間は住み、客を迎えるのにふさわしい心地よい場所だと思っていた。

ナッシュが宮殿としては狭すぎると予測していた通り、じきに改装が考えられるようになった。一八三四年には南側の温室を礼拝堂にし、一八四七年にはブロアが正面東側と、来訪者用の南側の入口と王室財務官用の北側の入口を改装した。二階の廊下に沿って長さ八〇mのギャラリーが宮廷の中庭に通じている。

一八五四年にはジョン・ナッシュの弟子ジェームズ・ペンソン卿がフェンシングの道場とジョージ三世の八角形の図書室を取り壊し、四一m×二〇mの舞踏会の間を建設した。一番西側に王座があり東側にオルガンと音楽家用のギャラリー席がある。階下には広々したキッチンがある。

国王の起床の儀式や王国の広間で開催されるレセプションに出席するのは、上流社会に入る唯一の方法である。時折行われる起床の儀式では男性たちが宮廷に紹介され、午後の謁見は女性たちのためである。ドレスコードや礼儀作法は厳しく定められ、短時間の接触には味気なさも感じるが、君主の手にキスをしたり女王夫妻と言葉を交わすのは、貴族には欠かせない名刺交換のような機会である。

ヴィクトリアとアルバート時代の夕食は厳粛で、親しみを感じる機会は滅多になかった。ごく稀に仕事を労い、宮廷の職員が出席することがあった。テーブルの周りに集まる顔ぶれは〈当番〉によって変わり、女王や夫君付きで世話をしている女官や侍従たちで、国王夫妻が席を立つまでは離れることは許されなかった。プロトコルに従い、女王は最後に夕食に降りてきた。

ヴィクトリアの結婚や記念祭の折にバッキンガム宮殿で歴史的な晩餐会などを行うことはあったが、

宮殿は国家より女王の私邸という印象には変わりなかった。トーマス・ブロック卿が作成した大理石製の記念碑は、女王の像と並べ一九一一年五月に宮殿の正面に置かれた。

一九〇一年から一〇年までエドワード七世は統治した短期間をバッキンガムで快適に過ごした。長身で楽天家でダンディな君主は貴族的で純朴な雰囲気を持っていた。しかし失敗した人を横柄に見下すやり方や、半分瞼を閉じて怒りを表す様子は伝説になった。

ジョージ五世は中流社会または小市民的という偏見を持たれていた。人びとは、彼を確かに温厚だが重責に圧倒され、やや〈所帯じみた〉陰気な王と評価していた。笑うのを見たことがなく、四年に及ぶ戦争中に撮影した写真にも青春を謳歌する面影はなかった。礼儀作法に縛られているようにも見えたが、以前の宮廷に比べると厳格さはかなり緩和されていた。席次にも優先順位があり、例えば国王夫妻がウェンブリーの博覧会でジェットコースターに乗るときの座り方にも細かなしきたりがあった。

当時の重要な要素はメアリー王妃の存在だった。即位当初から彼女は宮殿の改装を試み、時代錯誤や悪趣味な物を排除した。彼女はまとまりがあり、調和のとれた美しさを愛し、あちらこちらに散らばって置かれていた宮廷の家具や絵画や銀製品を整理した。彼女の芸術品のコレクションは有名である。

バッキンガムはやや〈私物化〉されていないか？　宮殿を住みやすくしようと努めていた彼女は、〈ぞっとするような細々した骨董品〉をどかし、価値のあるものを置いた。しかし、真に価値のあるものなのだろうか？　彼女はカクテルパーティーのクッキーや赤いクロスやブロンズ像を片づけ、倉庫に入って埃のかかった古い家具を運び出し、浴室を贅沢に改装し、息子に暖房を設置するように忠告した。

絶対的な忠誠心で夫に仕え支えることに満足していなかったメアリー王妃は、紛れない才能を発揮して、イギリス君主国を輝かせた。第一次世界大戦下で、彼女は王と共に〈戦闘行動中の〉アルコールを絶った。夫はウイスキーソーダなしで過ごすのに苦労したが、メアリー王妃がしょっちゅう現れるため誘惑に負けずに済んだ。メディアがこの大きな犠牲について報道したため、一般庶民が酒なしで我慢していたときに、君主たちは贅沢な暮しをしていると思う者はいなくなった。

国王の影響で君主国は義務と献身の信仰を作った。メアリーは骨身を惜しまず足しげく負傷者たちの枕元に足を運び、王家の女性たちにも同じことをするように命じた。ついに音をあげて「私は疲れてしまい、病院が大嫌いです」と言った女性に、王妃は諭した。

「あなたはイギリス王室の一人なのです。私たちは決して疲れることはなく、あらゆる病院を愛しています」

伝記作家が記述した。

「神秘主義のイギリス君主国と国王に献身的に尽くしたメアリー王妃だったが、彼女には解決できない重大な問題があったように見えた。子どもたちとの関係だ。ジョージ王を継承すべき長男は両親が堅持してきた価値のほとんどを壊し、宮廷は動揺した。一九三六年一月から一二月までウィンザー家は未曾有の危機に見舞われた。彼の権利放棄は王家に大きな傷を与え、以来王室は、これが恐ろしい前例になりはしないかという不安に取りつかれている。また君主国の改革の大部分はこの一件によるものと説明される」

ジョージ五世の長男デヴィッドは、エドワード八世の名で即位したが、統治したのはわずか三二五日間だった。しかし、皇太子は現在の君主国の原型の啓蒙を行った。人びとは彼の中に、より開かれた民主的な社会を見出した。彼には確固たる人気や非順応主義的な魅力という財産があった。しかし、個人としては気難しく常軌を逸し尊大な面もあり、彼の感情的な人生に反映された。

彼の出現により、古い因習にとらわれた宮殿は終焉を告げた。後に妻になった女性の影響で、昔からの使用人を解雇し、勤務時間を変更し、にわかにスタッフたちの反感を買った。一九三六年一二月一〇日木曜日一三時五二分、ウォリス・シンプソン夫人との愛のために王位を捨てたウィンザー公は、残りの人生を妻と共にパリに移り、豪華だがホロ苦い邸宅で暮らし、一九七二年に他界した。

並々ならぬ情熱が引き起こした出来事で最も不思議だったのは、民衆が素早く王位のない国王に順応したことだった。しかし宮廷は綿々と彼への思いを引きずり、公爵に深く裏切られたという思いに支配され、数年間消えることはなかった。

新たなカップルが王位を継承した。ジョージ六世と〈微笑みの公爵夫人〉エリザベス・バウズ・ライアンである。二人は開戦前日の一九三七年二月一七日宮殿に入居した。シャンペンが大好きだった王妃は、戦闘中の飲酒を控えていたメアリー王妃の例にならう気持ちは全くなかった。しかし、王室の食事に関しては配給制に従おうと真摯に努めていた。一方王は、貴重な湯水を浪費しないためという理由で、浴槽に限度を示した線を引くことにこだわり、彼の努力は大いに報道された。二人のプリンセスが庭に掘った〈勝利に繋がる溝〉は写真に撮影された。「彼女たちは自らの手でこの仕事を行いました」と伝説が伝えられた。

ジョージ六世は宮殿にプールと浴室を作った。プールはロンドンが爆撃されたときに壊され、後に再建設された。重油暖房を設置したのは、統治も終わりに近づいた頃だった。五月の終わりまでは部屋を暖めるのに暖炉も必要だった。巨大な広間はより暖めにくい。エリザベスは楽しんで、暖炉のそばで多くの時間を過ごした。二人の転居で宮殿は変わった。バッキンガムはカビの匂いがしなくなり、毛皮のコートがなくても回廊を横切れるようになった。エリザベスは廊下に絨毯を敷き詰め、充分な照明を設置して引っ越しを完了した。

ジョージ六世崩御後も、フィリップ殿下はクラレンスハウスに住み続け、バッキンガム宮殿を王室の中心部として作り変えることを希望していた。結局、クラレンスハウスは皇太后のロンドンでの邸宅になった。それはバッキンガム宮殿にほど近く、宮殿の前には、エドワード七世が建設した見事な鉄柵が張り巡らされている。引っ越してくるとすぐに皇太后は、一八世紀のスタッコ様式のエレガントな住まいを絶対道に迷わない宮殿に変えた。彼女は素晴らしい芝生にベランダを作り、入口には美術品を飾り、ロンドン一上品な私邸を完成させた。

「これを見習って宮廷も、無駄な物を大々的に処分できると良いのですが」

ヘンリー・シャノンはいつも通りエスプリを効かせて指摘した。

ジョージ六世が多くの労力を費やした王室のシステムは最初の数年間はそのまま保たれ、特別秘書のアラン・ラッセルズ卿のような貴族たちは、以前通りの役職についた。しかし、性格が極端で無礼で歯に衣着せぬエディンバラ公は、彼をうんざりさせ、力を失わせる王室典礼に我慢できず、昔からの廷臣たちと衝突した。シャノンが言ったように、誰かが一掃する作業を行わなければならないと考えたが、彼はほうきの柄を握っているのが誰かを当てる魔法使いではなかった。

宮殿で働く二二〇名の使用人たちは多いように思えるが、部屋は六九〇もあるのだ！ 財宝を調べるのが大好きなフィリップ殿下とバッキンガムの財務管理の個人秘書は、使用人たちが互いに礼儀作法を守って勤務していることに気づいた。ロイヤルファミリーを満足させるために本気で心を砕いているのは、僅か七、八名だと思うが…。

彼はしょっちゅう歯ぎしりしながらも徐々に改革を試み、経済対策を提案した。〈ミスター・クリーン〉は、宮殿のダマスク織のカーテンに溜った数世紀分の埃を取り払うのに大きな喜びを感じている。マスコミが彼の活動を総括した。

「フィリップと共に、二〇世紀に便利で効率良いと言われたあらゆる物がバッキンガムに入ってきた」。少なくとも女王が冷たい料理を食べることはなくなった！


夜になるとイギリス人たちは、宮殿の二階にある女王の寝室の明かりを思い浮かべるのが好きだ。真夜中に三〇〇個の振り子時計が一二回鳴り響き、金色に輝く豪華な部屋はどこも静まりかえっている。果てしなく続く廊下を歩く人は誰もいないが、宮殿の怪人たちはレッドカーペットの上を秘かに歩くことができる。

BUCKINGHAM PALACE
Rez-de-chausée/ 1 階

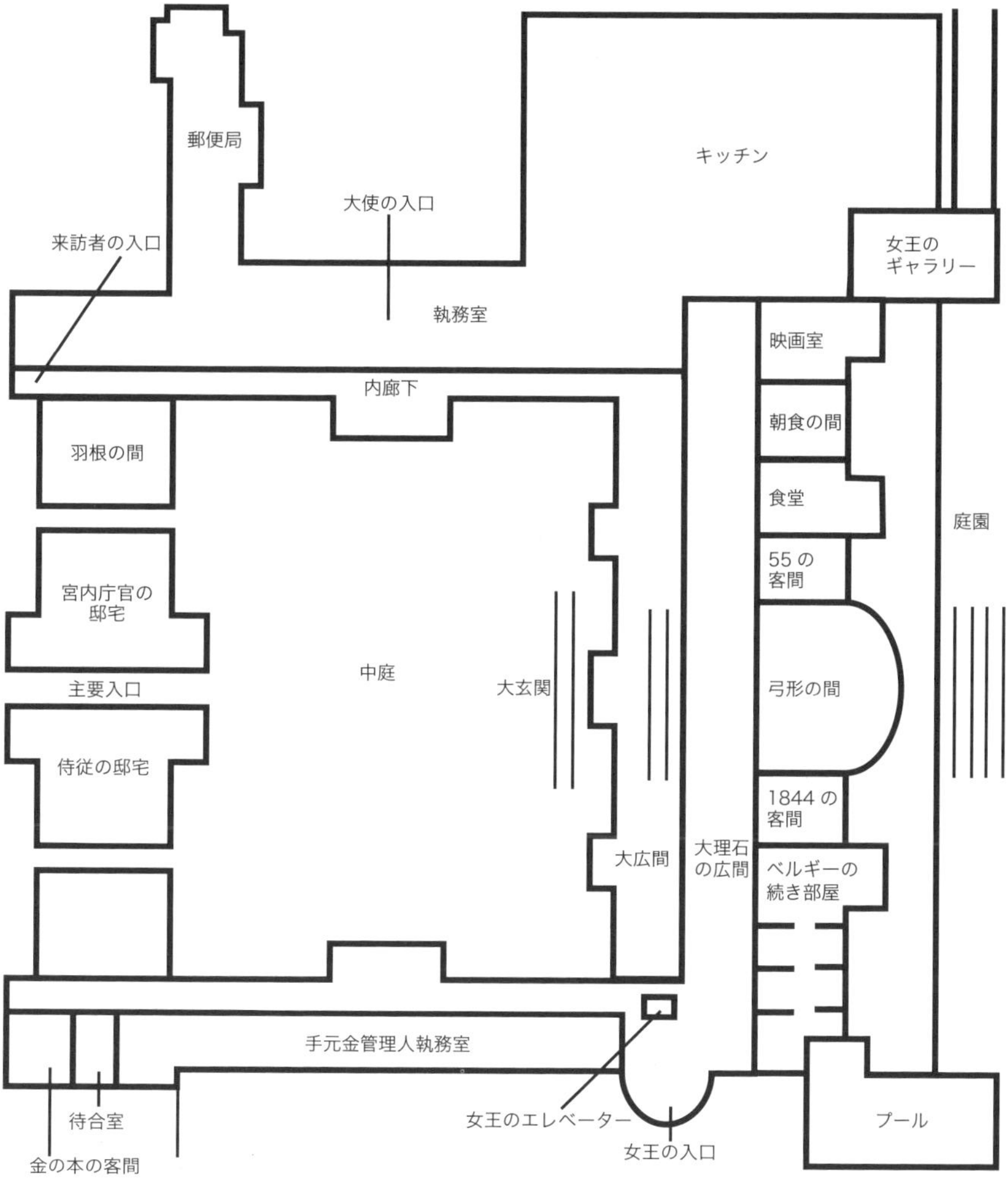

BUCKINGHAM PALACE
1er étage 2階

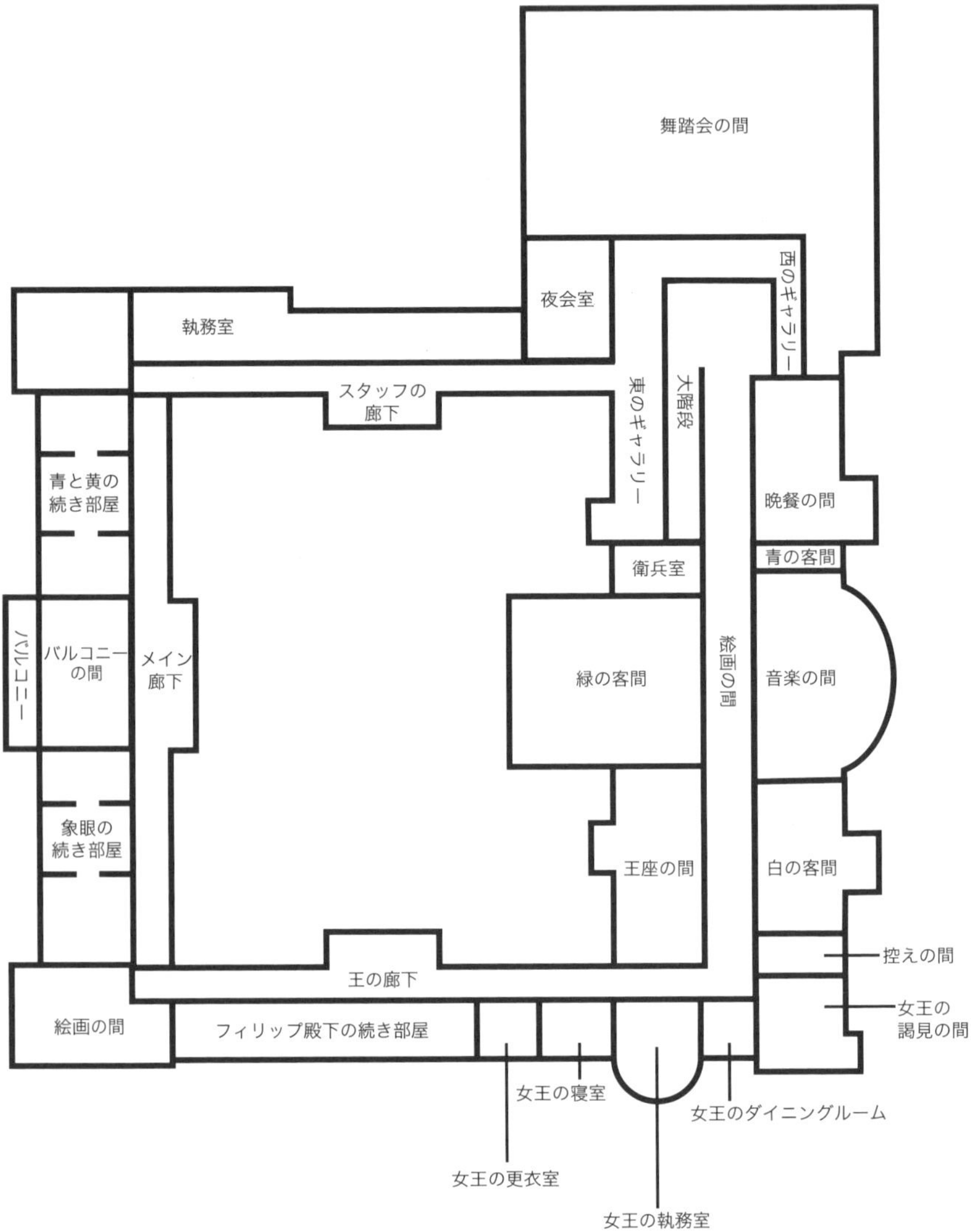

BUCKINGHAM PALACE
2e etáge 3階

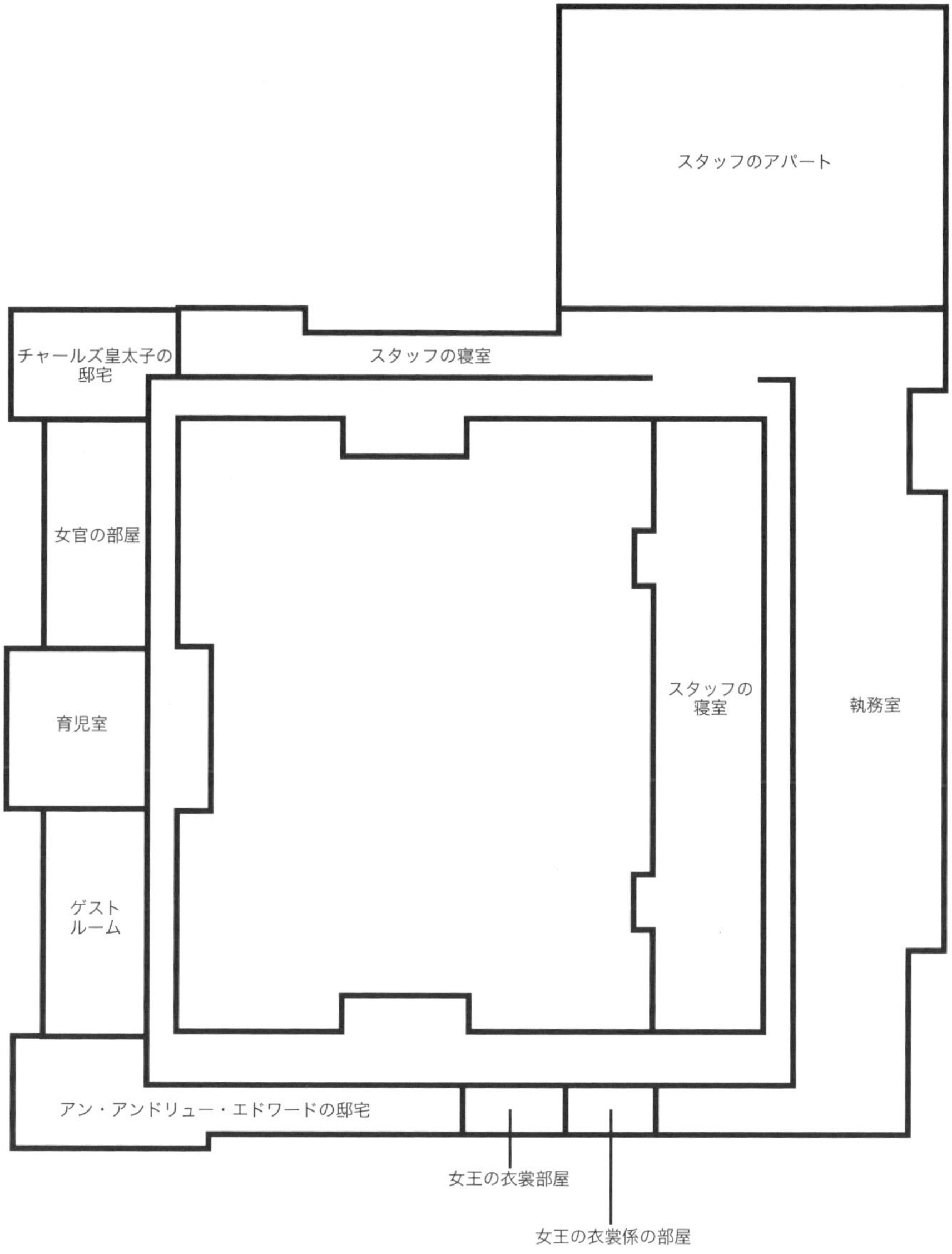

第一章　ガイドに従って

ヴィクトリア駅とハイドパークコーナーの間に位置するバッキンガム宮殿の周辺は、現在高層ビルがそそりたち、都会的モダニズムに支配されている。ロンドン市内を走り回る車の騒音や衛兵たちが銃を扱う音、編み上げ靴のリズミカルな足音が舗装された道に響きわたる。女王陛下の在宮中は、赤と金の二色の六九〇枚の王室旗が飾られる。

バッキンガム宮殿の南側にある正面入口には入口と出口の交差鍵が置いてある。王室職員に関しては厳格な階級制があり、宮殿の正面から出られる者と、脇の勝手口からそっと出入りする者は明確に区別されている。この出入口は〈納入業者用の入口〉と呼ばれていたが、チャールズ皇太子殿下ご成婚の折に、次々と届けられる殿下妃殿下への祝福のプレゼントを届けに来る人びとを〈出入り納入者〉と呼ぶのは失礼という理由で変更された。

ロイヤルファミリーや貴族、女官などは当然正面の門から出入りする権利がある。ジョージ六世の侍従ピーター・タウンゼントはその地位と使用できる身分の規定によって〈バックハウス〉のいくつもの出入口の使用を認められていた。

通常の訪問者は正面右側の〈使用門〉から出入りする。戦時下では、王室を訪問する者は宮廷内部にある延臣用の門から出入りするよう指示された。平和を取り戻してからは少し離れたところにある〈大門〉は重要な訪問客用に使われ、王家の馬車が盛大に登場し柱廊の下で止められた。ジョージ六世時代には、〈大門〉は議会の開催に先立って行われた一連のセレモニーの際に開けられた。王と女王の個人的な出入りには正面北側の〈公園側の門〉が使われる。

一九六〇年代に一人のオーストラリア女性がロンドンに立ち寄った際、帰国前にエリザベス女王にどうしても拝謁したいという手紙を書き送った。女王陛下は翌日一七時に、チャールズ皇太子を伴いバッキンガム宮殿のある門から外出すると返事をした。そして車に乗る前にこの女性と言葉を交わし、彼女は感動で胸がいっぱいになった。

レッドカーペット

あなたが宮殿に王室の拝謁者として招待された場合、バッキンガム宮殿の南側のゲートに行くと王室官史が待っている。彼はあなたを〈お手許金入口〉に案内し、宮殿へ続く砂利道を歩いて行く。一〇〇〇人もの観光客たちが、〝あなたは何者?〟と驚異の目で注目する。

レッドカーペットは〈お手許金入口〉の扉から宮廷まで敷き詰められているため、かなり傷んでいる。マホガニー製の重い扉があなたの目の前で開かれる。宮殿詰警官があなたの訪問を告げ、従僕が電話であなたの身分を確認する。彼は赤いベストを着用し、恭しいしぐさであなたのコートを預かり、細心の注意を払ってテーブルの上に置き、女王の秘書官(報道関係者なら報道官、一般人や肖像画家なら王宮職員)に、急いで迎えに来るように頼む。

あなたはその間、ロイヤルコレクションの金色の装飾付きのテーブルがおいてある小さな控えの間で待機する。そこは閉所恐怖症を起こしかねない雰囲気である。

護衛官が宮殿の中にあなたを導く。あなたはエリザベス女王二世の戴冠式を描いた大きな油絵の前を通り、ヴィクトリア、アルバート、エドワードらの肖像画を陳列した深紅の廊下を歩いていく。すると左側に〈荷物用の扉〉が現れ、そこを通って宮廷の中に入ることができる。そこには女王があなたに会えるかどうか電話でチェックした秘書の執務室がある。

宮殿も訪問したいのですって？　差し支えありません。ではガイドに従って下さい。しかし、そのためには数キロメートルの廊下を歩かねばならない。バッキンガム宮殿での生活は外から見ているほど壮大なものではない。正面にある数々の部屋は、公式行事のとき以外は使用されていない。現在女王が訪問客を迎えているのは、〃コンステイチューションヒル〃に面した北側の二階である。ロイヤルファミリーの子どもたちがいるのは上階で、管理部門は階下にある。

バッキンガム宮殿を初めて訪問する者には大きな利点がある。外観に圧倒されなければ、長方形の構造のおかげで自分のいる場所が簡単にわかるのだ。女王エリザベス二世の昔の従僕の一人ラルフ・ホワイトは記憶している。

「バッキンガム宮殿に勤めていた一九四六年当時、私は駆け出しの従僕でした。巨大な建物には恐怖感を覚えましたよ。迷路のように複雑な廊下と階段の中でどうしたら迷わないでいられましょう。宮殿に勤めていたベテランの一人が実に便利なアドバイスをしてくれました。〃宮殿は四角い建物だということを忘れてちゃいけないな。そうすりゃ元来た方向がわかるじゃないか、ねぇ君。もし迷ったとしてもさ、遅かれ早かれ出発点に戻ることができるというものよ〟と」

鳥瞰図で見ると、バッキンガム宮殿は実際地面すれすれに真四角に見える。経験の浅い従僕には、立方体のラビリンスの迷宮のように見えたのだろう。

「数週間後には苦労せず移動できるようになりましたが、いつもどうやってたどり着いたか理解できませんでした。それから一五年間働き、階段を上り下りし廊下を隅から隅まで駆け回りましたが、それでも建物の北東棟のロイヤルブルス門から入った人と、南西棟のキッチン側の門から入った人が、どうやって宮殿の一階に達するのかわかりませんでした。宮殿の後ろ側の一部分は、違う階に繋がるように交差していました。地下の二つのエレベーターを使い三番目のボタンを押す人と、四番目のボタンを押した人が、住居スペースの最上階で一緒になるのです」

公式の晩餐会で臨時に働く使用人たちが、キッチンと大広間の間の長い廊下で迷子になるのも珍しくはなかった。一二年間女王の衣服管理長という伝統的なポストにいたデボンシャイア公爵夫人が、仕事を終えた後いつも彼女の住まいまで送らせたのも驚きに値しない。女王の祖母メアリー王妃が宮殿に滞在したとき、間違えて左に曲がったばかりに一時間以上もさ迷ったのも無理からぬ話である。

いったん宮殿内に足を踏み入れると、柔らかな絨毯が敷かれ、ワックスのかぐわしい香りがする。大広間と大階段から先には大理石は使われていない。バッキンガムハウスをバッキンガム宮殿へと変貌させたジョージ四世のお抱え建築家ジョン・ナッシュは、イタリアに人を派遣して大階段、大広間、大理石の広間、護衛室の大理石を注文し、一八三〇年までに完成させた。大広間周辺のすべての柱は、金色の装飾を施された大理石ブロックでできている。金属を鋳造する職人は、大階段に金色の青銅製の手すりをつけ、この時代で最も美しい作品となった。

もう少し一階を見てみよう。あなたは大理石の広間を後にして弓形の間に向かう。この半月型の部屋は一九〇二年に改装され、隅には一七六三年と刻印されたチェルシーのアトリエ、メクレンブルグ・ストリッツのテーブルが置かれている。庭園側に向いているこの部屋からは、毎年賓客を招いて園遊会を行うテラスに出ることができる。来訪者はこの明るい部屋にあまり興味を示さない。装飾付きの柱や濃いピンク色のドアカーテンなどには目もとめず、ローズ色のカーペットの上をうやうやしく歩いて芝生の方に向かいテラスへと降りて行く。弓形の間の右側の一八四四の客間は、君主たちがプライベートな食事をする際に好んで使っていた。部屋の名前は、ロシアのニコライ一世がイギリスを訪れ、英露協定を結んだ年を記念してつけられた。この部屋は白と金色を魅力的に使い、琥珀色の柱と一九世紀のアクスミンスターの絨毯が敷かれている。駐英大使に就任する各国の大使たちが信任状を携えて訪れるのはこの部屋で、女王はここで私的な会談を行ったり、謁見者たちと会ったりする。

隣接しているカーナヴォンの間は、ベルギー風の大理石の広間に繋がるスイートルームで、ヴィクトリア女王とベルギーの王の叔父にあたるレオポルド一世の時代から、国家の長が訪問した際のゲストルームとして使われている。部屋はテラスの一番北側に面している。最も重要なレセプションルームは一八世紀の間と呼ばれており、薄い化粧張りを施し繊細なメカニズムを駆使した四面の驚くべき天文時計が置かれている。また金色に輝く装飾品やクリスタルのシャンデリアや上品な趣味の肖像画や絵画などもある。フランソワ・ミッテラン夫妻は一九八四年一〇月ここに滞在した。

贅沢、静寂、くつろぎ…

不思議なことにベルギーの間の近くには宮殿のプールがある。それは一九五〇年代風の温室を連想させる建物の中に造られている。建物は一年中温かく、装飾には何ひとつハリウッド的な物はない。宮殿に住んでいる子どもたちはここにやってきて数時間を過ごす。一番年下のアンドリューは塩を入れて遊んでいた。チャールズとアンは水泳を習ったが、女王や皇太后は足を浸したことさえなかった。

彼らはプールの向かい側にある三〇席ほどの部屋で映画鑑賞を楽しむこともある。そのときには女王のバグパイプ奏者が映写技師の役割を務める。映画の選択には〈英国国教会の擁護〉という側面が反映される。女王は時には大胆な映画を観ることも厭わないが、一緒に観賞する招待客が不快感を持たないよう配慮している。だからこのホールでは家庭的な作品しか上映されないのだ。女王は誤ったことをするのを好まない。

この映画室の横にスタッフたちが食事をする食堂が二部屋ある。一階には他にキッチン、事務所、スタッフの住まいと郵便局がある。宮殿の長い廊下には実際郵便局があり、配達員がいて、一日に一五〇〇通もの郵便物を配る。しかしエリザベスは、あまり手紙を書かない。宮殿内で違う階に伝えるメッセージは内線電話によって伝えられる。家族の誰かや使用人に伝えたいことがあるとき、エリザベスは電話をかけてもらうように頼む。以前、メッセージが肝心な人に伝わらず他の人に流れ、一日中その収束に追われたことがあった。効率が悪くても礼儀は守るのだ。

あらゆる面でバッキンガム宮殿は自主的なコミュニティであり、壁と格子に囲まれたイングランドの孤島なのである。そこには独自の警察、郵便局、消防署、電話局がありアマチュアのサッカーチームまである。ユニフォームを着た配達人は、廊下に敷かれた赤い絨毯を踏みしめ、毎日どんなに小さな町や村からのものでも郵便物を届ける。厩舎、車のガレージがあり、ガソリンスタンド、自動車の修理工場、電気製品や配管の修理や家具のメンテナンスを行う所もある。また、無数の窓についた埃の除去を担当する一二名の男たちが終身雇用されている。毎週一人の男が三〇〇もの時計の調整のためだけに訪れる。その多くは価値あるコレクションだ。一二〇個の電話が宮殿中に備えられ、四〇〇〇以上の照明器具が宮殿内を照らしている。

完璧な診療所が設置され、看護婦は二四時間体制で一階に待機し、医者は毎日往診に訪れる。ドラッグストアもあって、スタッフたちに紅茶、コーヒー、ココア、煙草やウイスキーまで格安で提供している。エコロジーを心がけているチャールズ皇太子は、コップなどの容器やボール紙をリサイクルするよう配慮し、スタッフは皇太子の人気回復に繋げるべく関心を寄せている。

二階に行ってみよう。エレベーターで上がったら、王の広間を通って広々した廊下に出る。それは宮殿の中枢だ。赤い絨毯で覆われた寄木張りの床の上を女王に仕える一〇〇人もの人がひっきりなしに行き交っている。特別秘書官、料理や郵便物を運ぶ人、鍵付きの赤い「レッドボックス」を抱えた小姓たち、その中には各国の大臣からの国家機密書類も入っている。門で訪問者を出迎え、道を案内し礼儀正しく敬礼し名前を告げてロイヤルファミリーに紹介するのは、侍従の仕事である。

かつてジョージ六世の侍従を務めていたピーター・タウンゼントは、マーガレット王女と許されぬ恋に落ち、世間の反感を買いながら書いた回想録の中で有名な廊下のことに触れている。

「以前は白かった壁はロンドンの〝エンドウ豆のピュレ（濃霧のこと）〟によってくすんだ色になり、昔風の色の生地が貼られていた。ヴィクトリア女王が好んだ、ポニーやフランス海軍に勝利を収めた場面など、さまざまな絵画や、空虚な目で通行人を見ているかのような王室の祖先の肖像画が飾られていた。膨大な蔵書が収められている図書室や、莫大な量の洋服がかけられたマホガニー製のドレッサーの整理には果てしなく時間を取られ、広い廊下の暗い煉獄に放置され、罰を受けたかのように見えた」

その廊下は主要な執務室に通じている。順番に王室財務官、夫君の特別秘書、女王の特別秘書、広報官と侍従の秘書官の執務室が適当な間隔をあけて効率よく並んでいる。

「この密集した場所では、誰もが献身的に王や女王のために尽くしていた」と、ピーター・タウンゼントは回顧している。

これらの部屋には贅沢な調度品は見当たらず、マホガニー製の事務机や観葉植物、チェスターフィールドのソファ、女王のコレクションには程遠い絵画などが置かれている。

王家の邸宅

ロイヤルカップルは三階に住んでいる。そこは宮殿の北西に位置し、午後の太陽光や公園や池の景色を堪能できる。我々は女王の寝室や化粧室やフィリップ殿下の住居には入れないので、残念ながら詳細な記述はできない。しかし、彼らの信頼を受け、カーテンを押し開け中に入ることを許されている犬たちは、女王の部屋に家族の肖像画が飾られていることや、厚い絨毯の上に快適な肘掛椅子が置かれ、ダマスク織のカーテンがあることを知っている。人びとの想像とは異なり、女王は天蓋付きのベッドでなく、ドレープの施されたダブルベッドを使用している。

コンスティチューションヒルとグリーンパークに面した女王の謁見の間は親近感を与える。それは緑色と金の装飾を施された快適な部屋で、マントルピースがあり、クリスタル製のシャンデリアで照らされている。絵画やイギリスを統治した人びとの写真が飾られ、ベージュと金色のソファと肘掛椅子が置かれ、公式サロンとしてすべてが整っている。エリザベスは仕事机の上に、便箋、赤と黒のインク壷、鉛筆、赤と黒のワックス、赤い皮のケース、象牙製のレターオープナー、オフィスのカレンダー、灰皿、接着剤、羽根ペン、湿らせたスポンジ、はさみなど必要な物を置いている。

いよいよ華麗な邸宅を訪問するときが来た。あなたは一階から階段を使わせていただく名誉に浴し、有名な絵画が陳列してある前を通る。そこはしばしばカメラマンが背景に使っている場所だ。

住居は宮殿の南側と西側を占め、ナッシュはそこを絵画、彫刻、家具など大半は賞賛に値する作品で飾った。最も特徴的なのは、見事な階段、シャーロット王妃のサロンから改名した緑の客間、舞踏会の間、王座の間、一九一四年に造られフェルメールやレンブラントの絵画を収集した絵画の間、一八世紀フランスの傑出した家具を使った白の客間、音楽の間である。次は偉大な指揮官たちのテーブルのある青の客間、緑と金色の陶器のトレイは、古《いにしえ》の偉人たちをかたどったメダルより豪華だ。一八〇六年にナポレオンが製作を依頼し、六年後に完成されたテーブルは、一八一七年ルイ一八世からジョージ四世に捧げられた。二階の華麗な各部屋は、金と象牙の贅沢な組み合わせ、深紅の絨毯、白い大理石に彫刻と王室の肖像画などすべてが調和している。色彩のハーモニーも見事だ。

舞踏会の間には有名なオルガンが置かれ、一八四二年にはメンデルスゾーンがオラトリオの一曲を演奏した。アルバート王子が才能を披露したときのことをある女官が記憶していた。

「王子様は曲を暗譜し、ペダルを使って非常に魅力的で正確な演奏をされ、誰もが賞賛しました。演奏が終わると床に散らばった楽譜を女王が拾い集めていらっしゃいました」

この部屋は午前中に行われる外交官や議員の新任式には理想的である。舞踏会や晩餐会に使うときには、大広間の中を王室の人びとが行列を作って歩く光景を目にすることができる。

ロイヤルファミリーのメンバーは白の客間に集合してから音楽の間に移動し、招待客に紹介される。それから青の客間、晩餐の間を経て舞踏会の間に到着する。外交関係のレセプションでは、絵画の間の一番北側に位置する両開きの門から行列が始まる。宮殿の出入りの門は開放され、それぞれの部屋で巨大なシャンデリアが光景を照らし出す。

訪問の様子を詳しく観察してみよう。赤い絨毯が敷かれた白の客間にはヴィンターハルターの大きな肖像画が飾られ、鏡や燭台、はめ込み細工、飾り花などが空間を支配している。ナッシュが考案した音楽の間には金と象牙の装飾品があり、ダークブルーの一六本の柱がある。アーサー・ルビンスタインが自ら作った数々のシャンデリアは宮殿の中で最も美しい。

音楽の間と晩餐の間の中間に位置する青の客間では、現在の舞踏会の間ができる以前は舞踏会を行っていた。宮殿一美しい部屋としてよく紹介されている。青と金色を使った調度品や家具、四つのソファ、一〇個の肘掛椅子、澄んだブルーの二〇個の椅子、そしてリューク・フィルス卿が描いたジョージ五世の肖像画が飾られ、非常に調和がとれた部屋である。

隣りの舞踏会の間では公式の舞踏会や外交官のレセプションが開かれ、きらびやかな夜会が催される。鏡のついた六つの入口から中に入ると天井まで届きそうなアーチ状の姿見が目を引く。この部屋はロイヤルファミリーの結婚パーティーにも使われ、その際には一つの大きな食卓より小さなテーブルをたくさん使う方が好まれる。

国が主催する昼食会と晩餐会には広い晩餐の間が使われる。ジョージ四世の時代に一番南側にあったこの部屋は住居として使用されていた。ジョージ三世が図書室を建てた場所の真上である。一八三〇年以降にナッシュの建築を引き継いだブロアは白い天井と三つの丸天井を作り、最終的にヴィクトリア女王のために完成させた。マントルピースの上にはトマス・ローレンス卿が描いたジョージ四世の絵や、歴代の国王夫妻の肖像画やハノーバー王朝のプリンスたちの絵画が恭しく飾ってある。マホガニー製のテーブルでは六〇名の招待客をもてなすことができる。ウィンザー家の人びとは、プライベートな食事は板張りで覆われ、狩りの場面で飾られた〈女王のダイニングルーム〉と呼ばれている部屋でとる。エリザベスは時折、皇太后と昼食を共にし、きままに魚料理やゆでた野菜、サラダなどを食べながらおしゃべりに花を咲かせる。

王座の間の華麗さと物々しさにも注目してみよう。そこでは一九〇一年に照明器具として取り付けられたクリスタル製の七つのシャンデリアが素晴らしい輝きを放っている。最も北側に置かれている天蓋の両側の壁は、金箔を施した彫刻で飾られている。

最後は緑の客間。シャーロット王妃が取り換えたすべての部屋同様、この部屋も王宮の中心にある中庭に面している。三つの窓は大玄関の上にあるバルコニーに向かって開かれている。

長い廊下を辿っていくと、最も有名な宮殿正面の遊歩道に面している数々の広間を観察することができる。ヴィクトリア女王が一八五四年に開設したバルコニーの間は、大きな行事の際にロイヤルファミリーが群衆の歓声に応える部屋である。バルコニーは狭く見えるが適当な広がりがある。黄色でまとめられたこの部屋には中国の骨董品が数多く置かれ、昼食時だけに使用される中国風のダイニングルームに似た雰囲気である。かなり悪趣味なこのレストランは宮殿らしからぬオペレッタのような装飾がなされている。西側の居住区域の一番奥には二間続きのスイートルームがある。

ここからはエレベーターでなく階段を使って、宮殿の中で最も親しみやすくシンプルな三階に上がろう。そこには執務室やスタッフの部屋、王室の衣裳部屋、ゲストルーム、女官用の部屋、かつての育児室、そしてチャールズ、アン、アンドリュー、エドワードの住まいがある。エドワードはソフィー・リス・ジョーンズとの結婚後ここを離れた。

チャールズはセント・ジェームズ公園とザ・マルに面している三部屋を所有している。ほとんどの住まいはデヴィッド・ヒックス・マウントバッテン卿が装飾を手掛け、バッキンガム宮殿独特の様式である。どの部屋もロンドンのメイフェア地区やベルグラビア地区の豪邸に非常に類似しており、豪華で快適でやや時代がかり、貴重なアンティークが置かれている。デヴィッド・ヒックスはアンとエドワードの家の装飾も担当した。

浴室ものぞいてみよう。そこはまさにヴィクトリア時代を彷彿とさせる様相である。化粧室の個室には古く上質のマホガニー製の便座があり、水を流す音が聞こえる。

スタッフの部屋は、気にする人もいると思うのでやめておこう。昔の侍従が自分の部屋についてこう語っている。「部屋は北向きで、うら淋しいドア窓があり、冬のように薄暗く全く陽の光が入りませんでした。天井はとても高く、壁は膨大な量の歴史や宗教の本で埋め尽くされていましたが、待ち時間に暇つぶしに読めるようなやさしい本はわずかしかありませんでした」

宮殿内の六九〇室の残りは、宮殿の管理部門と女王に仕えるスタッフの住まいである。作業場や独立したアパートや離れもある。召使やメイドなど使用人たちの小部屋が数多くあり、最上階はまさに〈ウサギ小屋〉である。コックたちはキッチンに隣接した場所に、運転手や御者、厩務員見習いたちはガレージと厩舎の上にあるアパートに住んでいる。王室の執事を務めるエネルギッシュなスコットランド女性は、メイドや清掃婦たちを取り仕切っている。彼女は宮殿正面の一階に私宅を持っている。女王の侍女も庭園を臨む女王の私邸の真正面に、明るく広々とした寝室とゆったりした応接室のある住まいを持っている。

庭園

イギリス的な見方からすると、バッキンガム宮殿は庭園造りにやや失敗したかもしれない。英国ではあちらこちらに芝生があるが、宮殿のいくつかの庭園には見事なデザインが見当たらない。それは、ロンドンの中心にある、贅を尽くした約二〇ヘクタールの巨大な私有公園とも言える。ロイヤルファミリーはウィンザー公になったエドワード八世を密かに庭師のように思っていた。彼は子どもの頃から花に囲まれていることを好み、植物を育て水をやり土いじりをしていた。こまめに世話をして見事な植物を栽培した。一粒の種と彼の愛情あふれる育て方が庭園をパラダイスにした。

花に情熱を注いでいることで有名だった皇太后は、一人だけ王室担当の庭師を雇った。彼女はビニーという意志強固な女性で、ロンドンのクラレンスハウスに完璧な芝生を植え、それを歓びとし誇りにしていた。ビニーは芝生に足を踏み入れる人を誰かれ構わず怒鳴りつけた。皇太后だけは例外だったが、アレクサンドラ妃に向かって叫んでいるのを聞かれたこともある。

「私の大切な芝生から離れなさい！」

バークホールで皇太后の小高い丘の上の屋敷にたどり着くと真っ先に目を引くのは、芝生の斜面にある幸運の象徴の白いヒースの花でかたどられたかつての王のモノグラムだ。

ハイグローブではチャールズ皇太子も庭園造りに精を出していた。それは彼の農業に対する興味とも関連があった。泥仕事は物事を〈あるべき所に戻してくれる〉。その嗜好は祖母や友人のソールズベリー侯爵夫妻に影響されたものだが、二人からアドバイスを受け自らデザインも行った。花壇にイチイを植えるときにシャベルカーを運転したこともある。

一九世紀にはW・T・ワトソンが、バッキンガム宮殿の庭園のデザインを行った。現在の庭師のチーフはフレッド・ナッツビーンである。グレアム・グリーンのような容姿をした彼は、自転車に乗って気軽に庭園を横切り、王室の家族たちと親しくなった。女王は庭園で彼とおしゃべりし、植え込みをほめながら一緒に歩き回るのを好んだ。

薔薇園には〝クイーン・エリザベス〟〝シルバー・ジュビリー〟〝平和〟と名付けられた三種類の薔薇が植えられている。一九五四年に完成した〝クイーン・エリザベス〟は、外側の花弁が深紅色の美しい花で香りは強くない。〝シルバー・ジュビリー〟は女王を祝福して一九七七年に作られ、長持ちしピンク色でビロードのような美しさがあり、かすかに香る。メイランド夫人が作った〝平和〟は鮮やかな黄色で、ぎざぎざした陰影のある花である。他には椿、ゆり、デルフィヌ、シャクナゲ、アゼリアなどが目を惹く。春には黄水仙やチューリップが鮮やかに咲き乱れる。庭園には黒い桑の木もあり〈一六〇九年ジェイムズ一世が桑の栽培園を作った際に植樹〉と記されている。

記念日を祝して植樹されることもあり、一九六一年にはインドのマロニエ通りができた。一九三五年一二月一二日にはメアリー王妃がアエスキュル・インディカを植え、同年ジョージ六世が即位した。チャールズとアンの誕生記念には樫の木を植えた。しかし、ロンドン中心部にあるこのオアシスは一九八〇年初めにブナの木がオランダ病にかかり、ひどく苦しむことになった。

時代遅れの刈込機やほとんどヴィクトリア調の熊手など、一二名ほどの庭師が使っている老朽化した道具は、世界一といわれる芝生の広さと対照的である。庭師たちの給料は環境省から直接支払われ、すぐ隣の、セントジェームズ公園の職員も兼ねている。一人の従業員はとりわけ目を引いた。四〇年間バッキンガム宮殿の前の庭の道を掃除していたフォージーと呼ばれていた水夫で、特徴的な白いあごひげですぐ彼とわかった。

庭園の一番西側には〈アイトンの泉水〉と呼ばれている小さな池がある。滝もあり、ヴィクトリア時代にはこの辺りで芝居を行っていた。一八四一年二月の寒さが厳しい頃、スケートが上手だったアルバート王子は池の上を滑りたがった。ヴィクトリア女王はほれぼれと見守っていたが、氷が割れアルバートは水面下に姿を消した。「幸いなことに王子は泳ぐことができました。女王は冷静さと勇気を大いに発揮されたのです」と、パーマストン夫人は記述している。

子どもの頃エリザベスとマーガレットは、時どき小高い丘に登り、そこから宮殿周辺の賑やかで騒々しい街の様子を眺めていた。ふたりは〈丘〉と名づけた茂みの上に立ったまま、古めかしい宮殿の外にいる人びとを見つめ、もし普通の少女だったらもっと楽しく過ごせるのにと夢見たことだろう。

庭園にはアオサギをはじめ、あらゆる種類の小鳥たちがやってきた。フクロウの鳴き声は夜中響き渡る。小島の木々の間には一九五九年にやってきたピンクのフラミンゴが見られる。夏にはカモミールの芝生の辺りを蝶々が飛び交う。

晴れた日に女王は湖畔の素晴らしい景色を満喫する。見上げるほど大きく育った樹木や、ギルバートやサリバンが曲を演奏する小さな建物、ナッシュの古典的な装飾は王室の人びとの肖像画にはぴったりだ。そしてワーテルローの花瓶。ナポレオンの注文によりトスカーナで作られたこの花瓶は五m近い高さがあり、ワーテルローの戦いの後にジョージ四世に贈られウエストマコットが引き継いだ。

宮殿のフローリストには花束作りの仕事がある。女王のサロン用にはどんな花がお好みだろう？たくさんのユリやアイリスの花束、いろいろな種類を混ぜるのは好まない。反対にバッキンガム宮殿の舞踏会の間用には、自身の温室で栽培した目に鮮やかな赤や黄色の花をふんだんに使うよう命じ、天蓋がつき、金色の装飾のある王座のそばのトレイの上に置かれる。毎年六月一八日には、ペニー・オリビエが個性的な色彩の花束を作る。エリザベスがワーテルローの戦いを記念し、ウエリントン公爵の家族に花束を捧げるためだ。青と黄色はテーブルの飾りにも使われる。

公式行事のほか、女王の朝食の間、〈アーガイル＆サザーランドハイランダーズ〉というユニフォーム姿の音楽家たちが、毎日窓辺でバグパイプでセレナーデを奏でる。一八四三年にヴィクトリアが始めたこの素敵な習慣をエリザベスは廃止せず、続行するための労力をいとわなかった。

庭園は一般公開されていない。しかし、ヴィクトリア駅発で宮殿沿いを運行しているバスの二階から庭を眺めるというアイディアは悪くない。最善の方法は、ヴィクトリア女王があらゆる階級の人びとと謁見するために始めた園遊会に招かれることである。形式を重視した園遊会には、イギリスのあらゆる階層から人選し、一カ月前に王家の家紋入りの招待状を送る。出席を断ると以後招待されなくなるので努めて出席する。

重要な三つの園遊会は、バッキンガム宮殿の庭園で七月の第一、第二、第三木曜日に開催される。八〇〇〇名の人びとが集い、全員が女王と言葉を交わせるわけでないが、何人かは近くで拝謁する幸運を得る。ロイヤルファミリーを取り囲む招待客の群れをかきわけて進み出なければならない。カモミールの広大な芝生を眺めながら紅茶がサービスされる。ロイヤルファミリーと外交官専用の飾りのついたテントは、芝生の反対側に置かれている。芝生にはムクドリがつついた無数の小さな穴がある。

一五時三〇分頃、たくさんの車が歩道を占領し始め、招待状を提示し、広々と門を開放している宮殿の中に入ろうとする人びとの行列ができる。一六時きっかりに、ロイヤルファミリーの人びとがテントの方に向かってくる。女王が庭園を歩いている間、国歌が斉唱される。侍従長と付き人たちが群衆をかき分け、女王を誘導する。交わされる会話はごくありふれているように聞こえるが、出席者たちはアン王女の帽子の片隅や、皇太后の笑顔やチャールズ皇太子の制服を見ただけでいつも大喜びする。その間、二つの衛兵オーケストラが音楽を演奏し、しばしばマイ・フェア・レディの曲が使われる。

　バッキンガム宮殿がテレビやマスコミに公開されるのはごく稀で、宮殿は王家の権力のあらゆる贅を尽くした伝統的聖堂のままなのである。宮殿は首尾よく秘密を守ってきた。バッキンガムを継承してきた代々の君主は館を賞賛することをほとんどしなかった。後にウィンザー公となったエドワード八世は〈湿って閉ざされた匂い〉に不平を漏らし、エドワード七世は軽蔑しながら〈墓場〉と呼んでいた。ジョージ五世はそこから離れ、ケンジントン宮殿で暮らすことにした。女王の父君ジョージ六世は〈冷蔵庫〉と表現し、まだ子どもだったエリザベスは不平を言い、中を走り回るのに自転車が不可欠だった。しかし即位後五〇年が経ち、女王はロンドン市内の他の宮殿で、生活したり仕事をしたりするのは想像しにくくなっていった。彼女はこの方向感覚を失わせる宮殿を楽屋裏の隅々まで熟知しているからだ。

　この辺で気分転換をしよう。背景の説明は終わった。三回ノックをして扉を開けよう。

第二章　女王の一日

一九七七年、女王の公式の伝記作家ロバート・レイシーは言葉を選んで綴っている。

「女王の仕事に伴う苦労については、やや誇張されているかもしれない。ロンドンでの日々は確かに多忙であるが、しかし、すべての公務を中断できる長い時間もある。そしてどんなに国家行事に追われても、時には思い切って自分の最も好きなことに没頭する歓びに浸ることもできるのである」

エリザベスが王冠の重さに耐える責任に対し、特効薬を発見したのは確かだ。彼女が面会の予定に縛られた日常に耐えられるのは、六週間のクリスマス、四週間の復活祭、夏と秋の終わりの一〇週間の休暇のおかげである。公務なしで過ごせる年間二〇週間、この五カ月で彼女は自分自身を取り戻す。

女王の二四時間

女王の一日は八時に始まる。その少し前に従僕がエリザベスの飼い犬、コーギー犬を連れて庭園を散歩する。散歩から戻ってくると侍女が登場し、待ちかねている犬たちを連れて寝室に入る。彼女はドレープで飾られ金色の王冠のついたダブルベッドに近づき、ピンク色の小さなティーポットとカップ、銀のスプーン、ピンク色のミルクポット、銀のシュガーポットと砂糖挟みを乗せたトレイを置く。

それからクリーム色のブロケード織りの重いカーテンを開け、隣接した浴室に進み、周囲にロジャー&ガレ社の製品が並べてある浴槽に湯を流す。洗面所には女王がその日に着用する洋服をかける。同時にフィリップ殿下専用の浴室では、二人の召使いが浴槽に湯を入れ洋服の準備をする。夫妻の寝室は一九五〇年代から別々である。

特別に早く出発する予定がなければ、エリザベスと夫君は九時に朝食をとる。このときには既に、女王のその日の身だしなみの用意ができている。彼女は入浴し、昔からの伝統的な方法で女性の身だしなみを整える。朱色のブラシ、洋服ブラシ、手鏡、べっ甲の櫛がきちんと並べられている鏡台の前で髪をとかし化粧をする。金色の蓋付きのガラスの小箱の中には、化粧品が収められている。

化粧に数分間以上かけることは、公式なセレモニーや宴席があるとき以外は決してない。彼女は口紅やおしろいより頬に風や雨を感じることを好むタイプの女性である。ピンク系のリキッドファンデーション、同色のおしろい、瞳を強調するためのブルーグレイのマスカラと澄んだ赤い口紅を使い、爪には透明のマニキュアを塗っている。香水の使用については…と、まあ、この辺で。

王家の朝食

女王陛下は壁にばら色の絹が張られたダイニングルームに入るときには昼の装いである。エリザベスとフィリップは、両親や友人を招くときに一〇人用に広げられるマホガニー製の楕円形のテーブルに並んで朝食をとる。朝刊は二人の間にある台の上に積み重ねてある。四角い時計が九時を告げると、女王のバグパイプ奏者〈アーガイル&サザーランドハイランダーズ〉が最初の曲を演奏し始める。

客がいないとき、エリザベスとフィリップは自分たちで支度をする。皿、銀のナイフ・フォークは電気の保温器の上に置かれている。フィリップはコーヒーしか飲まず、朝はカフェオレ、食後にはブラックを飲む。女王はイギリスの伝統にのっとって温められた銀製のティーポットに入った好みの中国茶を飲む。それはフィリップが考え出した回転式の台の上に置かれ、注ぐのが楽になった。彼女は砂糖なしでミルクだけを入れる。夫妻は金の縁取りのソーサーに乗った大きなカップを使っている。陶器の一つひとつに金色の小さな王冠と〈EⅡR〉が記されている。ナイフ・フォークと二つのオイルの瓶立ては重厚な銀製である。メニューはオートミール、シリアル、オレンジジュース、ベーコン、ソーセージつきの卵、それぞれ半熟とゆで卵。

フィリップ殿下は時どき朝食時、悪い癖を発揮することがあるという。一人の召使の証言によれば。「ある朝、朝食の際中に召使を呼ぶベルが鳴り、すぐに飛んで行きました。お二人の前にはベーコンエッグが置かれていました。〝トーストを〞フィリップ殿下がぶっきらぼうに言いました。殿下は朝、ご機嫌ななめなことがあるのです。〝申し訳ございません〞と私は頭を下げ、すぐに厨房に行きました。廊下と二つの階段を駆け下り大広間を抜けて、二〇〇m離れたコーヒーサロンにたどり着きました。トーストができて銀の皿に乗せて引き返すのに四分もかからなかったと思いますが、ダイニングルームに着いたときには、フィリップ殿下は立ち去ろうとしており皿はカラでした。〝遅すぎる〞彼は冷淡に言いました。〝遅すぎるんだ〞」

仕事の場で

毎朝一〇時にエリザベスは執務室に入ってくる。部屋は多少雑然としているが暖かな雰囲気だ。和やかな家族写真が飾られ、雑誌が積み重なり、犬が居眠りし、公文書の入った革製の格式の高い外交官用の〈レッドボックス〉が置いてある。ウォーターフォードのガラス製のきらきらしたシャンデリアが女性的な雰囲気を醸し出している。深々として座りやすい茶色のソファが一つと肘掛椅子二つがエレガントなマントルピースの前に置かれ、冬には薪を燃やしてどんよりしたロンドンの空気を温める。壁には若きプリンセス時代の女王の肖像画が、金色の淵取りのある鏡と対をなして飾られている。マントルピースの上には陶器の鶏がそっくりかえっている。横にはロイヤルファミリーのメンバー一同から結婚祝いに贈られた、ヘップルホワイトの素晴らしい女性用の机が置かれている。これはエリザベスの陶磁器のコレクションに加えられた。

花は至る所にある。長い茎のカーネーションを活けた花びんは、家族の写真と二台の電話と深紅の紋章の付いた便箋でいっぱいになっている机の上に置かれている。電話の一台は持ち歩いて内密な話ができるようになっている。天井が高く大きな窓がある広々した部屋のあちらこちらに、バラやカーネーション、フリージア、菊、ランなどが飾られている。

仕事！　五〇通もの手紙が銀のトレイの上に積まれている。懇願や要請や招待が主要な内容である。侍女や秘書、関連部門の管理者が返答する。親書（親戚や友だちからのもの）は封をしたままにし、封筒の左下側に注意深く二文字と数字一つのコードを打つ。

女王の以前の秘書は女王宛の書簡のことを覚えている。

「絶望的な状況にいる人たちからの悲痛な手紙もありました。子どもたちからの手紙の多くには〝小さいときは、オートミールをたくさん食べましたか？〟など質問が書かれています。王室の犬とのマッチング希望や発明家の提案、要望書、変人からの手紙などさまざまですが、多くの人はどんな内容であれ宮殿の長が手紙を受け取るものと思っていました」

政治的、行政上の質問を扱う手紙は政府の関連部門に回される。子どもたちからの手紙は専門の女性に渡され返事をする。女王とお茶を飲みたい、王室の厩舎を訪問したい、などあらゆる懇願の手紙が来る。また学校、病院、教会、市役所、工場などの建設や、スポーツイベント、祭典、ガラ、劇場の夜間興行、パーティー、文化的・農業的な展覧会への出席、孤児院や養老院の援助などを依頼する手紙も数千通来る。もちろん嘆願のいくつかは受け入れられる。

エリザベス二世は稀に自分で返答をする。しかし手紙を書くのは好きではなく、秘書に言いたいことを伝えて書き取らせてサインをする。女王自身が書くか再読するのは、非常に重要な場合のみである。本当に個人的な手紙は、王室の行事すべてを監督していたサンドリンガムの父の伝統を受け継ぎ、羽根ペンを使って書く。チャーチルは女王陛下から自筆の手紙を受け取るたびに大喜びしていた。

彼女は即位してから便箋を変えた。現在使用しているのは白で、王家の赤い紋章が大きく入っている。以前は王家の別邸でその後皇太后の住居となったクラレンスハウスの緑色のものを使っていた。ロイヤルファミリーの手紙は必ず書留で送られる。そうでないとコレクターの手に渡ってしまう危険性があり、現にそういうことが起きたこともある。

日中エリザベスは、毎日各省から宮殿に車で運んでくる小箱入りの書類を読んで過ごす。バッキンガムの各部門の責任者のために、政治家や重鎮たちは赤か黒の革製の箱を使用している。赤い箱には電報と外務省の秘密文書が、黒の箱には議会の書類が入っている。女王は毎日二時間かけて、それらを読まなければならない。大使や知事からのメッセージ、指令、指名などが詰まったこの小箱は、女王を至る所で追いかけ回す。その箱はイヨネスコの作品を連想させ、女王を迫害し決して解放してくれない悪夢に変わる。彼女はバッキンガムにいるときも休暇中も旅行中も、このケースを手放すことはありえない。しかし、夫君はそれには関与しない。

エリザベスの喜びの一つは、大臣たちのミスを指摘し、彼らが国家の緊急案件をきちんと読んでいるかチェックすることだ。コルヴィルはチャーチルが現行犯で捕まり悔しい思いをしたことを語った。

「私はバグダッド駐在中の大使から重要な電報を受け取り、それをウインストンの箱の中に入れ簡単なメモをつけました。でも彼は電報を脇に置いて私に言いました。〝長すぎるので週末に持ってきなさい〟。週末にもう一度彼に読んでもらおうとしたのですが、チャンスを逃してしまいました。いつも宮殿で火曜日に行われる公聴会の席で女王は〝バグダッドから来たとても興味深い電報についてどう思いますか？〟と尋ねました。彼は読んでいなかったことを認めざるを得ませんでした。彼はカンカンに怒って帰ってきました。…女王はミスを指摘したのです」

ハロルド・ウィルソンもいくつかの〈難問〉を免れえなかった。

「ブレッチリー地方の新しい地域についての考えは非常に興味深いです」

公聴会のとき、女王は進み出て言った。首相の顔色が変わった。彼がその街の建設計画について聞くのは初めてだった。その計画は政府の委員会書類の中に記され、女王はすでに学んでいたがウィルソンは翌週末に読むつもりでいた。一二年後、彼は引退スピーチの中で楽しげに語った。

「私は後輩に公聴会に行く前にすべての文書を熟知し、決して週末まで放っておかないよう忠告します。そうでないと勉強していない生徒のようになってしまいます」

あるジャーナリストは、「私は私の仕事をしています。で、あなたは？」とでも言いたげな女王の〈辛辣な視線〉について書いている。彼女には書類を読む際の生まれつき天才的な注意力がある。それが女王を政治的、官僚的、また社会的にも比類なき観察者にさせたのだ。

王国の影の助言者

女王の執務室（グリーン・パークの二階の北翼）に初めて出入りを許された訪問者は、影のアドバイザーだった。私設秘書のロビン・ジャンブリンが現在その職にある。彼の役目はイギリス国内外でのロイヤルファミリーの訪問をアレンジし、スピーチ原稿を作り、王家の記録資料や宮殿事務所やマスコミ業務を管理することで、多大な影響力を持っている。彼は女王のスケジュールと面会を調整し、どの省庁であれ誰から完璧な情報が得られるかをチェックする。執務室の私的な役目はアドバイザーの役割と重なる部分もある。ジョージ五世の担当官だったスタンフォーダム侯のことを、王は亡くなる間際に「彼は私が王たるべきことを教えてくれた」と言った。

エリザベス二世はジョージ六世の昔の特別秘書であり、古参の奉公人の手本だったサー・アラン・ラッセルを知っている。彼は痩せて背が高く、穏やかで慎み深く、鋭い精神を持ち、ほんの少し不躾な面もあり、丸い眼鏡とあごひげの下に豊かな人間性を隠していた。

「執務室では気の抜けるときなど全くありません」と彼自身が語っている。

ラスキー教授はこう言い換えた。

「国王の特別秘書は、大臣全員にとり心を打ち明けられる人物です。多くの秘密を託され、陽を浴びる人と、闇に留まるべき人の違いを見極めなくてはなりません。些細な出来事が大惨事を引き起こす可能性もあります。特別秘書は感情に駆られて起こる事態でも冷静に行動しなければなりません」

女王の私設秘書は政治的な危機に際しても、単に首相を選ぶというようなときにも、積極的に助言を与える。政治に関する動向を探るため世論調査を実施する、という難しい使命も託されている。彼は議会の中枢と良好な関係を保ち、女王との間のフィルター役を果たすのだ。

以前に補佐役を務めたマイケル・アデイヌを継承したのは、ジョージ五世の一等書記官だったスタンフォーダム候の孫、サー・アラン・ラッセルだった。ピーター・タウンゼントは記憶している。

「彼は下級の階層の人びとにかなり近く、彼らを理解し、意欲的で寛大で親しみやすくエネルギーに溢れていました。でも私設秘書の職を最も長く務めたのはマーティン・チャーテリスでした」

君主制を中傷する人によると〈保守的で因習的な貴族〉に属し、ウェイミス伯爵の一一番目の孫だった彼は、陸軍大臣を務めたマーゲッソン候の娘と結婚した。そしてイートンを卒業後情報部に属し、女王を継承するエリザベス家の主任となった。優れた彫刻家でもあった。その後オーストラリア出身の五九歳のウイリアム・ヘーゼルテイン卿がその職に就いた。彼は一九六〇年報道官助手として宮殿に入り、すべての等級を経てエリザベスの五番目の私設秘書になった。それからロビン・ジャンブリンに後を譲ったのはダイアナ妃の義理の兄弟ロバート・フェローズ卿だった。彼は一九九七年八月三一日、ダイアナ妃の死をチャールズに伝える辛い役目を務めた。

「私は何もかも前もって完璧に決められていると確信しています」

エリザベスはいつも私設秘書に言う。彼女はそれを知っているからだ。さもないと質問と命令で秘書を情け容赦なく攻め立てる。女王にとって重要なのは一つひとつの詳細なのだ。少女だった頃、彼女は夜中に起き出して洋服がきちんと整理されているかを調べた。そして翌日、翌週そして翌年まですべきことを正確に知っていないと眠れなかった。女王の想像を超えるスケジュールは前もって厳格に決められているが、エリザベスの性格には非常によく合っていた。

公的な旅行の際には、私設秘書は飛行機や船旅の予約などを行う。階級的には情報官と軍事関連の国防省の責任者の下になる。同時に所有地の中にある、アシスタント一名、古文書館員一名、秘書二名から成る王室古文書館の管理部門の責任者でもある。主な仕事はスピーチの作成である。即位直後アルトリンチャム卿は、エリザベスのスピーチに厳しい判断を下した。

「女王は原稿なしには数行も話せないように見えます。少なくとも読み方を変えねばなりません。辛口の人たちには、彼女は学生のホッケーチームのキャプテンにしか見えないでしょう」

そこで彼女はスピーチの仕方を変え、より親しみやすく、はっきりと話すようにした。唯一彼女が捨て去ることができなかった癖は、どんなスピーチでも「夫と私は…」で始めることだった。

女王と私設秘書はある種の共謀者同士ともいえる。ある人が笑いが止まらないような出来事を覚えている。ドイツ語しかできない重鎮の公式訪問に関し、外務省からのメモを受け取り、私設秘書はフィリップ殿下に通訳を頼んではと提案したが、外務大臣は「女王はフィリップ殿下のドイツ語を信頼していないので、その方の付き添いは大使に頼みましょう」と答えた。

王室支配人

〈王室支配人（家令）〉が身をかがめ恭しく部屋に入ってくる。この人物はいわば最高職の執事とでもいうべき者である。女王の即位当初はピアズリー卿がこの重い任務に就いた。後を受け継いだサー・ピーター・アシュモアが一九七三年から八六年まで務め、王家のヨットのオフィサーだったポール・グリーニング卿が現職である。

宮廷では毎日六〇〇食以上の食事が出され、二〇〇名の使用人が働いている。八〇〇〇名以上の招待客を招いて行う園遊会での王室支配人の務めは、一流ホテルのマネージャーに匹敵する。公式な晩餐会や著名人とのかかわりには、外交的な手腕が求められ、一四名のスタッフが彼をサポートする。

王室支配人は毎朝メニューブックを見せる。それは赤い革表紙の本で、エリザベスがその日に食べたくない物を鉛筆でマークする。彼女がシェフに言いに行く必要はない。月曜日、王室支配人は女王の執務室に長く留まることが多く、その週に予定されている行事について話し合われ、女王は気づいたことや希望や批評などを述べる。

ピーター・タウンゼントはジョージ五世の王室支配人（家令）について記憶している。

「彼は輝くようなユーモアの持ち主で、危機的な瞬間でも完璧に冷静を装って笑っているような男でした。自分は古いタイプで、唯一の願いは王のご命令に従い、女官の方々にご満足いただくことだと言っていました」

王室支配人が退室すると、父の物だったマホガニー製の事務机の後ろに座っていたエリザベスは、電話を数本かける。毎朝電話交換手は女王と母親との電話をつなぐ。

訪問客

日中は謁見や公式の訪問客との対応に追われる。年に一四回催される大舞踏会や首相の新任式で、エリザベスは著名人や功労者たちの栄誉をたたえ労をねぎらう。大半は首相の意見を尊重し、幾人かは女王の好みで選ぶ。功労勲章、栄誉勲章、ヴィクトリア勲章、ガーター勲章、シャルドン勲章。

チャールズ・チャップリンとアルフレッド・ヒチコックはそれぞれ一九七五年と八〇年に大英帝国の〈ナイトの称号〉が授与された。六五年一〇月ビートルズは大英帝国から勲章を与えられたが、数年後にメダルを返還した。聡明なヴァネッサ・レッドグレーブは打ち明けた。

「私は勲章を受け取ったことをむしろ恥じています。有名である私を呼びものにしただけなのです」

女王が人びとの性格の本質を捉える正確さはよく知られ、その妙技を活かし君主制の公務を引き受けている。彼女は一四〇〜一六〇名のグループを受け入れることができ、慌てるそぶりも見せずにもてなすことができる。彼女が誰かと昼食を共にしたいときは、謁見のリストに名前を記し、夫妻で一二時三〇分に宮殿に来るよう要請する。

一九五六年五月、女王は宮殿の昼食に招くのは六名以内にするという新しい招待の決まりを思いついた。これはアルトリンチャム卿が「宮殿はイギリスの財界人が集まる狭い飛び地である。そこでは女王がさまざまな人と話し意見を聞くことはできない」と書いたことへの返答だった。

昼食会は黒い漆塗りの陶器が飾られた二階の晩餐の間で行う。ジョアン・コリンズはジャッキー・スチュワート、ジェイムス博士、シャーリー・バッシー、イリス・マードック、アンドリュー・ロイド・ウエバーなどが招かれ、女王は躊躇なくエスプリを発揮する。ある日、アスパラガスが出されたとき、女王から始まり左側に座っていた客が最後になった。彼は皿の中ですっかりビネガーソースに浸っているアスパラガスを女王がどうするか興味津々だった。給仕が終わると、彼女は彼の方を向き悪戯っぽく微笑みながらこう言った。

「さあ、今度は私の番だわ。あなたがどうやってアスパラガスを引っ張り出すか私が見る番だわ」

女王の犬たちは宮殿の食事時はいつも一緒にいる。彼女はテーブルの下で犬に餌を与えるのが好きだ。召使は面白かったランチのことを覚えていた。著名な芸術家ヒースを招いた昼食の席で、女王の一番年寄りのコーギー犬がテーブルの下で皆の足にじゃれ始めた。

「ヒース、やめてちょうだい！」

女王が毅然としてそう言い、イギリスの有名歌手のヒース・ハーパーは驚いて天井まで飛び上がった。それはフィリップ殿下を非常に楽しませた。あるときエリザベスはとりわけ虫の好かない活動家と隣り合わせになった。彼は絨毯の上にうっかりジャガイモのかけらを落としてしまった。彼は誰にも気づかれないことを願ったが、通りかかったコーギー犬がかけらに近づき、すぐに飛びついて口にくわえて行った。それを見た女王は大笑いした。

王室典礼ではいくつかの習慣が維持されている。親しい間柄の人たちとの食事には縁取りのある白い皿が使われ、本格的なパーティーや公式の晩餐会では、淵にライオンとユニコーンの紋章が彫られた素晴らしい金の皿が使われる。もう少し規模の小さい機会には、ヴィクトリア時代のイギリスの陶磁器の名品を使い一〇品程の料理がサービスされる。

微笑んで！

エリザベスの午後のスケジュールに戻ろう。昼食を終えると化粧室に行き、公式訪問という午後の務めを果たすために身支度を整える。着替えが素早いのは、若い頃からの修業の賜である。女官と秘書と二人のボディガードを伴い、二台のロールスロイスのうちの一台に乗り、宮殿のポーチまで進む。車の窓は風でヘアスタイルが乱れたりせき込んだりしないようにいつも閉められている。女王の健康状態は国家行事に影響する。

ロイド社は大きな公式セレモニーの中止に備え、定期的にコマーシャルやホテル経営者やテレビ番組に保険をかけている。戴冠式の折に安全警備にかけられた額は少なかった。言いかえればロイド社の専門家たちは女王のヴァイタリティに賭けたのだ。彼女の健康上の唯一の心配は副鼻腔炎で、ホメオパシー（同種療法）によって治療している。

午後になるとエリザベスは、病院訪問、騎兵隊の馬の視察、高速道路の開通式、展覧会の開会式などのため外出する。彼女は誰よりも、船首でシャンパンボトルを開け、スピーチを読み上げ、記念碑のテープカットを行い、都市の鍵を受け取る方法を熟知している。彼女は微笑み、関心があるように装い、無難な質問をし、花束を受け取り、また微笑むことができる。微笑み、微笑み、微笑む。

一人の女官が証言している。

「女王は人と挨拶を交わすときにどうしたらよいか苦労なさっていました。なぜならその方にとってはそれが女王陛下を拝見する唯一の機会だからです。行列が続く四五分間、けいれんも起こさずにずっと微笑んでいるのは至難の業です。時折筋肉をほぐしますから、ちょうどそのとき居合わせた人には微笑んでいないので、ご機嫌が悪いと思われてしまうかもしれません」

マクミラン元首相はあるときロイヤルスマイルについて尋ねた。エリザベスの日常的な様子と群衆を前にした威厳のある物腰とは対照的に見える。もっとさりげなく振舞うことはできないのだろうかと。それを聞いたエリザベス二世は驚いた。彼女はほとんどの場合、厳粛な表情が望まれていると言ってきた。公衆の面前に最も上品な様子で登場するのは、祖父、父と代々受け継がれてきた伝統である。しかしテレビや一般大衆とのふれあいにより、その謹厳な態度は少しずつ消えつつある。

確かに女王には二面性がある。彼女の顔に浮かぶ悪戯っぽく自然で花のような微笑みには心温まるが、同じ微笑みの中に予想もせぬ冷え冷えとした表情を見せることがある。いかに女王としての喜びがあろうと、自身の性格を垣間見せないわけにはいかないのだ。

ほかに修得不可欠なことは疲れを感じずに立ち続けることだ。女王はスーザン・クロスランドにその〈秘訣〉を明かしてくれた。

「脚の間を少し開き、しっかり平行に保ちます。両方の脚に均等に体重がかかっているか確かめましょう。それがなすべきことのすべてです」

この方法は園遊会のときにはあまり役立たない。彼女が庭園に足を踏み入れると国歌が斉唱され数千人の人垣ができている。木陰はなく一時間以内にできるだけ多くの人に話しかけながら、かなりの距離を移動しなければならないのだ。午後いっぱい女王は微笑み続け何百回も握手をしなければならない。握手は親指を手のひらの内側に向けて曲げて柔らかく行うとされている。あまり強く握り過ぎると相手の会話を中断しかねないからだ。

忠告し励まし警告する

エリザベスは一七時頃住まいに戻る。一七時から一八時三〇分まではティータイムだ。貴重なこの時間に子どもたちに会ったり、犬に餌を与えたりする。お茶と夕食の間に首相との謁見があり、女王は議会で繰り広げられた議論について説明を受ける。この首相との謁見が一週間で最も重要な時間だ。英国の長は誰であろうか？　それは女王である。英国政府の長は？　それは首相だ。現在はトニー・ブレアであって女王ではない。ブレア氏は国民の評決に従う。女王は降下されることはなく、政府は変わっても国家は元のままなのだ。

法律や伝統や公用語によれば、女王は国家最上の元首であり、絶対的な権力を持っている。正義を具現化し、軍隊の司令官という肩書を持ち、国の教会の長でもある。首相と議員たちはその〈奉公人〉なのである。どんな書類も王家の紋章がなければ価値がない。王室の遠隔操作による首相や知事など高級官僚の任命には、女王の手にキスをするという特別な計らいが伴っている。この儀式は中世に国王と家臣たちが行っていたしきたりの名残である。エリザベス二世時代になっても、最も過激な社会主義者も含め、すべての大臣たちがこの習慣に従っている。

しかし、奇妙で非論理的なことに、女王は直接的かつ絶対的な権力は何も持っていない。歴史学者のバジョットが記述しているように、「もし議会が女王の処刑を可決したら、法律はそれを承認せねばならず拒否できる可能性はない」。彼女は国の絆であり続け、海外ではその象徴であり、王室の中で最も多く語られる人物である。彼女の役目は三つの言葉に集約される。

「忠告する、励ます、そして警告する」

ある日、私設秘書のサー・ゴドフリー・アグニューは、女王は保守派なのかと尋ねられ、非常に的確な答えを返した。

「そうではないと思います。女王は政党による区別はしていません。彼女にとってはどの党も同じ社会階級に属するのです」

君主制によって体現されたイギリス政府は、政治の下に位置し、それ故腐敗政治の下にある。この状況はイギリスのシステムの強さである。英国の政治家は常に清廉潔白な君主制と闘わねばならない。

五年ごとに行われる国会議員の選挙後、女王は首相と閣僚たちを選ぶが、実際は、下院で大多数を獲得した党の党首を指名する。女王は自身で首相を選び、論争を巻き起こしたことがあったが、疑わしかったのは女王の選択でなく、保守派の決定機関による議員の選出だった。作家のアンソニー・バージェスが書いているように、女王には知る権利と道徳心がある。なぜなら国の長としての日々の務めは、政府の活動を正確に把握することで成り立っているからだ。

国会の開期中、女王は毎週政府の長をバッキンガム宮殿に迎え、決定や計画の説明を受ける。以前は常に火曜日の一七時三〇分からだったが、エリザベスが王座につきチャールズ皇太子とアン王女がそれぞれ四歳と二歳だった頃、二人をお風呂に入れるために育児室に行きたかったので、当時の首相ウィンストン・チャーチルに謁見の時間を一時間遅らせてもらえないかと頼んだ。彼は即座に了承し、以後歴代の首相たちはこの新しい時間に従っている。

首相は部屋にこもって現状や将来の計画を説明する。女王は政策の擁護も反対もできないが、党派を超え自分の意見を述べることはできる。それは政治的というより道徳的な助言で政府の長に役立てられることはないが、形式だけとも言えない。謁見は一時間以上に及び、首相はきちんと書類を整え、会談の準備をした方が得策である。首相たちは、エリザベスの書類に対する正確な知識と人の話をよく聞き理解する特別な才能を認める。謁見で彼らは〈レモンのように絞られて〉疲れ果てる。首相は私設秘書にその日あったことを順番にリストにするよう指示するが、会話は世間話になることもある。

エリザベスが共に統治した首相は、ウィンストン・チャーチル、アンソニー・エデン、ハロルド・マクミラン、アレック・ダグラスヒューム、ハロルド・ウィルソン、エドワード・ヒース、ジェームズ・キャラハン、マーガレット・サッチャー、ジョン・メージャー、そしてトニー・ブレアである。

ウィンストン・チャーチルからトニー・ブレアまで

ウィンストン・チャーチルは女王が仕事を共にした最初の首相である。一九五五年四月五日、女王二八歳、チャーチル八〇歳のとき、彼女は退任を了承した。チャーチルは有能だったが、非常に高齢だった。彼はヴィクトリア女王に対するメルボルン侯と同様、愛想よくしていたことは全くなく、「それどころか時折、実に頑固な様子をしているときもあった」とエリザベスは言っている。しかしウィンストン・チャーチルは彼女に献身的に仕えた良き指導者であり、まるで養父のようでもあった。サー・アンソニー・エデンは前任者とも後継者のマクミランとも全く違い、大変形式を重んじる性格の人だった。一九五七年一月九日健康上の理由で辞表を提出したとき、女王はサンドリンガムからロンドンまで彼を訪ねて来て出廷を免じた。そしてエイボン伯爵とナイトの称号を与え、王室で最も古く権威のあるガーター勲章を授与した。

約七年間共に仕事をしたハロルド・マクミランは、比類なきほど華々しく威風堂々とした人物として知られていたが、抑えきれない衝動を内部に秘めた知性を併せ持ち、伝記作家のアンソニー・サンプソンの表現によれば、〈曖昧な〉性格であった。マクミランは謁見の前に、彼が話し合う内容を事前に理解してもらうため、毎回その日の公式の議事日程を女王に届けていた。お返しに女王は、首相が立ってではなく、座って話すことを許し、二人の関係は堅苦しくなくなった。辞任する一九六三年、マクミランに宛てた別れの手紙の中でエリザベスは、彼は〈混沌とした国際情勢の中で彼女を導き助け〉、憲法や政治や社会生活など〈多くの重要な分野でも職業訓練官〉のようだったと感傷的に綴られている。以後彼女の目に、彼ほど〈賞賛〉に値する後継者は現れなかった。

しかしアレック・ダグラスヒューム卿とは、他のどの首相より私的な関係を結んだ。スコットランドの彼の家族たちと親密であったのは事実で、女王とアレック卿が火曜日に交わす会話は非常にリラックスしていた。彼の率直な質問に女王は素直に本音で答え、その後別の話題に移るのだった。

一九六四年首相に就任した社会党のハロルド・ウィルソンと女王は、矛盾するようだが驚くほど相性が良かった。しかし一〇月に行われた宣誓の日、すべては悪い方向に進み始めた。この薬剤師の息子は伝統に逆らい、父と姉妹の他に妻も宮殿に連れてきて良いかと尋ね、彼の振る舞いは〈小市民〉的と言われた。しかし二人の〈ライバルたち〉はすぐによりよい関係を結んだ。一九六六年、労働党のリチャード・クロスマンは、「ウィルソンは女王に非常に献身的に尽くし、就任を感謝されていることを誇りに思っていた」と指摘している。

ハロルド・ウィルソンは彼の顔色を見て機嫌を取る王室に、非常に柔軟に対応していた。火曜日の謁見は一週間で最も重要なことの一つだった。彼は女王を事態に精通していると判断していた。歴代の首相は常に女王のサポートを当然と考えており、それは彼女を時折苛立たせた。そういう考えに疎かったウィルソンは毎週の義務を真摯に務め、女王に活動状況を説明し、女王は彼の辛辣な観点やウエストミンスターの楽屋裏からかけ離れた習慣を評価していた。

この政界の狐は確かに賢明で、火曜日の謁見は確実にうまくいっていた。彼は女王を「情報に精通して理解力があり、いつも政治に大変興味を持っていらっしゃいます。政府高官に関してきつい指摘がされたときは、必ず後で意見を言って下さいます」と評していた。彼女は四〇代になってからますます政治に情熱を注ぎ、ウィルソンが伝える舞台裏の雑音やエピソードを何より喜ぶようになった。そしてこの社会主義者に、君主制に対する永遠の敬愛を啓蒙し、一九七四年ガーター勲章を授与した。

一九七〇年六月一九日に就任した保守党のエドワード・ヒースと女王は、うまく調子を合わせた。音楽やクリスマスやセーリングを愛好する首相は、王室で育ちそれ以外のことには疎いロイヤルファミリーの人びとと気が合った。一九八三年ロングフォードの伯爵夫人とのインタビューで、彼は火曜日の謁見について述べている。

「私は王室の特権である〝忠告し励まし警告する〟が消滅したとは思っていません。それは首相がどう利用するかにかかっているのだと考えます。例えば党首を選出する場合などでは君主制はやや希薄になっています。私はいつも女王にはすべて話し、特別秘書の了解を得て議事日程を準備していました。彼女の目の前には、私が秘書に伝えなかったいくつかの案件で興味深そうなことが書かれている紙が置かれていました。話し合いは常に二人だけで行われ、メモを取る人もいませんでした。彼女が後で日記に、その資料に何らかの言葉をつけたして書いていたかもしれませんが。型通りの格式ばった議事録は書かず、時どき問題解決の手掛かりを与えてくれました」

その後ハロルド・ウィルソンが一九七四年から七六年まで復帰して務め、同じく労働党のジェームズ・キャラハンが彼を継承した。三年間の首相任期中、女王は共に仕事をすることを非常に喜び、よく高らかに笑う声が聞こえてきた。彼は回想録の中で謁見のことを記している。

「私は一時間とか一時間半くらいそこにいました。一時間以内ということはまずなく、お互いに用事がない限り夕食を共にしました。王宮の決まりで飲物は何も出ませんでした。誰もが平等に扱われましたが、皆他の人よりも丁重にもてなされているように思っていました。女王はいつも一人ひとりをとても温かく迎え、個人的な友人になることはなく、大変穏やかな雰囲気でした。首相たちは抱えている問題に対し理解を示していただく恩恵に浴していました。彼女は政治家ではないので問題を分かち合うことはできないのです。それは政治家の務めと思い、意見を言うことはあまりありませんでした。彼女は聞き役で鋭い直感力がありますが、〝どうしてあれこれしないのですか？〟と言うのはごく稀でした。離れているとはいえ、政治的なことには大変興味を持っていて、〝昇進するのは誰ですか？　歯止めをかけているのは誰ですか？〟などと聞いてきました。しかし公定歩合にはほとんど興味を持っていませんでした！」

ジェームズ・キャラハンはこう語った。

「彼女の経験はすべて外部から与えられた情報によるものです。馬の育て方や買い物などの分野を除き、〝直接の〟経験はわずかしかありません。彼女はよく何かについて他の誰かが語ったことを話しました。個人的な見解を持つことはできず、それが彼女の判断方法なのです」

労働党による五年間の統治後、一九七九年五月四日、保守党が政権を奪還し、初の女性首相マーガレット・サッチャーが誕生した。注意深く観察していたら、女王とサッチャー首相がいくつかの問題に対し、あまり気が進んで取り組んでいたわけでなかったことに気づいただろう。首相は英国政府の長には珍しく、科学技術に情熱を感じていた。歴代の首相は二〜三時間だったが、彼女は五時間もかけてコンピュータの工場を見学し、彼らの説明をすべて理解できるまで質問攻めにした。女王はその分野では彼女についていけなかった。実際王室の人には、明らかにマーガレット・サッチャーはあまりにも〈意欲的すぎ〉て、彼らの好みではなかった。彼女は〈マギー〉を、「ケンブリッジの階段をこすって、食料品店の上に落ちてきた」と言い、この意見にはフィリップ殿下やチャールズ皇太子も同調した。家族で食事するとき、エリザベスは彼女の神経質でわざとらしい話し方のまねを完璧にしてみせた。このアイアン・レディが彼女を不快にさせる状況を説明しに来たときには、決して座らせないなど些細な復讐を行っていた。

一九八六年七月、王室の報道官はタイムズ誌の編集者に、首相にプレッシャーを与えるため計画的にいくつかの軽率な行動を暴露した。実際女王は、英連邦の国々が要求していた南アフリカに対する制裁を拒否したマーガレット・サッチャーを批判した。エリザベスは彼女を許さず、第一三回国民連邦チェス大会も招待国の半分以上にボイコットされた。記事の中には女王が〈マーガレット・サッチャーの貧しい人たちに対する思いやりの欠如〉や、〈政府が行った鉱員のストライキ対処法が、社会的組織に与えた回復不可能な損害〉を嘆いていると書かれていた。

作家のアンソニー・サンプソンは、「同じ年の二人の女性、女王とサッチャー夫人が毎週行う会談は、少なくともどちらかにとっては脅迫観念になっている」とまで書いている。そして女王は〈単純で率直〉であり、サッチャー夫人は〈女王に勝っている〉ように見えると加えられている。今日非常に自分に自信のある冷静沈着なエリザベスの元に、たとえどんな政治家であれ、マーガレット・サッチャーのような王党派が〈出没〉するのは想像しがたいことだ。

チャールズ皇太子と元首相の関係はさらにひどかった。個人的に皇太子はマーガレット・サッチャーの病的とも言えるほど妥協しない性格を気の毒に思わずにはいられなかった。彼女がアルゼンチンに手を差し伸べなかったサン・マロの戦いとすべての交渉を拒否したレバノンの人質事件後、鉄の女に苛立った女王の長男は、恵まれない国民たちに同情し、若い失業者やホームレス、一般的にイギリス社会の売れ残りと言われている人たちと積極的にコンタクトを取るようになった。政治への批判は彼女を大いに苛立たせた。

三〇歳のときから、内密に女王のプライベートカウンセラーとして任命されていたチャールズ皇太子は、女王の箱の中の公文書を読み、権限を見出し、意欲的に飛び込もうとしているようだった。彼はエリザベスのように物言わぬ伝統の保護者にはならない決意をしていると言われていた。サッチャー夫人も鉄の扉の向こうの皇太子を警戒しながら監視し、彼の方針を探りつつ何を望んでいるのか恐れも感じていた。ダウニング街一〇番地に住むジョン・メイヤーとは実に礼儀正しい関係だった。オペラ好きの妻はチャールズ皇太子の親しい友人になり、ジョン・メイヤーはバルモラルで週末を過ごすこともあった。女王の目には彼は誠実に映り、ダイアナとセーラの間に起こったいざこざを収拾できないかと腐心しているように見えた。

ダウニング街一〇番地の現在の住人に女王は時どき当惑している。確かに彼のカリスマ性や手腕は賞賛しているが、社会主義のリーダーたちが絶賛する計画を恐れていた。議会やセント・ジェームズ宮の礼儀作法の改革などは、女王を悩ませた。王室の対外的な象徴性を本格的に変えようとした首相の意思（トニー・ブレアは爵位を制限することを要求しているらしい）に女王は抵抗した。しかし、ロイヤルファミリーの人たちにはあまりに〈大統領的〉だと思われているにしても、トニー・ブレアは人気があり、広報に関する彼の助言は、女王にとって好都合であると認めていた。

宮殿の夜

日中の務めを終え、エリザベスは部屋に戻り入浴してからディナー用に着替える。パーティーやガラ、初日公演などでロイヤル・パフォーマンス、ロイヤル・コンサート、コヴェントガーデンなどに行く予定がなければ、時どき友人や家族と一緒に宮殿の映画館で映画を観る。王室のパーティーのある主催者は大失敗のことを覚えている。

「私はオーケストラの指揮者に警告しました。コンサートは一九時三〇分に始まるので、あなたは五分前までに舞台に上り、拍手を受けそのまま待っていて下さい。女王の入場は一九時二七分だと知らされています。それはご承知の通り確かに約束されたものです。そしてロイヤルシートに女性が入ってきたら国歌を演奏して下さい。実際女王は一九時二七分にいらっしゃり、入口でお迎えし通路を通って席に案内しようとしていたときに突然、〝ゴッド　セイヴ　ザ　クイーン〟の演奏が始まりました。それは前代未聞のことで、女王は動揺してみえました。彼女はそこで止まるべきか、急ぐべきかわからなかったのです。結局彼女は同じ歩調で歩き続け、国歌が終わったときに席につきました。後で指揮者にどうしたのか尋ねると、彼は女性が入ってくるのを待ち、確かに一人の女性が入り、もう一人遅れてきた女性が急いで隣に来たのが見えたのですが、暗くてよく見えなかったので、最初の女性を見た途端オーケストラの指揮を始めたとのことでした」

　エリザベスが好んでいるのはテレビの前で家族と一緒に過ごす時間だ。皆と一緒にシリーズものの番組を見るが、ホワイトハウスや王室の楽屋裏を暴露するようなものは見ようとしない。そして深夜近くになり、ハードカバーのついた小さなノートにその日の感想を注意深く書きとめてから眠りにつく。チャールズ皇太子は日記をつけていない。彼は多くの前任者たちがしてきたように、就寝前に三〇分かけて日記を書くような人ではない。

　エリザベス二世は一日の中で、笑ったり愛したり喜んだり悲しんだり、また花を生けたり帽子を選んだり、ミントキャンディーに喜んだりする古い写真の中に出てくるような一人の女性に戻れる時間を必ず作っている。数百万人の他の人たちと同じように。

第三章　食　事

長い間、バッキンガム宮殿でのいくつかのメニューは、栄養過多でファルススタッフになりかねないように見えた。伝説の食通として知られた現在の皇太后も、その印象をぬぐえない。

一九三七年五月一二日ジョージ六世は妻と二人のプリンセスと一緒に、王室での一日をベーコンエッグの朝食で始めた。しかし数時間後ウエストミンスター寺院でとる昼食は、オマールエビのマヨネーズソースがけ、鴨のロースト、アスパラガスとフランス風のペストリーだった。午後のティーには、ジェノヴァ風のキッシュとクレソンのサンドイッチとコーヒークリームのエクレアが添えられている。家族だけで静かにとる夕食は、舌ヒラメのソテーとポトフだ。

ハンブルデンの子爵夫人パトリシアは記憶している。

「ジョージ六世時代の晩餐会のメニューはコンソメかクリームスープに始まり、魚、そしてチキンかウズラが出されました。それからラムか牛肉、プディングと甘さを控えたお菓子とフルーツと続き、大変豪華でした。どうやってあんなにたくさん食べられたのか不思議に思えるほどです」

宮殿

ジョージ六世の時代、シェフを務めていたのはロナルド・オーベリーである。毎日のメニューを考えて作るのは、彼の責任だった。初めのうち、彼は女王の住まいまで行き両陛下に食べたい物を尋ねていた。時には食欲をそそるような別の料理を勧めることもあった。そして家族の好みを熟知した彼は、やがて自分でメニューを決めてサービスするようになった。例えば女王はマスタードソースが乗ったニシンのグリルやオムレツのスモークハム添えや〝穴の中のヒキガエル〟という名のビーフプディングやビーフステーキのパイ包みに目がなかった。皇太后となった今日でも、それらは大好きである。当時のシェフ、マイケル・シーリーは、長年バッキンガムで働いた。エリザベスとは違い、皇太后はメニューブックを持ってくる彼に毎日会っていた。高価な物やはしりの物を選ぶのに彼女の右に出る者はなく、アスパラガスとロブスターが好物である。でも冬のイチゴなど論外に高い食材を選んでしまったときには、「ささやかな楽しみなの、マイケル！」と言いながら弁解した。彼女は塩辛いアーモンド、チョコレートムース、ミントのマカロンなどが好きで、そういうところはヴィクトリア女王の情熱（彼女も同じようなものを次々用意し食していた）と同じである。

招待されたとき、皇太后だけは席を尋ねなくても座る場所が分かっている。彼女はいつも彫刻が施された特別に素晴らしい肘掛椅子に腰掛ける。足台が運ばれ、テーブルの上にはシャンペンを冷やすための山もりの氷の入った個人用の魔法瓶が置かれる。それは食後の彼女の〈小さな楽しみ〉のひとつになる。エリザベス二世は夜には飲まないので、シャンペンを飲むのは大体いつも彼女一人だけだ。

二人の陛下が夕食を共にするときは無礼講で、母親が娘の前でいつも酒を楽しんでいた。

　現在の女王のメニューは軽いものである。ロイヤルファミリーが最も好きなのはバーベキューとピクニックであり、自然の中での食事にはしきたりを適用するのも無理な話である。スタッフはその手の食事があまり好きではない。いつも何か足りない物があり、召使いがピクニックの場所と宮殿の間を全力疾走で行ったり来たりするはめになるからだ。しかし女王はバーベキューを楽しみ続け、特にフィリップが焼いてくれる好物のフォトナム＆メイソンのソーセージに喜ぶのだ。

　王室のピクニックはやはり格調高い。銀製のコーヒーポットに入ったコーヒーを小型のバーナーで温め適温でサービスする。ある日召使いが、バーナーが容器の底にくっついていたのに気づかず、マーガレット王女にサービスしようとした。コーヒーを注ぐ王女のナプキンの上に容器が倒れ、布に火がついた。ウィンザー家の人びとは急な状況にも対処でき、あっという間に火を消し止めた。女王は「あら！　見てごらんなさい。マーガレットも焼こうとしているわ！」と叫んだ。

　イギリス人たちを夢中にさせているのはプリンスたちの日常生活だ。テレビの前に座り食事をしながら、女王の不在中に彼らが何をしているかと想像を膨らませる。何を見ているの？　何を食べているの？　何を飲んでいるの？

　女王はカフェオレを、フィリップ殿下は砂糖を少し入れたコーヒーを飲み、チャールズは何も飲まない。女王のお気に入りの料理は慎ましく、チキンサラダ、舌ヒラメのソテー、ロールキャベツ、チキンマリネのシャンピニオンソースなどで、プリンス・オブ・ウェールズの好みは、スモークサーモン、ピーチメルバにパンプディング。どれもコックの磨いた腕を失業に追い込むようなものばかりだ。

飲物のメニューは豊富だ。女王はシャンペンやモーゼルやソルテーヌなどの白ワインを好む。多忙な一日の終わりにジントニックを飲むこともある。オフィスでは製造元を限定したミネラルウォーターしか飲まない。スコットランド出身の皇太后はウィスキーのソーダ割りをたしなむ。フィリップはランチにはビールを欠かさず、ディナーの前にはジンを飲む。チャールズは白ワインやシャンペンやマティーニを好んでいる。アン王女は全く酒を飲まず、コカコーラが好きだ。マーガレット王女は酒が好きではないが、祖父のジョージ五世を真似て医者の意見に逆らい、夕食時にウイスキーを飲んでいる。

皆が一堂に会して食事をするときには、エリザベスはデュボネとジンなど好みのカクテルを夫よりたくさん楽しむ。マティーニのストレートをたしなむこともある。エディンバラ公は妻を喜ばせようとして、時どき〈料理〉道具をプレゼントする。王室で良く飲まれる紅茶アールグレーをいれるための、ポータブルな湯沸かし器などもそのひとつである。王子は、公式なディナーの最中ハンドバッグを椅子にかけておけるように、Sの字形のフックをプレゼントした。

海外でのレセプションでは、禁じられている料理や香辛料がある。会話の妨げになりかねないガーリック、食中毒の危険性がある貝類、ドレスを汚す可能性があり、エレガントな写真にも不向きなスパゲッティなどである。

アン王女にゆゆしき出来事があった。最近の海外旅行のときに、秘書は彼女がポタージュもシリアルもシーフードも口にせず酒類も一切飲まず、その国の料理を全く味合わなかったことを知った。

チャールズ皇太子の召使いの一人が記憶している。

「旅行中大使や宿泊していたホテルのマネージャーはとても興奮していました。皇太子が宿泊する場合、彼らは良い印象を与えようと全力を尽くしますが、世界中の食料を集めた心尽しの朝食も悲しげに泣いていました。それは考えらないほどの量でした。王子はクロワッサンを注文しましたが、六個も運ばれてきました。王子はそんなに大食漢とでも思われたのでしょうか！　山のような食べ物がワゴンテーブルを埋め尽くしたままでした…」

宮殿での食事は明らかにもっと慎ましいものである。女王が一人で食事をするときには、チキンを四分の一かスペアリブなどで、残ると冷蔵庫に入れておく。

キッチンで

キッチンの施設について、バッキンガムではかなり前から物議をかもしていた。それは非常に暗く、晩餐の間から離れたところにあり、明らかに塗装し直され家庭用の器具はあるが、クラレンスハウスにあるようなモダンな物は何も見当たらない。ようやく少し前に電子レンジが置かれた。しかし、自動の小型エレベーターは、料理を温かいまま出すのに役立っている。以前は従業員たちが、ソースが固まってしまったり料理が冷めたりしないように、テーブルに運ぶまで七二段の階段を上らなくてはならなかった。

ロイヤルファミリーは招待客のいないときには、晩餐の間の革のついたての後ろで食事をすることもある。銀製のバーナーもあるので、エリザベスはフランベしたクレープシュゼットを食卓で味わうこともできる。

バッキンガム宮殿のキッチンは、正面に向かって左側にある郵便局沿いの一階にある。人びとは狭い通路を通り抜け、部分的に繋がっている女王の絵画ギャラリーにたどり着く。キッチンは、香りが届かないようにダイニングルームの真正面に位置する。駐車場は郵便局通り沿いにあり、あらゆる運搬に便利だ。元々は離れた所に家族と招待客用とスタッフ用の二つのキッチンがあり、それぞれシェフがいたが、三〇年前からキッチンは一つだけになりシェフも一人になった。日によって八名から二〇名でチームを組む。

晩餐会のときはシェフ、サブチーフ、野菜担当チーフ、ソース担当チーフなど一〇名で構成される。シェフ、サブチーフ、皿洗いと少女たちは、伝統的な模様のついた白い帽子とエプロンを身につける。〈銅〉と呼ばれている部屋には、ジョージ三世時代から受け継がれてきたいくつかの銅や銀製の型がある。当時はそれぞれが専用の食器を持っていたので、すべての型にはプリンス・オブ・ウエールズのイニシャルP.O.W.や、ロード・シャンベルタンのイニシャルL.C.がついている。毎週貴重なコレクションは、レモンとヴィネガーを混ぜ合わせた驚異の溶液で磨かれている。

一九六二年以降、キッチンをある意味で近代化したのはチャールズ皇太子だった。電気製品や洗練された器具やミキサーなどが導入され、どっしりしたかまどはガスレンジに場所を譲った。食洗器は毎日使われているが、時が経つにつれ価値が上がっていく陶磁器やクリスタルなどの貴重品は、もちろん手で洗っている。

数年前、新米の召使いが、八枚の見事な皿を手にして初めて拝謁する女王を待っていた。そして女王が現れた途端、緊張で真っ赤になって皿を落とし、全部粉々にしてしまった。「大丈夫ですから、そのまま続けなさい」と女王は言った。それ以来晩餐の間の召使には、女王陛下の前で冷静を保ち落ち着いて給仕できる者が選ばれるようになった。

不器用なウェイターが、不運にも夕食のときに皿をひっくり返してしまったこともある。クリームのついた菓子のかけらが女王の胸を直撃し、フィリップは大爆笑した。別の話もある。ある召使いは女王と招待客にアペリティフを出す前に、ビールを飲み過ぎてしまった。召使いの持っている大きな銀の盆の上には、規則通りウイスキーとジントニックは後ろに、グラスは大きい順に、シェリー酒は前に置かれていた。直立した召使いは必死で盆を持っていたが、周辺にはビールの匂いが漂っていた。突然何かにぶつかり、彼は銀器もクリスタルのグラスも何もかも落とし、カーペットの上にばらまいてしまった。彼はすぐに連れ出され、誰かが急いで片付けた。女王は眉一つ動かさず、そろそろ食事の時間なのでテーブルにつきましょう、とだけ言った。

キッチンの棚は大理石製で、大半の皿や食器はきちんと整理されているが、外に置いてある物もある。四六五番と名付けられた部屋にはいつも鍵が掛けられ、重厚な金や銀製の皿が収納されている。食器担当の侍者が銀器や皿や金や銀製のナイフ・フォーク・スプーンのセットなどを、細心の注意を払って管理している。これらの製品は確かに世界一美しく、壮麗な公式の晩餐会のときにだけに用いられる。召使頭補佐の肩書を持つ六名の侍者たちは、この比類なき宝物に携わる使命を担っている。数百点の皿や燭台は使用するたびに袋にしまい、密閉した状態で地下に保管される。無論、純銀製のナイフ・フォーク・スプーンにはすべて王家の紋章が刻まれ、糊のきいたテーブルリネンには女王のモノグラムが入っている。

グラスと陶磁器担当の侍者は、大晩餐会ではテーブルセッティングの監督も行う。部下の四名は君主が所有する素晴らしいクリスタルと陶磁器製品だけに携わる。宮殿内にはさまざまな物を収めた数百もの棚が点在している。

ロイヤルファミリーの人びとは少ししか酒を飲まないが、女王は酒蔵用に侍者を一人雇っている。蔵は地下一階にあり、注意深く調整された温度に保たれている。彼は毎年、ひっきりなしに宮殿を訪れる客たちのために数千本のワインとリキュールとノンアルコールの清涼飲料を注文し、地下貯蔵係の二名がサポートする。

言うまでもないことだが、宮殿のキッチンに閑古鳥が鳴くことはあり得ない。皿洗いや銀器磨きをしながら、毎日数百食の食事を提供する。銀のカバーで覆われた食事を大切そうに運んでいるユニフォーム姿の召使いの行列を目にしても、驚くことはないだろう。

かなり長い間、キッチンではフランス語が使われていた。しかし一九三七年のロナルド・オーベリーの任命以降、バッキンガムではイギリス人のコックしか雇わなくなった。現在のシェフ、ライオネル・マンは慎み深い男だ。ロイヤルファミリーの人びとがキッチンを覗きに来ることは滅多にない。問題があれば必ずチャールズ皇太子が降りてきて解決する。以前チャールズの召使だったステファン・バリーは舞台裏を暴露した。「結婚に先立って催された四〇〇名を招待したレセプションの後で、チャールズは私に〝下に降りてシェフにお礼を言わなくては〟と言いました。私が〝では殿下の訪問を知らせに行きましょう〟と言うと〝キッチンは正確にはどこにあるの？〟と尋ね〝一三年前から足を踏み入れたこともない〟とつけ加えたのです」

この手のエピソードは他にもある。二〇年近く前に勤務していたマイケル・シアリーは語った。
「私は女王がキッチンを覗かれたことがあったのを一度だけ覚えています。彼女は私たち調理班が皿洗いの最中だったことに驚かれましたが、美味しいお料理をありがとう、と、とても優しくお礼を言ってから、堂々と住まいの方に戻って行かれました。途中でクリスタルと陶磁器担当番とすれ違った彼女は〝今日のシェフは何と言う名前なの？〟と尋ねられました。〝マイケル・シアリーでございます〟と彼は答えました」

他方、アンドリューとエドワード王子は、子どもの頃たびたびキッチンまで降りて来ていた。メアリー王妃はシェフのガブリエル・チュミに必ず何かコメントを伝えていた。一九五一年二月、彼女が病気になったとき、チュミはバニラクリームと桃を使った〈モントルーユ〉というデザートを届けた。彼女は心遣いに感謝したが、ブドウと桃を使っていないと指摘した。彼がブドウで作る〈マルメゾン〉と桃で作る〈モントルーユ〉を混同していらっしゃると答えると、しばらくしてから、さすが高貴なお方、メアリー王妃はお詫びの言葉を示されたそうだ。

効率を上げるためかなり前からキッチンでは、パンとコーヒーとデザートを担当する三つの部門を分けている。以前王室には専用のパン屋があったが、現在はライオンズベーカリーが毎日パンを配達している。クロワッサンはずっと自家製で、ケーキやミルクブレッドやレーズンブレッド同様、キッチンに隣接している場所で焼かれる。そこではアイスクリーム、ヴィクトリア風のジャム入りのビスケット、チョコレートケーキ、あらゆる種類のムース、女王が大好きなクレープシュゼット等も作られる。カスタードプリン、季節のフルーツ、チーズ、レモン、グランマニエなどのスフレもあり、朝食のフルーツやオレンジジュースもここから運ばれる。

しかし現在では、クリスマスにスタッフ全員がもらっていたプラムプディングなど、バッキンガム宮殿に受け継がれてきた古くからの王室の伝統はない。昔の王室では菓子の果たす役目は大きかった。この菓子には一七リットルのビール、コニャックとラム酒数本、卵一五〇個、三種類のレーズン数十キロが使われ、フォートナム&メイソン社が材料を運んでいた。自家製のクリスマスプディングだけは、今でも王室のテーブルに饗されている。

コーヒーについては一階に本格的な部屋がある。四名の従業員がフルタイムで働き、コーヒーを作り古びたポットに移している。宮殿にはコーヒーメーカーもエスプレッソマシンもない！　しかしこのコーヒーは園遊会ではとても喜ばれている。イギリスで普通に飲まれている平凡なコーヒーと思えば想像に難くないだろう。

王室で消費される食物の大半は農家から来ている。鶏と七面鳥はウィンザーとサンドリンガムから、きのこ類と牛乳はウインザーの農村地域から、鮭はバルモラルから、桃とブルーベリーはサンドリンガムから来る。バッキンガム宮殿の牛乳瓶は、女王の印が青く彫られたとても美しい物で定期的に盗まれる。魚を出すときには、シェフが小骨を取り除かなければならない。現に皇太后は喉に小骨を刺して病院で手当てを受けたことが二回ある。

女王の食事

ロイヤルファミリーの食事は一日に、朝食、昼食、ティー、夕食の四回だが、メインの食事は夕食である。田舎でピクニックをするときは昼から始まるが、宮殿でのランチは一時頃始まる。執事はいつも儀礼的に同じ言葉を繰り返す。

「陛下のご昼食でございます」

公式なランチのメニューはポタージュかコンソメかクリームポタージュ、サンジェルマンから始まり、魚料理か季節によってはサーモンムースのソース添えが出される。女王が大好きなラム肉は頻繁にメインディッシュになる。ジビエ（ウズラ、キジ、ノウサギ、シカなど）はエリザベスが招待客の中に好きでない人がいるかもしれないと懸念され、出したことはない。肉料理には必ず産地直送の野菜が三〜四種類添えられている。フランス風のサラダに続き、デザートはかたどられたアイスクリームなど、いつも冷たいものだ。食事には最高級のワイン五種類が添えられている。

チャールズ皇太子が第三世界のリーダー就任を記念して催した昼食会で、招待客の一人が間違ってフィンガーボールの水を飲んでしまい、同じテーブルの人たちの失笑を買った。しかしチャールズ皇太子もフィンガーボールの水を飲んでその状況を救い、他の皆もそれを真似た。

バッキンガム宮殿で女王とフィリップ殿下が二人だけで昼食や夕食をとるときのメニューは、王室の伝統的な料理と、機能的で今風の簡単な料理の不思議な組み合わせだ。テーブルの中央には、ナイフやオイル用の瓶や純銀製の五本足付きの大燭台がある。クリスタル製のグラスはきらきらと輝き、金で縁取られた皿には王冠と〈EⅡR〉がついている。しかし十中八九給仕がいることはない。彼らのうちの一人は、必ず晩餐の間の入口の前に立ち続け、声がかかれば返事ができるようになっている。ビュッフェの保温器の上に置かれた銀の皿には外国の物や珍味などは何もなく、夫妻自らサービスを行う。キャビア、牡蠣、季節外れのイチゴやシャンペンなどの贅沢な品々は、ない物ねだりすることで価値が上がるのだ。キジもシーズン以外の時期には滅多に出てこない。

エリザベスとフィリップはオードブルをとらず、いつもラム・チョップかチキンのクリーム煮、またはフィレステーキなどのメインディッシュから始める。サラダと二〜三種類の野菜の付け合わせも一緒にとる。二人ともタルトやプディングやアイスクリームは好まず、クラシックなデザートよりむしろお気に入りなのは、腎臓のベーコン巻きやアンチョビ風味のゆで卵など塩辛い料理である。最後は、女王はリンゴ、殿下はブドウなどの果物でしめる。普段女王夫妻は夕食には、ラインかモーゼルの白ワインを一杯だけ飲む。殿下はランチにはビールをたしなむ。女王は夫とワインを飲むこともあるが、大概はフレッシュのオレンジジュースかミネラルウォーターで充分である。食事が済むとフィリップはコーヒーの合図をする。制服を着た小姓が一人コーヒーを持って現れ、女王にカフェオレを出す。エディンバラ公は食後には砂糖入りのコーヒーを飲む。

女王のランチ

一九六〇年代の初めフィリップ殿下の影響で、女王は〈女王のランチ〉を始め、それは年間二〇回ほど行われた。目的は女王に政治家、労働者、ビジネスマン、学者、教育者、画家、作家、俳優、ポップシンガー、スポーツ選手などさまざまなジャンルの人たちと、互いにかしこまらずに話し合ってもらうことだった。あるとき彼女とフィリップは、優秀な科学者、女優、消防士、舞台俳優、弁護士、校長、テレビアナウンサー、福祉事務所長などに取り囲まれた。セレモニーもなく、形式ばることなく食事を楽しむのだ。稀に一二人を超える招待客たちが弓形の間の柱の間にひしめき合うこともあった。女王の侍従がマティーニやシェリーをサービスしている間に、客同士の紹介をする。女王が加わっても堅苦しい雰囲気になることはない。彼女は夫と並んでごく普通に部屋に入り、足元ではコーギー犬たちがじゃれている。フィリップはいつもマティーニを、エリザベスはシェリーかフレッシュオレンジジュースをたしなむ。客たちが互いに挨拶を交わした三〇分後、給仕頭が「食事の支度が整いました」と告げる。招待客たちはおしゃべりを続け、女王は隣接している一八四四の客間へと歩みを進める。

女王はかなり迷信深く、一つのテーブルの人数が一三人にならないようにしている。もしぎりぎりになって不測の事態が起きてしまった場合は、アン王女かチャールズ王子に頼んで加わってもらうか、逆に侍従に遠慮してもらうかして解決するしかない。

バッキンガムではランチ用のテーブルは楕円形をしている。より話しやすく会話がはずむようにするため、女王は真ん中に座り、その正面にフィリップが腰かける。犬たちも足元でボールを転がし始める。メニューは例えば、メロン、シュリンプカクテル、子牛かラム肉のソテー、デザートにはシャーベット、リンゴのメレンゲ、チーズ、クッキーなど、食事の最後には新鮮な果物が出される。

食事はコーヒーとリキュールで終わる。女王もフィリップもたばこは吸わないが、たばこと葉巻は用意されている。食事の間、客たちの多彩な仕事について、さまざまな話題で会話が飛び交う。女王とフィリップは食事の前半は右側に座っている人たち、デザートのときには振り向いて左側に座っている人たち、というように招待客たちを分けて話しかけている。食事が終わり、皆弓形の間の方に戻っていく。女王が一人ひとりと握手を交わし引き上げるのが、退出の合図である。

晩餐会

君主の名によって開催される公式の晩餐会は、遥かに格式が高く儀典に従って行われる。王室の侍従長コボルド卿は「完璧にはできないのだから、あまりにも儀式的なのは馬鹿げている」と言っていた。女王が最もストレスを感じるのは晩餐会である。ビル・クリントン、ジャック・シラク、など世界各国の首脳陣が、英国王室風のショーを見にやってくる。数週間前から特別会議が開かれ、案を練る。侍従長は儀典上の問題点、招待客の選出について調べ、女王の私設秘書は彼女の特別な希望を伝え、王室財務官がパーティーの予算を計上し、王室支配人が必要なスタッフを準備し、すべての設備の隅々まで執事を配置する。シェフは公式訪問中のすべての宴席を通じ、同じ料理を出すことはできないので、ロンドン市長、首相のオフィス、関連大使館と常に連絡を取りながら、メニューを考える。

バッキンガムで晩餐会が行われるのは、舞踏会の間だ。その広間は一八五六年に作られ、広さは三五m×一八m、天井の高さは一四m、装飾はジョン・ナッシュの甥が担当した。ウィンザー家はここに一七〇名まで収容でき、セント・ジョージ・ホールには最大限一六二名まで迎えることができる。壁には一枚も絵画は飾られていないが、二枚の大きなタペストリーが六つのクリスタルの大燭台を引き立てている。マホガニーのテーブルは巨大な蹄鉄のように見える。女王と高位の招待客はいつも上座に座る。

夜明けと共にコックたちは働き始める。蜂のように働きまわる召使たちは、地下室から金の皿や食器類を運ぶため何度も昇ったり降りたりする。テーブルは縁取りされた高価な白いテーブルクロスでカバーする。スタッフたちは袖に女王の紋章が入り、五つの大きな金ボタンのついた制服を丁寧にはおる。しかし一九五二年以降かつらは使用していない。

王室の執事の指揮のもとで四人の執事補佐が担当するテーブルセッティングは、実にドラマチックな作業である。純金製のナイフとフォークを完全にシンメトリーになっているか確認しながら、正確な位置に置く。執事補佐の中で最年少で身の軽い者が、特別な部屋ばきを履いてテーブルを持ち上げ部屋の中央まで運ぶ。そして細心の注意を払いながらクリスタルのグラスを乗せ、銀の大燭台が等間隔に置かれているかチェックする。

またテーブルに飾られた花が、互いの視線を妨げないか配慮する。さらに八〇〇個ほどのグラスが完璧に揃っているか気を配る。客の前には、シュリー酒、白ワイン、赤ワイン、シャンペン、水用にそれぞれ五つのグラスが置かれている。ポルト酒用のグラスは、後から配られる。女王以外のすべての客たちには座席を示すカードと一〇㎝×一五㎝の小さなノートが用意される。なかには王室行事の式次第、メニュー、ワインリスト、会の最中に演奏される曲目、最後に必ず演奏されるバグパイプのプログラム、座席の見取り図、招待客のリストの一式が収められている。隣に座る人が誰であるか間違えず、顔を見て名前を思い出すには良い方法である。

すべての準備を一七時には完了させなくてはならない。慣例で一八時頃女王が現れ、短時間で点検を行う。以前、王室支配人を務めていたサー・ピーター・アシュモアは、それが彼女のスタッフの仕事に対する感謝の仕方なのだと明言している。

「彼女は召使一人ひとりに、二言三言声をかけます。それが彼らにはこのうえなく貴重な報酬なのです」

晩餐会では、約一三〇名の召使が給仕を担当し、各自が厳密な役割を持っている。

サー・ピーター・アシュモアは、客たちは晩餐会に先立つレセプションの間、煙草を吸ってよいのかどうか、よくわかっていなかったようだと言っている。「多くの人は遠慮していた様子で、吸ってよいとわかると有難がっていました」。

晩餐会が終わった後も、召使たちの仕事は厳しく決められている。

一九時四五分、燕尾服とロングドレスに身を包んだ幸運なゲストたちが食前酒と塩辛いプティフールを味わっている頃、女王は謁見の間に隣接している〈控えの間〉と呼ばれている小部屋で、家族たちと落ち合う。アペリティフが出され、二〇時一〇分になると一見開かないように見える壁面（実際の扉は鏡と回転テーブルの中に隠されている）が開き、女王は著名な招待客たちが待ち受けている白の客間にドラマチックに登場する。その他の人びとは緑の客間、音楽の間、青の客間でそれぞれ待機している。やがて国歌に合わせ、舞踏会の間に向かう行列ができる。

「陛下がお出ましになります」

一人につき二人の召使いが要領良く案内するので、席を探すのに問題はない。女王が着席し、他の人も従う。王立オーケストラの演奏が始まる。曲目は独自性がなく、メリーウィドウやオクラホマなど空港で流れているようなアングロサクソンのスタンダードな作品だ。オーケストラの後ろのついたての陰には、晩餐会で働くスタッフたちが密かに配置されている。

宮殿の世話役（スチュワード）が信号を使い合図を送る。それは花で巧みに隠されており、驚嘆に値する。ボタン押すのはボーイ長だ。赤信号のときには、スタッフは動かずに待機し、オレンジになったら皿を変える準備をする。緑のときに次の料理を取りに行く。舞踏会の間に入るには四つの通路があり理にかなっている。信号が緑になったら一〇人ほどの召使が動き始める。重い物を運ぶのには常に一番背の高い人たちが選ばれる。彼らの腕はテーブルの幅に達するくらい長いからだ。

以前は近習が常に後ろについていて、王がナイフとフォークを置くや否や、皿を片づけていた。それは客たちが終わろうが終わるまいが、すべてを片付けさせるための合図だった。女王はこの習慣を全面的に廃止せず、手を加えた。彼女は大規模な晩餐会であれ、身内の食事会であれ、他の人の食事の進み方を注意深く見守っている。彼女は少ししか食べないので、皆より早く済んでしまうが、皆が食べ終わるのを、横に並んだ皿のサラダを少しずつつまみながら待つようにしている。いったん女王がフォークを置くと、緑信号の合図になってしまう。

ポタージュが終わると、白のボルドーワインと共にサーモンムースが運ばれてくる。続いてエリザベスの好物料理、スコットランドの羊肉、これにはウィンザー地方で採れた新鮮な野菜が添えられ、ブルゴーニュワインが出される。そしてチーズ抜きのサラダとデザート用のシャンペン。冷たいデザートやフルーツのシャルロットは皇太后のお好みだ。総じてヴィクトリア時代の一二ものコースと比べるまでもなく、軽いメニューである。

デヴィッド・カーソン隊長が指揮するスコットガードオーケストラが映画音楽の〈風と共に去り

ぬ〉を奏で、イアン・ロジャーを筆頭に第一連隊がバグパイプ演奏の準備をする。女王は最後にバグパイプの演奏を聴くのが大好きだ。ポートワインが出され、終宴の時が来る。エリザベスが挨拶をする。彼女は眼鏡をかけマイクが使えるか調べてから、数分間ゲストたちに話をする。客がそれに応え、それぞれ違う部屋に移動して食後酒を飲んだり、葉巻やたばこを吸ったりする。パーティーは夜遅くまで続き、女王は休憩をとることもあり、身分の高い客がそれぞれの部屋に引き下がるのを送ってゆくこともある。

宮殿の経理担当者は、外務省に晩餐会の請求書を送る。キッチンでは昔からの伝統を引き継ぎ、英国在郷軍人会のメンバーが、ボランティアで食器（一〇〇〇を超える皿や一〇〇ダース以上のグラス）洗いをしている。不思議なことに、軍人たちは最も貴重な皿を神経を使って洗うのだ。大切な銀製品は数えてから収納場所に戻す。

バッキンガムのプラムプディング

昼食、宴席、ガーデンパーティーその他のレセプションを合わせ、バッキンガム宮殿は年間約四万人の人びとを迎えている。公式な宴席や昼食会は七〇回以上あり、一家がダイエットに時間を費やす理由が理解できる。ウィンザー家の人びとは常に肥満に注意している。

王子たちが摂取している量を考えると、太っていないことに驚かされる。冬場サンドリンガムに狩りに行くと、昼食にはシチュー、クリームチキンなどの温かい料理に始まり、ハム、牛タンなどの冷たい料理、そしてハイカロリーのジェノワーズ、チーズと続く。

スタッフの食事も全く同様である。バッキンガム宮殿のスタッフ用の食堂も、セント・ジェームズクラブを思わせるような乗馬の彫刻やマホガニーのテーブルがあり、非常に魅力的だ。前述した朝食用の部屋の他に、朝食以外の食事用の部屋が隣にあり、両方とも庭園に面している。

多くの客を招待した朝食会のことは、王室の年代記にも残されている。スペインのアルフォンス八世（一八八六―一九四一）はステーキと紅茶を好み、スウェーデンのグスタフ六世（一九五〇―七三在位）は大皿にコニャックでフランベしたクレープを注文した。

英国の君主たちは料理に名前をつけることがあり、有名になった。ヴィクトリア女王はチョコレートババロワと有名なバッキンガム宮殿プラムプディングが大好きだった。美食家のエドワード七世はサヴァロフ風の地シギのカツレツやウズラやカニのムースなどを好んだ。レモンとオレンジを巧みに混ぜ合わせたラム酒を使ったアレクサンダー王妃のバースデーケーキもある。ジョージ五世の好みはジビエ、デンマーク風ジャガイモ、オムレツ・シュゼット、カシスソースのババロワなどで、毎週聖なる金曜日には、卵のソースをかけた生たらこを食べていた。エドワード八世はマルボロハウスでサーモンを食べ、ジョージ六世は、後世にオムレツを伝え、実に簡潔にオムレツジョージ六世と名付けた。現在の女王はラムチョップのアーティチョーク添えに、フィリップ殿下はウズラの鍋料理にそれぞれ自分の名をつけている。

女王の食事について、まだ話すことあるだろうか？　エリザベスは時どき一人で食事をしたがり、夫君は最低一人は家に招いて一緒に食事をしようとする。いつも微笑みを絶やさない高齢の皇太后を、さらに微笑ませるのはシャンペンカクテルやソースをかけた料理やチョコレートクリームで、ただ一人（時には娘のマーガレット王女と）毎晩夕食の前に身なりを整えている。彼女は一人で食事するときもきちんと正装していた。ウィンザー公を除き家族全員、牡蠣が大嫌いなこと。公式訪問のため海外に行き、晩餐会を催すとき、女王は三人の侍従を連れ平皿や燭台や陶磁器や時にはワインまで運び、遠く離れていてもイギリス大使館を我が家のように変えてしまう。夕食の間は決して電話で邪魔をしてはいけない。サンマロー紛争中にアンドリューからかかってきた電話だけは例外だったが。

コヴェントガーデンで幕間に出される十数人分のコールドディッシュなどの料理は、ロイヤルファミリーが所有している桟敷席の隣にある王室専用のキッチンで作られていること。ロイヤルオペラハウスのチラシには時どきチキンカレーが登場すること。

サヴォイやドルチェスターと比較すると、バッキンガム宮殿の料理は、昔ほどの贅沢さはない。ヴィクトリア時代は毎日三五羽の鶏を焼き、一八キロの肉を料理しなくてはならなかった。当時冷蔵庫はなく、氷の保存庫があるだけだった。スタッフは八種類の料理から成る朝食を作っていた。しかし給仕は王室らしさをとどめている。ある召使がこう指摘している。

「バッキンガム宮殿の職員の仕事は非常に細分化され、その目的はそれぞれロイヤルファミリーに尽くすことにあります。シェフたちは料理するために、召使たちはあちらこちら走り回るために、女中たちは掃除するためにそこにいるのです…」

第四章　女王陛下に仕えて

「ミツバチの巣」

毎朝八時から九時にかけて、宮殿の脇の通りをバッキンガム宮殿の入口に向かって急ぐ人たちがいる。

すでにその時間には、白いブラウスを着た寝室係のメイドたちがマントルピースの灰を取り除き、家具の埃を払い、カーペットの掃除をしている。女王の睡眠を妨げないように、宮殿では午後になるまで掃除機は使わない。つまり宮殿内の家事担当者たちは埃との戦いを繰り返し、そのためあらゆる手段を講じるのだ。宮殿の裏手の厩舎では、アスファルトの上で蹄の音が響いてる。帽子をかぶった御者たちが、ウィンザーの有名な灰色の馬とクリーブランドの鹿毛の馬を繋ごうとしている。

宮殿に向かう車の列は一時間以上もかけて進み、〈業者用入口〉と好んで呼ばれているサービス用の、バッキンガム宮殿通りに面している錬鉄製の門にたどりつく。肉の運送業者のトラックの後ろに、ウィンザーから花や果物や野菜を運んできた王室の金色のナンバーをつけたライトバンが続く。毎週大きなトラックが、宮殿の前庭の下に隠されている巨大なボイラーに燃料を補給しに来る。平均週に三回、トラックが高さ一m五〇㎝のキャスター付きごみ箱を回収する。週に二回クリーニング店の小型トラックが、シーツ、枕カバー、テーブルクロス、ナプキン、スタッフのブラウスやエプロンなどをピックアップしたり届けたりする。女王の物は最上階にあるランドリーで手洗いする。〈ハチの巣〉が活動し始める。メイドや掃除婦やガラス磨きや室内装飾業者や庭師は、日中担当と夜間担当がいて、半分は宮殿内に住んでいる。ベッドメイキングも部屋の掃除も行われ、食事も用意される。つまり一部の使用人が、他の使用人の世話をしているのだ。

バッキンガム宮殿では合計五五〇名の人が働いている。しかしその数字にはアルバイトや晩餐会の臨時職員、名誉職も含まれているので正確ではない。主馬頭や騎兵隊の連隊長、大司祭や衣裳の責任者は廊下で行き交うことはなく、彼らは無給のパートタイムで働き、セレモニーや戴冠式、王室の行列に参加するとき以外は一般の人と同じ装いをしている。鷹匠や白鳥の世話係、桂冠詩人などは名誉職である。

宮殿にすし詰めにされている職員たちの印象はさまざまだ。一八四一年六月六日の日曜日、ヴィクトリアの治世下で初めて王国の人口調査が実施された。バッキンガム宮殿には女王も含めて九九名、ウィンザーには八五名、セントジェームズには一七四名がいて、優雅なことに両親と誠実な使用人たちは住まいを与えられていた。召使は三つのグループに分けられ、フルタイム、ハーフタイム、休日のサイクルで順に務めていた。直属の上司はいず、従業員の三分の二は自身の判断で行き来していた。宮廷はひどく浪費しているともいえ、外国にはバッキンガム宮殿の混乱状態を嘲笑している人もいた。

エリザベス二世の下でフィリップ殿下は召使頭の役割を自ら果たし、王家の管理体制にメスを入れて一挙に解決し、伝統を覆し慣習の塵を払った。彼は節約することしか考えていず、それは一九六〇年代の初めには強迫観念のように取りついていた。当時の使用人たちは皆、公爵の側近で産業界の大物バジル・スモールピース卿に、宮殿の現代化を言われた日のことを忘れていない。彼は経営の専門家を招くべきだと判断した。バッキンガム宮殿は、この時期の経済危機のシンボルの一つであり、経費を削減し何とかうまく機能させる必要があった。スタッフ全員が案じていた。

王家の家令（王室支配人）、サー・マーク・ミルバンクは主要なスタッフたちが危機感を募らせる中、何も心配せず、問題はさまざまな手順を効率的に行う方法を身につけることだけだと断言した。彼は殿下に連絡を取りレポートを送ったが、スタッフたちにはほとんど効果がなかった。

二世紀にわたり、女王の使用人たちがストライキをしたことは一度もない。〈優雅で趣味の良い〉アパートや、宮殿の豪華な食堂で無料で食べられる食事などの大切な特典を無視できなかったのだろうか？　二〇〇一年の春、長い不振の時を抜け出し、サラリーは大幅に引き上げられた。

しかし、法律に従い、少しの違反もしない王家では、ほとんど進展はなかった。例えばヴィクトリア以来、使用人は外見で判断された。重要なのは身長で、ホテル学校などの学歴は関係なく、背が高く真っ赤なジャケットと赤いビロードのズボンを着こなせ、黒い皮のダンスシューズを履ければ良かった。

宮殿では皆、女王は気難しい〈主人〉ではないと口を揃えて言う。ダイアナ妃のように気まぐれではなく、マイケル・ケント公妃のようにお高くもなく、マーガレット王女のように疲れさせることもない。王室で最も尊敬する人物、という調査ではチャールズ皇太子妃と僅差だった。

バッキンガム宮殿の舞台裏で起きることは、誰も止めることができない。忠実な召使の中には必ずキッチンで話題になっているゴシップや訪問者たちの歯に衣着せない発言などを、ご丁寧に知らせに来る者がいる。

そういう場合バッキンガム宮殿はパブのような雰囲気になり、女王はその人と驚くほど打ち解けて話し、事の真偽を確かめようとする。女王のベテランの召使の一人は、ある日お気に入りのパブでウイスキーを飲み、ふらふらしながらも何とか習性の力で夜遅く宮殿に戻ってきた。しかし彼は入口を間違え、女王のプライベートな入口から入ってしまい、自分の部屋がわからなくなり、廊下をさ迷っていた。ようやく一つの扉の前に立ち止まり、ドアノブを回すのに成功した。自分の部屋だと思って進んで行くと、暗闇の中で階段の上段に行き着いたが、うっかり踏み外して下に落ち、誰かにぶつかった。それは住まいに戻るため階段を上ろうとしていた女王だった。真正面にいた女王はひっくり返り、酔っぱらった召使の体の下で動けなくなってしまい、どうにかこうにかそこから抜け出した。彼女は気力と威厳を振り絞り、階段で釘づけになっていた召使に「できればすぐに帰って休みなさい」と言うのが精一杯だった。彼はクビにならずに済んだ。

なぜならエリザベスは組織の誰かに対して権力を見せつけるより、厩舎の個室や食器が山積みのキッチンや狭苦しい酒蔵などで彼女のために働いている多くの人たちや、召使、給仕頭、小姓、下男など、人間味のある一群の人びとのことを思うとめまいを覚えてしまうのだ。さらにネズミ取りをするグループや一日で全部の花は取りかえられないので〈花を差し替える〉係もいる。目立たない仕事だが〈時計のねじまき係〉は鍵を持ちいつでも入室でき、数え切れないほどの時計を調整して誰にも気づかれずに退室する。この寡黙で非常に風格ある老人の唯一の仕事は、宮殿内の三〇〇個の時計のねじを巻くことであり、重要な役割と認められている。金食器や銀食器を運ぶ職や女王のそばに仕える侍女は、名誉ある仕事とされている。終日オフィスや洗濯場など、目に見えない所でもメイドや地下の掃除婦や下女など大勢の女性が働いている。国王のワインの毒見係など、いくつかの役割はジョージ五世によって廃止された。彼は食事のたびに年間九八〇ユーロも経費がかかる、黙りこくった男に耐えられなかったのだ。

〈女王家〉または〈王家〉という言葉は、最高位の王家と公務員とスタッフの三つのカテゴリーに分けられ、王室のメンバー約五〇名、公務員約一〇〇名、スタッフ約一八〇名で、宗教関連、医事関連、総裁、軍事関連者が加わる。

女王の教会にはオルガニスト一名を含む四八名、医務室には一四名の医者がいる。さらに騎士叙勲者の事務局七名、爵位を有する軍務官三三名、女王の警備に当たる衛兵七七名、ウィンザーの騎馬兵一三名、王立警吏一四名が加わる。

肩書き

人びとは宮殿内で使われている言葉や、女王の部屋に絶対出入りできない衣裳係、女官、引き裾の女官、ピラミッドの頂点にいる馬を持っていない侍従（乗馬教師と同義語）、女性ばかりなのに未だに〈卿〉と呼ばれる補佐官など、古めかしい肩書きをからかわずにはいられない。さらに伝記作家も詳細が分からない女王の平底船担当者など明らかに名目だけのボランティアの公務員や、確かに白鳥の世話をしている王室白鳥係も、嘲笑の対象になる。女王の絵画保管者や美術品の専門家もいるが、絵画は芸術品ではなく保管者も専門家ではなかった。

バーフォード伯爵が務めたような鷹匠などは明らかに名誉職でしかない。王室の狩りに表れるノロジカの地域に年に二回同行する正職員もいる。宮殿に住む白鳥の世話をしている者は、テムズ河の白鳥の面倒も見ている。

一六二五年のニコラ・ラニエ以降、君主は音楽家を抱えていた。作曲家には王室のファンファーレや行進曲を作る使命があり、年間一五二四ユーロの報酬を受け取っていた。なかにはチャールズ皇太子の誕生組曲を作曲したサー・マイケル・ティペットや、一九三七年、有名な戴冠行進曲を作ったサー・ウイリアム・ウォールトンもいた。一九〇二年、著名な行進曲〝威風堂々〟に感銘を受けたエドワード七世が依頼したにもかかわらず、エルガーはその職に就くことはなかった。

ベン・ジョンソン統治下の一六一六年以降、宮殿は公式の詩人も選ぶようになった。王室の大規模な催しの折に詩を書いていた桂冠詩人は毎年一六三ユーロを受領していた。セシル・ディ・ルイス（俳優、ダニエル・ディ・ルイスの父）は長くこの職にあった。イギリスは恐らく今でもヨーロッパで最も詩が盛んな国であり、マスコミや編集者も非常に注目している。

彫刻家や画家や植物学者や天文学者も、芸術家や学者を尊重し、その才能を例外なく王室のために役立ててもらうという同じ方針で選ばれた。該当者の選出には、明らかに近親者が大きな役割を演じている。スノードン卿の意見は無視できない。順応主義と道徳が必要とされ、デビッド・ホックニーやフランシス・ベーコンがその任を担うのは想像し難かった。

医学の分野で重要なのは王室の産婦人科医である。著名なジョージ・ピンカー博士は一九四八年のチャールズ誕生以降、一九八二年のウィリアム、一九八四年のヘンリーまで、すべての出産を指揮した後に引退した。現職のマーカス・セッチェル博士はハーレー街に診療所を持ち、ポーランド病院でも働いている。王室には歯医者と眼科医と薬剤師は一名ずつおり、スタッフもよく診療を受けている。

宗教的には実に大勢の人がいる。王立教会の首席司祭、各宮殿の首席司祭、バッキンガム、ウィンザー、サンドリンガム、ハンプトンコート、ロンドンタワーを分担しあっている三六名の司祭。イングランドの女王はヘンリー八世以降のすべての国王同様、英国国教会の長を務める。しかし、彼女が教会に行くのは日曜日だけである。

実際純粋に伝統的なポストの名称には、時代の闇の中で消えていったものもある。彼らが役目を果たしたのは、大規模な儀式のとき以外なかった。例えばかつて戦争中、主馬頭は軍を率い、執事長には国王に背き陰謀をたくらむ者を暴く使命があった。現代では双方とも女王の公式な儀式には登場するが、それ以外では現実的な仕事はない。毎年行われる国旗のパレードの閲兵の折、主馬頭は女王の真後ろにいる。矛槍兵や女王や貴族たちのボディーガードも同様である。元来、矛槍兵は予期せぬ攻撃に備え、王を守る使命を持っていた。彼らは服毒の可能性を予期し、食べ物の毒見もしていた。

今日彼らが女王の〈護衛〉をするのは、公式行事を盛り上げる行進の間だけである。彼らはチューダーの人目を引く制服を着て、エリザベスの顔の表情を引き立てる。

宮殿には階級がつきまとう。〈女王家のメンバー〉と呼ばれる三八三名のうち、日々女王のために実際働いているのは約六〇名である。逆に王室に奉仕している多くの人びとは、リストには登場しない。使用人や召使などは、女王家のメンバーとは見なされず、〈スタッフ〉なのだ。王家のメンバーと使用人との間には、明らかな境界線がある。使用人たちは二つのカテゴリーに分けられ、上の階級の男女は未婚既婚を問わずミスター・ミセスをつけて呼ばれ、下の階級の人は何もつけず名前だけで呼ばれる。女王は身の回りの世話をする人たちは姓ではなく下の名前で呼んでいる。

実際バッキンガム宮殿内の階級制度は、王室の海軍以上である。人びとは綿密に練り上げられた伝統的な組織の基礎を学び、食事もそれに則って行われる。スタッフは女王家のメンバーのダイニングルーム、公務員の食堂、執務室の食堂、侍従の食堂、そして使用人の食堂のどれも自由に使用できる。女王家の家令（王室支配人）とアシスタント、女王の特別秘書と補佐二名、財務官とアシスタント、侍従と女官たちは女王家のメンバーのダイニングルームで食事をする。彼らは大きなマホガニー製のテーブルを囲み、大体はセント・ジェームズパレスにいる宮内長官に代わって家令が取り仕切る。昼食も夕食も小姓や召使が給仕し、礼儀正しく食べる。料理は王室のキッチンで女王と同じコックが作った物だ。

会計主任、予算管理人、宮殿の事務官と財務官は公務員用の食堂を使う。食事はスタッフ用のキッチンで準備され、白いエプロンをつけたウエイトレスが給仕する。彼女たちは執務室の職員やタイピストや事務所スタッフ、会計係補佐にもサービスを行う。女王の小姓二人、召使頭、侍女の補佐、寝室係の女性たちは侍従用の食堂で食事をする。給仕は召使の若い見習いが行う。給仕の女性、運転手、召使や同等の仕事をしている人びとは使用人用の食堂を使い、カフェテリアスタイルで長いホットプレートに乗った料理を自分で選び、四人がけのテーブルについて食べる。

宮殿では日常生活の中でも、階級や礼儀作法を忘れるのは難しいことが分かる。ピラミッドの頂点に君臨するのはロイヤルファミリーで、以下、宮内長官、家令、主馬頭、王室財務官、個人アドバイザーが続く。

宮内長官は宮殿内の総指揮官である。彼の責務は重く、大きな公式行事の大半を取り仕切らねばならない。彼にはイギリスの芝居がかった振舞いを批判する権利はないのだ。エリザベス一世時代の名残が廃止されたのは、驚くべきことに一九六八年になってからだった。

執事長は一文の値打ちもない完璧に儀式上の役割しか持っていない。かつての執事長は王のテーブルセッティングの責任を負い、食事を共にした。現在、受け継がれているのは、黒いジャケットとズボン、黒い絹のソックス、バックルつきの靴、白いネクタイという装いだけで、ジャケットにはもちろん勲章と紋章が付いている。サー・ピーター・アシュモアは一九七三年から八六年までこの職にあった。後を継いだサー・ポール・グリーニングはB・A・スチュワート・ウイルソン中佐とアレクサンドル・ハンコックの力を借りて務めを果たした。パレス・スチュワードを〈機能させる〉のは宮殿内のスタッフ全員をコントロールする家令である。しかし、スタッフで一番上のポストでありながら、彼は決して王家のメンバーと見なされることはない。なぜなら彼はこの体制に属していないからだ！

体制

体制を定義づけるのは難しい。大ざっぱに言えば、民主的でない議院外の一種のクラブのようなものであり、大きな影響力と権力を持ったエリート集団である。王家の使用人の中には、職業や旧式の肩書を保持しているエリートたちがいる。彼らの大多数は貴族に所属して私有財産を持ち、王室のミステリアスな体制の中で一つの飛び地を構成している。メンバー全員の名前を言える者は王室の中に誰一人いないが、国家における彼らの影響力は極めて大きい。女王家は明らかに、陰で糸を操るグループの一端を担っている。

女官たちは常に体制に属し、筆頭は衣裳係と呼ばれる女性である。彼女は議会の公式開催などのセレモニーの際、女王の後ろに控えている。

女王には一四人の女官が仕えている。一般的に貴族の称号を持ち、役目にもよるが数年間勤務することができ、なかには三〇年以上務めている人もいる。以前は外交官や使用人たちの世話をしたり、親書を書いたり、日常的な問題を解決したりして腹心のような存在だったが、彼女たちの仕事はエリザベスの治世前よりある意味では面白くなった。女官たちは公衆の面前で不機嫌そうな様子をしてはならず、女王のお株を奪いかねないので微笑んでいるのも禁じられ、中途半端な愛想笑いをしていなくてはならない。女王は女官たちを友人のように思い、些細なことをマスコミに明かすような真似をする者はいない。女官の務めには花の〈当番〉がある。公式行事のときには、必ずロイヤルファミリーが受け取るたくさんの花束を運ぶ役目がある。とりわけ長時間に及ぶ晩餐会の終わりには、女官は花屋のように花に埋もれている。

女官に並ぶ男性が侍従である。ピーター・タウンゼントはその職務を「待機する侍従。その役目は王を何時間も休みなく待ち続けることで果たされます」と語った。

かつて侍従の使命は、君主を守り王と王女の乗る馬車に馬で随行することだったが、今日ではその役割は名誉職になっている。女王が軍隊の前を通るとき、侍従は伝統的に少し後ろからついて行く。男性一名は常にこの職にある。侍従は全員宮殿に住みエリザベスのプライベートなバカンスにも同行し、ゲストたちを迎え目を配る。他のロイヤルファミリーのメンバーも彼らにスケジュール作成の手伝いや国内旅行への同行を依頼する。

女王の侍従の一人は娘婿の代わりまで務め、漫画で風刺されたこともある。侍従が王家の人びとと友好関係を築いているのは明白である。長身でエレガントで当時三五歳だったティモシー・ロレンスは、海軍学校卒業後一九七九年ブリタニア号の副司令官になり、そこでエリザベス女王はじめ上司の目にとまった。彼は一九八〇年シェフィールド号の司令官になり、一九八二年から八三年までＨＭＳスワン号の指揮官の一人を務めた後、王家のメンバーの一員になった。エリザベスの侍従として任命された彼は、一九八八年チャールズ王子の隣でスキー中に死亡したヒュー・リンジー連隊副官に代わり、軍艦アラクリティ号の総司令官を務めた。しかし、アン王女に宛てた熱烈な手紙が公開され、キャリアに終止符を打った。ロンドンの日刊紙は毒を含んだ記述をした。

「タウンゼント事件以後、ロイヤルファミリーのメンバーに微妙な立場で加わることのないように、侍従のポストに自由な身の男性がつくことは禁じられていた！」

しかし愛は何よりも強かった！　一九九二年四月二三日、マーク・フィリップスと正式に離婚した後、王女は一二月一三日スコットランド人のティム・ロレンスと結婚した。保証されたハッピーエンド！

私設秘書と共に報道官は、毎日女王と顔を合わせる一人である。彼は重い任務を負っている。「ロイヤルファミリーを追いかけるのは、麻薬のようにいったん依存するとやめられません」あるジャーナリストは打ち明けた。女王は個人的な攻撃に対しては威厳を持って応戦した。沈黙を守ること。ただし、スキャンダルがあまりにも広がってしまったときを除いて。一九九〇年代報道官を務めたロビン・ジャンブリンが、以後女王の私設秘書を務めたのは驚くことではなかった！　後を継いだジェフ・クロフォードが去った後、女王は英国航空広報部の報道官だったサイモン・ウォーカーを指名した。

報道官はマスコミと王室との間を取り持たねばならない。彼は一九七八年にウイリアム・ヘーゼルタインの後を継いだマイケル・シェイ報道官の辛い経験を通して多くを学び、地雷原の上を歩きながら仕事をしている。任について間もない頃、彼はカナダのジャーナリストとの間で内密に交わした会話の中で、ロイヤルファミリーが時どき人形劇に出てくる人物〈ミス・ピギー〉の言葉使いを真似て話していることに気づいた。スタッフはよく女王を〈ミス・ピギー〉と形容している。それは日常行われているような暴露とは違う。マスコミはそのエピソードを流したが、一種の失言と解釈され、かつて宮廷にいた繰り上げ定年退職者たちをひどい神経衰弱に追い込んでしまった。女王のユーモア溢れる微笑で難局を乗り切っていけるだろうか。

スタッフの秘密厳守に関しては明確にしておく必要がある。女王の王室財務官及び古文書館長サー・マイケル・ピートは、二〇〇一年春、職務中目や耳にしたことを互いに一切口外しないと約束する三ページにわたる契約を交わした。ダイアナ妃の私設秘書パトリック・ジェフソンの本の出版を機に、女王はそれぞれの職員たちから身を守るようになった。

宮殿で最もデリケートな役目を果たしているのは、王室支配人（家令）である。彼は、バッキンガム宮殿、ウィンザー城、バルモラル城、サンドリンガム邸宅、それぞれを順調に進行させる責任を負う。その務めは組織の性格に大きく関わっている。宮殿のスタッフの半数以上は命令に従い、それぞれの職場に配置される。各部門のトップを果たすのは、女王家に属する下級メンバーの中で、ある意味高級職の補佐役を果たす者が当てられる。宮殿の監督官はバッキンガム宮殿の建築と家具調度品の責任を持つ。彼はウィンザー城の管理者同様常に目を配り、カーペットに数センチ亀裂があればすぐに修繕し、傷んだカーテンは取り換えなくてはならない。もちろん女王の承認を得てからだが。古くからの価値ある家具の取り扱いも彼らの仕事だ。

また、グラス類の洗浄やテーブルのワックスがけや時計のねじ巻きも行う。暖房、配管、エレベーターがきちんと機能しているかもチェックし、大燭台や他の照明器具も担当している。バッキンガム宮殿の女王家の家令は、装飾家及び絨毯運び三名、電気技師四名、配管業者二名、銀器磨き一名、大工三〜四名、暖房の機能をチェックするドライバー一名、窓ガラス拭きと家具の移動一二名、暖炉の鉄枠と銅製の備品磨き一名の重労働をサポートする。

これに匹敵する女性が、毎日ベッドメイキングと掃除をする一二名の寝室係と、毎朝重労働を強いられる一二名以上のメイドを束ねる宮殿の女性執事である。彼女は洗濯や宮殿裏の地下にあるさまざまな部屋も担当している。白い板張りの戸棚にはシーツや枕カバー、タオル、テーブルクロス、ナプキンがぎっしり入り、重みで傾きそうになっている。公式晩餐会用に使用しているテーブルクロスはあまりにも長く重いため、二人の男性が舞踏室までワゴンに乗せて運ぶ。

執事の下には、代理業務を行う部屋付小姓、裏階段の小姓四名、〈お側付〉と呼ばれている小姓六名、ガラス製品と銀製品の管理人、酒蔵管理人、召使一二名、給仕頭補佐四名、ソムリエ補佐、食堂の給仕をするボーイたちがいる。宮殿内を昇ったり降りたりしている小姓をよく目にする。階段係の小姓はプライベートなアパートからの順路を整備し、部屋の小姓は大使やゲストの世話をし、お側付はベルギーのスイートルームのゲストたちを食事に配慮しながら担当する。女王は公式行事の際には階段に四人の小姓を配置する。彼らは卿に属する高いランクの人たちなので剣を持っている。かつての彼らの使命は国王の愛人や女王の恋人を階段を使って導くことだった。現在でもその黄金律は秘かに存在する。有能な召使は絶妙のタイミングで部屋に侵入する術を心得ている。寝室係の女性もロイヤルファミリーに近づき消え去ることに長けている。

寝室係と召使の勤務時間はあまり実用的ではない。彼女たちの仕事は早朝か晩餐会の初めか夕食の間である。昔の決まりでは召使は決して女性の寝室には入れなかった。だから朝食は寝室係が運んでいたのだ。

この他宮殿での仕事で一般に知られていないものに、高級家具師、金箔師、屋根ふき職人などがいる。これらの職人への支払いは、文化遺産保護のため金額は明かさずに環境大臣が行っている。

一部のスタッフは市民サービス組合という組合に加入している。王室サッカークラブというサッカーチームもあり、慈善試合を行っている。スタッフは王室ソシアルクラブという企業組合の恩恵にも浴している。しかし社会学者のジョン・グリッグが指摘しているように完璧な組合はない。

「スタッフの中に有色人種がほとんどいないのは残念なことです。君主制が社会に与えるインパクトは大きく、バッキンガム宮殿がその例を示せないのは憂えるべきです」

宮殿では寝室係は召使の下のランクに属する。王宮は既婚女性を雇わないので、彼女たちは結婚すると仕事を辞めなくてはならない。

「バッキンガム宮殿に務めるのは修道院に入るようなものです」

召使の一人は皮肉った。そのように女王の寝室係四名は隔離される。彼女たちは宮殿の同じ階の右側と左側に住んでいる。スタッフに関する〈腹心たちの〉噂話のほとんどは恐らくここから発信されている。

スタッフは法に背くか性的犯罪を犯さない限り、解雇されることはない。フィリップ殿下の使用人が解雇された翌日のエピソード。

「私の召使はどこですか？」と殿下は尋ねた。

「彼は解雇されました、殿下」「何をしたのですか？」「実は寝室係の女性とベッドにいましたので。驚きました、殿下」「それで追い出したのですか？」殿下は憤慨して叫んだ。

「彼に勲章を授けるべきだ！」

女王はかっとなって、スタッフの突飛な行動に侮蔑の言葉を吐いた。

「私は面白くないわ」

しかし、尊敬の念に欠ける使用人には気をつけよう。マントルピースの淵に軽くよりかかっていた使用人に、彼女は猛然と言葉を投げつけた。

「疲れているの？」

また女王は、悲しい現実に向き合わねばならなかった。バッキンガム宮殿で非常に尊敬されている護衛兵一七名に、大麻と覚せい剤の検査で陽性反応が出たのだ。飲み込むのが大変な錠剤なのに…この不良分子たちは軍を追われた。女王が激怒したのも無理からぬことだった。

女王はスタッフとの調和のとれた関係を絶賛し、長く仕えて引退したスタッフには宮殿に住まわせる特典を与えている。場所を探すのが困難になっている使用人には、ロンドン、サンドリンガム、コテージが点在しているバルモラル、ウィンザーの中で住みたい場所を選ぶ権利がある。一九九九年、エリザベスは寛容にも彼らの人頭税を支払うことを決定し、領地に住んでいる昔の使用人たちを感動させた。スタッフには他にも出入り業者の商品の値引き、サンドリンガムやウィンザーやコーンウオール公領で収穫される農産物の値引きなど数々の特典がある。メンバーは侍従たちの部屋で無料で酒を飲むこともできる。

バッキンガム宮殿では、スタッフは概して優遇され幸福に過ごしている。宮殿で働くことは、瞬く間に人びとに特別なオーラを与える。昔の使用人が打ち明けた。

「王室の仕事を断念した多くの人びとは、後になって失敗したと気づくでしょう。そこは守られた世界なので、普通の生活に戻るのは難しく感じるかもしれません」

第五章　饗　宴

女王は毎年バッキンガム宮殿で、二〇〇〇以上の勲章やメダルを自らの手で授与する。リストには二種類あり、一方は新年に、もう一方は六月の女王の公式誕生日に作成される。

歴史学者のアンドリュー・ダンカンは語った。

「女王が栄誉を与えるという行為は、昔と違って不足しがちの敬意を王室に与え、叙勲を祝いロマンチックな過去を疑似体験するようなものです。現実にはいささか非難を浴びたこともありましたが」

栄誉

受勲者の大半はダウニング街一〇番地の住人である首相自身によって選ばれ、バッキンガム宮殿の承認を得る。女王は毎年いくつかの個人的なタイトルを贈呈する。選出された人はダウニング街一〇番地からその栄誉を受けるか否か尋ねる手紙を受け取った後、新年か女王の公式誕生日に発表される。

バッキンガム宮殿二階の舞踏会の間では、年に一四回授賞式典が開催され、エリザベス女王が功績をあげた高名な同時代の人びとに栄誉を与えねぎらいの言葉をかける。念のため栄誉ある賞をあげてみよう。ガーター勲位、あざみ勲位、メリット勲位、ロイヤルヴィクトリア勲章。最も名誉とされているのは〈デイム〉か〈サー〉の称号で呼ばれることで、過去にサー・ローレンス・オリビエ、サー・チャールズ・チャップリン、サー・アルフレッド・ヒチコックがいる。〈サー〉で呼ばれる人の伴侶は〈レディ〉または〈デイム〉と言われる。

女性で近年選ばれたのは、デイム・エリザベス・テイラー、デイム・ジュリー・アンドリュースだが、彼女たちはこの名誉な称号を大英帝国の中だけでしか使わなかった。最も有名なのはデイム・マーゴット・フォンテーンかキリ・テ・カナワだろう。

男性ではスイス在住のピーター・ユスティノフ、アイルランド在住のボブ・ゲルドルフ、最近ではエルトン・ジョンとクリフ・リチャードが〈サー〉で呼ばれる栄誉を受けた。この肩書きについて親近感を覚える儀式上の作法に注目しよう。例えばサー・ピーター・ユスティノフに話しかけるときは、名前を言わずサー・ピーターと呼ぶのだ！

詳細を説明すると、女王が受勲者の肩に剣を乗せることで騎士になる。サー・ピーター・ユスティノフは幸運にも叙勲者に選ばれたときに、儀典長から、女王が剣を下ろす間女王の前で跪いていられるか、もしくは立ち上がれなくなるのが心配なら起立したままでいる方が良いか、問い合わせの手紙を受け取ったことを打ち明けた。間違えれば不敬罪だ！

儀式は非常に正確に行われる。受勲者は午前一〇時少し過ぎに近親者を伴いバッキンガム宮殿に到着する。彼は宮廷を横切って駐車し、赤い絨毯の上を歩いて大玄関に向かう。そこから近衛騎兵隊の護衛に伴われ左に曲がり、舞踏会の間に案内される。スコットランドの楽しい音楽が控えめに演奏され、室内ではロイヤルファミリーが静かにゲストを待っている。しかし、時どき音楽が中断され、スピーカーから「真珠のイヤリングが見つかりました…」などというメッセージが流されることがある。そしてまた、コール・ポーターの曲が流れるのだ。受勲者の両親や友人が赤いサテンのクッションが置かれた白い椅子に腰かける。男性は平服だが、女性は毛皮のコートに宝石だ。

受勲者の上着には留め金がつけられているので、女王は難なく勲章をとめることができる。女王が入場する寸前に五人の護衛役が王座周辺の位置につく。女王は一時に入室し、宮内長官が彼女の正面に立つ。国歌が演奏され、女王が「紳士淑女の皆さま、どうぞおかけ下さい」と言う。将来の勲爵士たちが彼女の方に進み出、身をかがめ赤いクッションの上にひざまずく。エリザベスが剣をつけた受勲者の右側の肩に触れ、続いて左側に触れる。彼は立ち上がって握手をし、三歩後ろに下がってから再びお辞儀をする。

ピーター・タウンゼント（ジョージ六世の侍従）はそのときの様子を回顧している。

「王のテクニックは完璧だったので、勲章を見なくてもその上に手を置くことができました。万が一失敗したらそれは侍従の過失です。程良い速さで車で通り抜けるように、手探りでクッションを使ってごまかさなくてはなりませんでした。ゆったりとした雰囲気の中で、一人ひとりと握手を交わし実に的確な言葉をかけながら、勲章をピンでとめて行きました。時折、正面の絵画の間で演奏している弦楽オーケストラの曲を、ハミングしている声が聞こえることもありました。時に王は私の方を向いて少し強い調子で〝後生だから、彼らに耳障りなひそひそ声は抑えるように言いなさい〟と言われたこともありました。トラブルはほとんどありませんでした。幾度か予期せぬ事態も起きました。

ヴィクトリア勲章を受賞したインドのセポイ（インド現地兵）は、まっすぐ前を向いたまま軍隊式に階段を上り、王の前を通り過ぎて反対側から降りてしまいましたが、二度目はうまくいきました。王は人の間違い―弱者に対してはより一層―には寛容でした。また、かなり恰幅の良い高齢の女性と握手をしたときのこと、彼女はお辞儀をし始め、正式に繰り返そうとしてバランスを崩しました。とっさに王は再び手を差し伸べ、足の上に痛みを感じながらも彼女が元の姿勢に戻れるよう助けたのです。また、名俳優のローレンス・オリビエが騎士称号を受け取りに来た日、彼は極端な金髪に染めていました。彼は皆から離れて私のところにやって来て、懇願するように言いました。〝神の名にかけて、私はホモセクシャルではないと王に伝えて下さい。今私はハムレットを演じているのです！〟」

ガーター勲位の叙勲式は毎年ウィンザーのセントジョージ寺院で行われる。イギリス国民の多くが、バッキンガム宮殿が年に二回発表する名誉あるリストに載ることを夢見ている。ハロルド・ウィルソンは秘書を、終生爵位のある男爵夫人にすることに成功した。また、女王はセレモニーに映画や演劇やスポーツ界のスターたちを招くのが好きだ。

時どきチャールズ皇太子や王家の他のメンバーが代理を務めることもある。皇太后はさらに長く辛い儀式に、ゆったりと気を配ってお出ましになる。おしゃれな彼女はともかくただ一点、眼鏡なしでスピーチを読むのは苦痛の種だと認めている。というのも、彼女はいつも公衆の面前で眼鏡をかけるのを断っているからだ。幸いなことにスピーチは短く、しかも巨大な文字で書かれている。

舞踏会

一九五九年、王室は古くから伝わるある伝統を放棄し、一つの時代が終焉を告げた。社交界にデビューする淑女たちがお目見えする夜会がなくなったのは、実に悲しいことだった。まずリムジンの長い行列がヴィクトリア女王の像の周囲や遊歩道の上を数時間回った後、ようやく黄金の門が開かれる。そのとき、社交界にデビューする娘たちは、群衆の皮肉交じりの辛辣な〈好奇の〉眼差しにさらされながら、双六遊びをしている。ほとんどの人が練習を積んできたにもかかわらず、王座の前では不格好なお辞儀が交わされる。宮殿で開催する大舞踏会のために、ヴィクトリアは古き良き時代を彷彿とさせるような見事な広間を建設させた。一九三五年の名高い五〇周年記念舞踏会は、イタリアとルーマニアの国王夫妻のために一九二四年に開かれたロイヤル・カドリール同様、現在でも有名である。だが、第二次世界大戦は過去の人びとの憂さ晴らしを確実に葬り去ったのである。舞踏会の間はそれでも、毎年クリスマスには使われている。

メリークリスマス

今日でもなお、バッキンガム宮殿のスタッフ全員は女王とクリスマスを祝っている。筆頭管理人が数週間前からそれぞれに頼まれているプレゼントを買いに行く。値段は就業年数によって決められている。一二月一九日にランチが催され、全員が謁見の間に集まり女王の手からプレゼントを受け取る。実に多くの従業員がいるので、セレモニーは非常に長く続く。エリザベスは一人ひとりと握手を交わしながら、優しい言葉をかける。ときには夜の舞踏会を開くエネルギーを発揮し、そこでは積極的な役割を果たす。

ロイヤルファミリーのメンバーもそれぞれのスタッフに同じようにしていることをつけ加えておこう。クリスマスツリーの飾り付けにかけては皇太后とマーガレットが評判である。フィリップ殿下もその習慣を盛り上げ、パーティーに参加する。彼は額の禿げあがった使用人に臆せずにヘアブラシをプレゼントする。あるときコーヒーのパーコレーターをプレゼントされた召使が、組み立てに失敗し部品をバラバラにしてしまった。フィリップは哀れな男に向かって言った。

「もしうまく組み立てられなかったら別の物を買って領収書を送らせなさい」

クリスマスが近づくとロイヤルファミリーはフレンドリーなカードを送る。サンデー・エクスプレス誌は、軽率な召使（彼女は多分それ以後、女王の係から外されただろう）が新聞社にカードを届けてくれたおかげで、そのいくつかを公表した。

それは全く形式にとらわれず、短い言葉の中には感動的なものもあった。子どもたちには女王とフィリップ殿下は単純に〈マミーとパパ〉と書く。ウィンザー家では〈パド〉や〈パディ〉のように、それぞれ短縮した素敵な呼び方を自由に使っている。女王は親しい人には〈リリベット〉とサインする。ギリシャのコンスタンチン国王宛てには〈チノヘリリベットより〉と書かれていた。マイケル・ケント公は〈マオ〉という名を持ち、ケント公の息子で士官候補生ニコラス・ウインザー卿は〈プー〉、兄のセント・アンドリュース伯爵は〈ゲオルギー〉、マイケル王子の娘、ガブリエラ・ウィンザー夫人は〈ハブ〉、弟フレデリックは〈ザ・フレッド〉、エドワード王子は〈エド〉、マーガレット王女はシンプルに〈マーゴット〉である。

女王は毎年クリスマスに多数のカードを受け取り、喜んで全部に目を通す。馬が描かれているカードは、幸運なことに大広間のマントルピースの上に置かれる。

儀式のスケジュール

一月から一二月まで年間を通じ、女王は厳密に決められたスケジュールに従って行動し、実際に女王を見られる多くの機会がある。復活祭のときに貧しい人たちに分配する女王の慈善救済基金マンディマネーもある。ウィンザーのセントジョージ寺院では、功績のあった人たちに女王が栄誉あるガーター勲位を授ける叙勲式を行い、毎年一一月議会の開催には国家の長として登場する。また夏の公式誕生日の祝典では一群を率いる司令官役を務める。エレガントな社交場のアスコット競馬には、期間中毎日、人目を引く車に乗り競馬場を巡っている女王がいる。また休戦記念日にはホワイトホールの戦没者記念碑の前に喪服姿で静かに頭を垂れ、国家に哀悼の意を表す女王の姿がある。

毎年行われる王室の洗足の儀式は、君主制の最も古い伝統の一つである。起源はキリストに習い、謙遜と情けの印に王が貧しい人の足を洗ったのだが、現在は別の儀式的な意味を持っている。聖なる木曜日にはウエストミンスター寺院で、女王が高齢者たちにわずかな施しを与える。この施しの中に伝統的な救済基金マンディマネーがある。それは女王が型押しされた特別な銀のコインである。

もう一つ太古の闇の中をさ迷っている儀式は、非常に格調高いガーター勲位叙勲のセレモニーである。それは大英帝国の九つの騎士勲章の中で最も評価が高く、女王自ら授与する三つのうちの一つである。起源は古く、一三四八年エドワード三世が創設し、青いガーターで象徴されている。なぜガーターなのか？　伝説によると、エドワード王のお気に入りの一人ソールズベリー伯爵夫人が、宮廷での舞踏会で踊っているときにガーターを落としてしまった。貴族たちはひそひそ笑いをしたが、王はそれを拾って自分の脚に巻き確固たる口調で言った。

「思い邪《よこしま》なるものに災いあれ」

騎士勲章の受勲者は、常に二四名と決まっており、叙勲式はウィンザー城の王座の間で行われる。

一〇月最後か一一月初めの一一時に行われる議会の開会宣言式も、征服者ウィリアム時代から続くイギリスらしい儀式の一つである。寒い時期で凍てつくような日もあるが、人びとは意に介さず宮殿前の通り沿いをぎっしり埋める。昔の世界から抜け出てきたような制服に身を包んだ御者が操る黒毛の馬に引かれ、王家の金色の馬車の前で扉が開かれる。エリザベス女王は一〇時三五分にバッキンガム宮殿を出発する。彼女は近衛騎兵隊が先導するアイルランドの四輪馬車に乗り、フィリップ殿下を伴うこともある。前日に王冠とマントと剣はロンドンタワーからバッキンガム宮殿に運ばれ、当朝、アレクサンドラ王妃の馬車に移される。その馬車は女王の馬車の前を走り、議会まで同行する。一六〇六年ガイ・フォークスが仲間たちと二〇バレルの大砲を使って議会場爆破を試みた史実に従い、武装した矛槍兵が儀式の前に慎重に建物を探し当てる。女王が到着すると、イギリスの総元帥とウエストミンスター寺院を代々守ってきた宮内長官が共に出迎える。トランペットが響き渡り、女王は一八三八年ヴィクトリア女王のために作られた王冠を頭に乗せ、マントをはおる。宮内長官と元帥に先導され、女王と殿下は王座までゆっくりと進んで行く。

女王が「お座り下さい」と言うが、まだ儀式は始まらない。下院の議員数名を呼びに行くのだ。チャールズ一世時代から続く不思議なしきたりで、執行官が五〇mほど廊下を通りドアをぱたんと閉める。王だけが兵士を伴い議場に入ることができ、五人の議員は入場を遮られ拒絶される。その後議員たちは、国王のスピーチを聴くために招き入れられる。女王は眼鏡をかけか細い作り声でスピーチを読む。現在スピーチの原稿は首相が作成し、法律により一言一句違わず読み上げることが定められている。

この他ビジュアル的に歓迎される儀式は公式誕生日祝賀パレードだ。これは一七五五年に始まったが、正式になったのは一八〇五年以降である。軍隊のパレードは女王の公式の誕生日を祝して行われるが、六月第二土曜日と決められているので日にちは年によって変わる。土曜日はロンドンの交通量が少なく、六月は好天の日が多いため選ばれたので、女王の誕生日四月二一日からフィリップ殿下の誕生日六月一〇日に近い日に行われることになった。

開催にあたり宮殿からエスコートするのは、馬に乗った護衛でなく近衛騎兵隊の別機動隊である。精鋭兵、コールドストリーム、スコットランド、アイルランド、ウエルシュの五つの連隊がパレードに備えきちんと整列する。しかし六月の雨が、パレードを台無しにしてしまうこともある。四月二一日の女王の誕生日にはハイドパークから祝砲が打たれる。ある年バッキンガム宮殿のすぐそばにあるグリーンパークから連続祝砲が打ち上げられ、人びとは女王の耳だけでなく宮殿のクリスタルのシャンデリアのことも案じた。

王室の記念祭

より華やかなのは一九七七年の即位二五周年の記念式典シルバー・ジュビリー、二〇〇二年の五〇周年のゴールド・ジュビリーなど、女王の記念祭である。一九七七年のエリザベス記念祭は現代君主制への転機となり、悲喜こもごも多くの祭典が催された。それは女王が熱心に簡素化を訴えたのにもかかわらず、批判を免れられなかった。この年エリザベスが移動した距離は九万㎞に達した。

一九七七年六月七日、女王はフィリップ殿下とロイヤルファミリーのメンバーと共にセントポール大聖堂で行われた感謝を捧げる活動に参加した。宮殿から大聖堂まで向かう四輪馬車は、贅を尽くしていた。ロイヤルファミリーの乗った馬車を先頭に、女王とエディンバラ公が乗った馬車を、アイルランドの馬車、アレクサンドラ王妃の馬車、ガラス張りの馬車、ランドー型馬車が続いた。テンプルバーと呼ばれている門を通過したとき、いっせいに祝砲が打ち上げられた。

この記念年には一年を通じて、カーニバル、若者の祭典、自転車競技会、大西洋横断競技会、レガッタ、音楽会、ポップコンサート、オペラ、演劇、切手の展覧会、写真展、女王の絵画展から過去の即位記念日の催しまで、スポーツ競技会や芸術的な活動のほとんどが女王に捧げられた。

二〇〇二年のゴールド・ジュビリーを成功させるため、女王は六月四日を全員有給休暇にし、ロンドン市内をパレードし、セントポール大聖堂での宗教的な儀式を計画した。五月一日から八月五日までの間、女王はイギリス連合王国のあらゆる地域に赴き、五月にはウィンザーの乗馬大会に列席し、六月一日から四日まではバッキンガム宮殿でさまざまな催しや園遊会を開いた。

女王は祭典のために〈過剰な公費の出費〉がないよう望んでいると、トニー・ブレアは議会での質疑で明らかにし、彼はこれらのイベントのための経理部門と特別プロジェクトを立ち上げた。作成されたロゴは、記念祭が宣伝活動になったことを示し、トニー・ブレアは何より「この記念祭は過去だけでなく未来に目を向ける機会であり、女王の在任中に国家生命に影響を及ぼした大規模な変革の信ぴょう性を失わせる機会である」と捉えている。

第六章　王室の馬と犬

馬術や競馬や犬は、女王のお気に入りの趣味である。エリザベスが初めて仔馬と出会ったのは三歳のときだった。同じ年のクリスマスに、彼女はロンドンの邸宅の最上階にある保育室に置かれたプレゼントの中に、素晴らしい木馬を見つけた。彼女はその玩具に夢中になり大喜びで家中を引っ張り回し、必ず鞍を外してからベッドに入った。動物たちは幼いときから大切な位置を占めていたのだ。

イギリスの歴代の王は、狩りを好んでいただけでなく動物の研究もしていた。エリザベスの祖父は子どもたちの中の一人に、啓示的な助言を与えた。

「イギリス人は乗馬が好きだから、乗馬をしないと人気がなくなってしまうだろうね」

少女はロンドンのグレバン博物館でタッソー夫人の蝋で作られたポニーに初めて乗った。

ロイヤルファミリーの一員で音楽狂で事情通のハーウッド卿は、この気質を完全に証明する逸話を挙げている。ある日、イゴールオーケストラの名指揮者の妻、トパジア・マルケビチと話していたウィンザー公はこんな小言を言ったそうだ。

「ジョージ（ハーウッド卿のこと）が音楽に熱中するのはとても奇妙なことだ。両親は至って普通で馬や犬や田舎が好きなのに！」

女王はその気質を引き継ぎ、イギリス国民にとっても貴重な田舎の生活への郷愁を体現しているのだ。都会に住む多くのイギリス人たちは動物を飼うのが難しいため、余計に動物好きになっている。

幼い頃、将来の女王へのクリスマスプレゼントを選ぶのは簡単だった。木馬や馬の本はずっと彼女の友達だった。エリザベスが初めて乗馬の練習をしたのはウィンザーだった。初めて乗ったのはジョージ五世がプレゼントした小さなシェットランドポニーで、オーエンという名の馬丁（厩務員）が先生役だった。エリザベスにとって唯一絶対間違いのない人物、それはオーエンだった。彼はどんなことでも知っていて、彼女は常に彼の判断と両親のとを比べた。エリザベスの話はいつも「オーエンがこう言ったの…」で始まった。ついに父親の堪忍袋の緒が切れ、ある日、彼女の子どもらしい質問にこんな風に答えてしまった。

「どうして私に聞くのかなあ？　オーエンに聞きなさい」

養育係が覚えているのは、ガウンのひもをベッドの柱に結び付け、馬車に乗って公園を回るふりをして遊んでいた少女のシルエットだ。

エリザベス二世は〈馬と犬と田舎〉が大好きで、独特な感覚を持っていた。彼女は馬たちに人間のように接し、ほとんど仕事を忘れて話しかけ撫でていた。若い時から馬術競技にも情熱を燃やし、それは娘にも受け継がれた。彼女は一流の乗り手で週に何回も馬に乗り、レースの出走馬にも夢中になった。また競馬場の落ち穂拾いは彼女の至福の時であった。しかしアスコット競馬に欠かさず姿を見せるエリザベスは、周囲に影響を及ぼし、ある女官は〝双眼鏡の責め苦〟について言及している。

「女王様が競馬場のボックス席にお出ましになると、そこにいた人たちが皆、馬に背を向け双眼鏡を使って彼女をじろじろ見始めるのです。二〇分もすると大変なことになって…」

バッキンガムのチャンピオン

さて、アン王女の人生は、本当にいつも馬術と共にあった。彼女は人形には見向きもせず、二歳半で初めてポニーに乗り、母親から乗馬を習った。そしてウィリアムと名付けたその馬に、一九五七年まで乗っていた。同じ時期、育児室の入口にきちんと並べられた木馬の群れと遊ぶのも好きだった。母親が同じ年頃にしていたように、誰より真面目に毎晩鞍を下ろす習慣も身につけていた。五歳でハリーポートの有名なスミス乗馬学校のシュビレ・スミスに付いて馬術のレッスンを受け、そこで障害ジャンプの基礎を学び、ブラシをかけたり餌を与えたり、水を飲ませたりするような雑用を非常に献身的に行った。

フィリップは娘の情熱的な行動を見て、彼の持論が実現されたと思った。

「私はいつも子どもたちに、少なくとも何か一つのことを極めるように教育しています。何らかの分野で自信を持てれば他のすべてのことに役立つからです」

バルモラルでポニーたちは子どもたちの良き友であり、自由のシンボルだった。王室の子どもたちは幼いときから、馬に乗って一人で丘を越えることができた。アンは牧歌的なことを好む母親の気質を受け継ぎ、三歳の頃から両親に連れられて狩りを見たり、自然の中で活動するのが大好きになった。

活発でスポーツが好きな彼女は、よく馬に乗っていた。アイルランド生まれの最初のポニーに続いたのは、グリーンスリーブス、メイフラワー、バンディで、九歳でバンディに乗り、初めて試合に出場した。彼女は優勝したが指を骨折してしまい、鼻にもひどい怪我を負い整形手術を行った。彼女は一二歳で手に入れた茶色の素晴らしいポニー、ハイ・ジンクスを、長い間大切にしていた。

第二課程を終えたアンは、ウィンザーの馬術競技会で優秀な成績を収め、彼女の最初の競技馬でかの有名なダブレットをプレゼントしてもらった。

危険な噂話がある。プリンセスは史上初めて、極めて厳しいスポーツの領域で一般の人びとと競うことになった。エリザベスにとっては、育成者や騎手たちと明方に駈け足するのはそれほど魅力的なことではなかったが、娘には奨励した。才能があり早熟で意志強固な彼女は、高等学校への進学を断念し、馬術と公務だけに専念する決意をした。メキシコオリンピックで勝利を収めたイギリス馬術チームが皇太后に迎えられたとき、二つの活動の両立が達成されたのである。王女は勝者たちと言葉を交わした。アルーセン連隊副官、ジェーン・ブレン、リチャード・ミード、ジョーンズ軍曹、そして若き騎手、マーク・フィリップス…。二度目に会ったのは、数週間後に女王が同じイギリス代表チームをバッキンガム宮殿に招待したときだった。アンは再び騎手たちや最年少のマーク・フィリップスとおしゃべりすることができた。社交界とは異分野の二人の関係が取りざたされるようになったのは、数年後だった。

一九六九年、アンはエネルギッシュな女性アリソン・オリバーと共に熱心に馬術大会に出場し、四月二日から一〇月一八日までの間、二一の大会に参加した。大胆な王女は、一九七〇年代には公務をこなしながらも馬術の分野でますます評価されるようになった。彼女が熱望していたのは馬術の世界での勝利だけだった。公務を行いつつ自分が比類なき騎手になったと自覚したが、それは彼女が唯一望んでいたことだった。ダブレットの他に彼女はもう一頭、頂点を極めるにふさわしい名馬を持っていた。もともとはポロ用として訓練されていた馬だが、成長するにつれ徐々にジャンプの才能を見せ始め、王女を馬術界のトップに引きあげるのに貢献した。

翌年、アンはヨーロッパチャンピオンになった。非公式のメンバーながら、彼女はこの日優秀な騎手たちを打ち負かした。競技会で勝つことを幼いときから願っていた彼女にとって、その勝利は貴重であった。しかし大英帝国では全員が彼女の成功を祝ったわけではなかった。オックスフォード出身の社会学者セオドア・ゼルディンはこのように書いている。

「もし彼女が普通の人だったら、イギリス人たちは間違いなく国家的な勝利として拍手を送っただろう。イギリス人には勝利の中にも慎みが必要なのだ。だが、彼女には謙虚さが欠け、国民は言い訳を見つけなければいけなかった。アンにも言い分はあるだろうが…」

一九七二年初め、専門家たちは彼女がミュンヘンオリンピックに出場するものとみていたが、馬が腱を痛めて丸一年間の休養が必要になった。さらばメダルよ！

しかし幸いなことに、アンはマーク・フィリップスという別の慰めを見つめた。続きはご承知の通り…。一九七三年一一月一四日、結婚式は盛大に行われ、彼らの生活は馬術に捧げられた。夫妻を幸福にするには充分ではなかったが。

エリザベス女王が娘を通じて、子どもたちや犬に囲まれながら気ままに田舎で暮らす夢を実現しようとしたことは想像に難くない。アンは、容姿は知れわたっているのに写真に撮られるのが大嫌いで、こう言ってのけた。

「人前に出たとき、皆は私が歯をむいていななき、地面をひっかきしっぽを振るのを期待してるんでしょうけど、それはそんなに簡単じゃないわ」

現在の女王が初めて乗馬用の馬をもらったのは、一九三八年一二歳の誕生日だった。それは穏やかな雌馬で、若き女性騎手に悪さをするようなことはなかった。ウィンザーに来た日から、彼女は優しく〈ペギー〉と呼び、幼いマーガレット王女を乗せて、特別に芝生の上を連れて回った。すでに自分の責任を自覚していた未来の女王は、八歳にしては大きな馬に乗った妹をしっかり支えていた。時どき大きな森の小道で、ジョージ六世に連れられた二人のプリンセスの姿を見かけた。早朝の騎乗は王を魅惑した。子どもたちと一緒にいると、王は重い責任や心配事から束の間解放されたのだ。

一九三〇年代、王室の馬は格別な活躍をしなかった。ジョージ六世は二人の子どもたちを競馬場に連れていくこともなく、飼育にもさして興味がなかった。即位直後の二年間は、馬に関心を持つ理由もほとんどなかったのだ。エリザベスの競馬好きは祖父からの遺伝だ。エリザベス女王の馬についての知識は、終戦と父親の逝去の間の静かな数年間を除いて、増す一方だった。

一九五〇年代、王室厩舎の馬は数々の好成績を収めた。バッキンガム宮殿では、アイルランド人の競馬場主任のムーアや調教師のボイド・ロシュフォールと馬についての会話が弾んだ。エリザベスは競技で勝つことより馬の性質や飼育に興味を持ち、夢中になった。夜が明けるとすぐ、彼女は調教師と一緒に仔馬たちの所に行き、日中ずっと馬に乗って歩き回り厩舎を観察してから帰宅した。馬ではなく車で！

競馬

競馬は間違いなく女王のお気に入りの趣味の一つだ。必ず出席する六月のアスコット競馬以外では、競馬場で以前より姿を見かけることは少なくなったが、彼女の関心は変わらず、特にサラブレッドの育成に情熱を燃やしている。毎日欠かさずスポーツライフ紙を読み、父親が宮殿に設置したテレプリンターでレースの結果を受け取っている。また、競馬や馬術の動向を掲載した業界紙を毎週定期購読し、毎日自分用の記録を付けるのに時間を費やす。ロナルド・レーガンは厩舎に関する資料を集めたコンピュータを彼女にプレゼントし、非常に感謝された。

エリザベスは親しい友人でもある競馬場主任によく電話をかける。イートンの馬術協会の会議の折、彼は女王の馬術への情熱を分析した。

「彼女はずっと前から馬の世話をし、興味を持ちその血統をよく理解し、必要なことを正確に把握しています。自分でも名馬を持ち、競技場の役員同様に正しい判断を下します。馬をひと目見ただけで、よい肩、脚、柔軟性のある膝、可愛らしい目、賢い頭などを持っているか見抜きます。彼女の知識や判断の正しさは確かに立証されています。要するにレースを完璧に理解しているのです」

彼女は競馬と飼育に関し、本物のエキスパートであり、馬が進歩しているか後退しているかも瞬時で見分けられる。

ある日、フィリップ殿下は〈ウマ科の動物の不可解な精神的成長過程〉について語った。女王の愛着とは全く違い、彼自身の関心はポロや、馬を車などに繋ぐ競技〝繋駕《けいが》レース〟の方にあった。関節炎のためポロを断念して一九七〇年に〝繋駕レース〟を始め、一九八〇年にはその競技で優勝したが、一九八八年リューマチによりそれもやめざるを得なかった。競技は諦めたがフィリップ殿下は興味を持ち続けサンドリンガムに養成学校を設立し、バッキンガムで御者を務めていたデビッド・ソーンダースに〝繋駕レース〟を指導させた。彼はロイヤル・アスコットに行ったことは一度もなく、もし行っても姿をくらまし、家のテレビでクリケットの試合を見ている。

チャールズ王子はマウントバッテン卿の情熱を継承し、ポロ好きになった。初歩は一五歳のとき、ウィンザー公園のスミスガードクラブの芝生の上で習った。フィリップとチャールズのおかげで、インドのマハラジャが好きだったポロ競技は英仏海峡の彼方で復活した。しかし二四のクラブの会費は少なくとも三〇〇〇ユーロで、自分のポニーがいる場合は七六〇〇ユーロもかかる。

ロイヤルファミリーは全員でアスコット競馬に赴き、女王は一度も欠かしたことがない。マイ・フェア・レディのアスコット競馬の場面のおかげで、競馬レースのセレモニーは身近になった。人びとは王室の四輪馬車の行列や女王が友人や著名人たちを招待する集いなどにも親近感を覚えるようになった。〈アスコットでしか見られない〉お化粧をした貴族たち、飾り立てた帽子、上流階級の老婦人、高級なジャケット、それらが飽くことなきパノラマを構成している。

一七一一年、アン女王は有名なレースをスタートさせた。ロイヤルファミリーを乗せた四輪馬車の行列はジョージ四世の発案で、一八二五年には王室専用の囲い見物席が設けられ友人たちを招くようになった。年が経つにつれ伝統は曲げられ、四日間だったアスコットは一週間になった。今では誰でも、前もってロンドンのセントジェームズ宮殿にある事務局に頼んでおけば、ロイヤル・アスコットの会場に入れる。女王に会えるかどうかはアバガヴニー公爵が一人ひとり調査をして決定する。

五台のランドー型馬車の行列の光景はイギリス人たちに愛されている。それぞれの馬車は四頭の馬に引かれ、先頭の馬車には女王と主馬頭が乗り、他の四台にはロイヤルファミリーや著名な招待客が乗る。御者たちは紫か金と深紅の制服を着ている。期間中三つの賞が用意されている。シャーロット妃が頻繁にレースに通っていた一八九七年に始まった〈ゴールデンカップ〉、そして〈アレクサンドラ賞〉と〈ジョージ六世とエリザベス女王賞〉である。

競馬場では女王は人が変わる。王室の重い仮面が滑り落ち、女王の後ろに隠されている女性の素顔を公然と垣間見られるのは、恐らくこのときだけだろう。ロイヤルボックスに立ちつくし競技に夢中で、周囲で彼女を見つめる群衆の好奇の視線も気にせず、彼女の眼はひたすら種目と馬だけを追っている。表情はいきいきと輝き、ひいきの馬を追うことに忙しく、取り巻き連中と話に熱中しているので、お辞儀や挨拶に応えることとさえ忘れてしまう。

レースが始まるや双眼鏡から一時も眼を離さず、時には飛び上がり大声で応援したり叱咤したりする様子は、多くの人が目撃している。いつも双眼鏡を手にしているが、興奮しているには持っていることも忘れてしまう。家のテレビでレースを見るときは「行け！」とか「もっと早く走れ！　この馬鹿馬！」などという叫び声が聞こえてくる。用事があって彼女の馬が出場するテレビが見られないときは、スタッフに順位を報告してもらうか録画を頼むかする。

奇妙なことに女王は、障害用馬術馬にはあまり関心がない。走らなくなったとき、種馬にすることができないという単純な理由からだ。彼女にはサラブレッドを育てることの方が少なくとも競馬同様ずっと興味深いのだ。

王室の厩舎

バッキンガム宮殿の厩舎の場所は、王の目にかなった所が選ばれる。ジョージ四世までの三世紀、王室の厩舎はチャリングクロスに隣接していたが、ナショナルギャラリー建設のためバッキンガム宮殿に移された。一八二六年、ナッシュは郵便局通りの入口に表示されているように数々の建築物を完成させた。

女王も「それはまるでバッキンガム宮殿にある小さな村のようです」と言っている。常に一二頭の馬がいる厩舎は、ロンドンの一角に田舎の雰囲気を漂わせている。厩舎の上には御者や運転手や忘れてならない蹄鉄工たちの住むアパートがある。王室の廷臣は入口付近に大変美しい家を持っている。

週に二回この〈小さな村〉は一般公開される。そこは宮殿の庭園の中で唯一簡単に近づける場所で、廷臣たちは常に保安上の不安を抱えている。そこで働くスタッフたちは宮殿内で働く人たちとは違う格付けがあり、一般の廷臣よりはずっと上で王室の廷臣より下の階級に属している。管理しているのはロイヤル・ミューズである。これはフランス語の古い言葉、〈MUE〉（抜け殻）から来た英語である。建物はリチャード三世の頃から存在し、抜け殻の中でハヤブサを保護していた。ヘンリー七世の時代ブルームズベリーにあった厩舎が火災で消滅し、王はチャリングクロスの建物を厩舎として使うことに決めたが、名前はそのまま残された。

バッキンガム、ウィンザー、ハンプトンコート、スコットランドのハリウッドハウスの廷臣たちは、主馬頭になるのを夢見た。一九三六年エドワード八世に任命されたボーフォートの一〇代侯爵は一九七八年まで任務を果たし、ウエストモアランドの一五代伯爵が後を継いだ。後継者たちの中には、ロイヤルファミリーの友人でもあった裕福な貴族たちも、名を連ねていることが知られている。

主馬頭は、毎年六月の公式誕生日に女王が遊歩道に降りてくる際に、横にいる人物である。彼は軍隊の行進のときには背後に下がり、公式誕生日祝賀騎兵隊がその後に続く。この催しのときには女王は精鋭近衛連隊の制服を着用し、主馬頭は赤いユニフォームと羽根つきの帽子を身につける。

一三九一年に制定された〈主馬頭〉という肩書は、宮廷の第三将校に関わっていた。今日では、主馬頭は王室の馬の責任を持ち、侍従（侍従の語源は王室の馬係）は女王の邸宅で日常的な世話を担当する。ウエストモアランド伯爵がエリザベス二世のもとで、ジョージ三世に仕えた先祖と同じ職に就いたことを付記しておこう。

現在、御者のチーフを務めているのはアーサー・ショウエルという男だ。前任者のアルバート・ストリンガーは一九二九年に就任し、一九七〇年に定年まで勤め上げた。

「私はジョージ五世、エドワード八世、ジョージ六世、そして現在の女王と四代の君主に仕えました。仕事は厳しかったですが、大変満足です」

ショウエル、マチュー、チェンバー、オーツという四つの家族がこの仕事を独占してきたように見える。オーツ家の父母、息子たち、叔父たちの六人は厩舎で働いている。現在御者をしているデビッド・オーツは、子ども時代宮殿のプールを利用しながら過ごした。

「姉のリンダとスーザンはアン王女と遊んでいました。母のエリジーもここで暮らしました。門が閉まっていると安全に思え、とても静かでした」

王室の廷臣（＝侍従）を除いて、宮殿で食事をする職員はほとんどいない。彼らは自分のアパートか小さな家を持っている。御者も同じ厩舎に住んでいる。昔の護衛隊と騎兵隊のための厩舎だった。グローブナーの庭の一角には、厩舎に隣接して素晴らしい家が二軒ある。初めの家にはフィリップ殿下の昔の召使が住み、二番目には王室廷臣の執事フェルプス隊長がいる。

毎年相当数の就職志願の手紙がジョン・ミラー卿の元に届くが、家族で占有している部署に受け入れられるのはごくわずかしかいない。警官養成のための王室乗馬学校にも多くの志望者がいるが、女王の馬で馬術の基礎を学ぶのはほとんど不可能に見える。

昔、王室厩舎に占有されていたのは馬車と馬だけだったが、現在では女王のガレージの車も含まれている。セレモニー用のロールスロイスが六台、王室で使う車が約二〇台、チャールズ皇太子のアストン・マーチンやフィリップ殿下のレンジ・ローバーなどロイヤルファミリー用の車などがある。四輪馬車も他の馬車と一緒に厩舎に置かれている。これらはロンドンでは、女王が新任大使を迎えるときなどによく見受けられる。彼女は大使の元に車を送り、宮殿まで四頭の馬に先導させる。

一週間に何回か行う一般公開は大変人気がある。わずかな時間だが馬房には飼料のかい桶や鞍や馬具や素晴らしいユニフォームなどがそろって非の打ちどころがなく、とても興味深いものだ。

厩務員たちが特技を披露するのは、大規模な儀式やパレードのときだ。エリザベスの即位の式典で王室の四輪馬車を引いたのは、特別に訓練された灰色の馬だった。サラブレッドが努力を強いられているのとは反対に、その馬たちの速度や忍耐力には何の向上も見られなかったが、リズミカルな歩調が群衆の中で噂になって広がった。選ばれた八頭の灰色の馬は古い馬車に繋がれ、一週間に何日も夜明けに宮殿を出発しウエストミンスター寺院に向かった。一分間に一一二歩の割合で進み、即位式のパレードは一時間三五分で終了する予定になっていた。当日、金管楽器によるファンファーレと太鼓と共に、八頭の馬は不意に跳ね回ったりすることなく予定通り行程をこなした。エリザベスの主馬頭は、六月二日、暴走しなかった馬たちに満足げな表情を浮かべた。王室クルーが行列を出発させようと位置に着いたときには、馬は待ち切れずに許可なく前脚で地面を蹴る動作をしていたが！

その他に、馬が最も活躍する伝統的な大パレードと言えば、女王の公式誕生日祝賀パレードだ。これはカラフルで見応えのあるパレードで、観光客を喜ばせている。主任大佐のユニフォーム（深紅のベストとマリンブルーのロングスカート）を着た女王が、軍隊の行列の前を通って慎重に馬に乗る。馬に横乗りした彼女は、王国で最も古い二つの軍隊ライフ・ガードとブルース＆ロイヤルズが構成している近衛騎士団にエスコートされて宮殿を出発する。そして遊歩道を通り〈ショウ〉を披露しているホース・ガード・パレードに加わる。一一時が鳴る。女王の取り決めによりすべての時計は寸分の誤差もなく、時間通りにセットしていなければならない。広場は黒山の人だかりになり、バルーシュ型の馬車に乗ったロイヤルファミリーが一段と花を添える。パレードは一時間近く続く。国歌が三回演奏され、女王は毎年違う軍隊の演奏に注意深く耳を傾ける。彼女は本番の二週間前から毎朝一時間半、昔のように馬に横座りで乗る練習をする。

バッキンガムに戻ると、彼女は伝統的に馬にニンジンをやりシャンペンを一杯飲ませてから、家族と共にバルコニーに立つ。空では飛行機がアクロバット飛行を行っている。これについては、女王が毎回このセレモニー（軍旗敬礼分列式）で乗っていたお気に入りの雌馬バーミスのことに触れなければ不完全だろう。数週間前からバーミスは特別な訓練をしていた。放たれていた一一匹の犬たちが女王にまとわりついていた。その馬はいつでも冷静さを保っていたので、どんな危機にも立ち向かえたと持ち主は思っている。その慎重さが女王の命を救った。一九八一年に空砲を撃たれたとき、バーミスはわずかに動揺したが、経験豊かな騎手の手ですぐに落ち着きを取り戻した。一九八八年、イギリス人たちはパレードに馬がいないのに気づき、驚き悲しんだ。女王が乗っていたのは馬車だった。バーミスは二四歳で死んでしまったのだ。カナダの警官からプレゼントされたバーミスは一八年間女王に仕え、ロビン・ポーター警視総監は「私が世話をした中で最も穏やかで美しく従順な馬でした」と語った。エリザベスはとても可愛がり、厩舎に入ると「こんにちは！」と挨拶し、召使が銀の皿に乗せて差し出すニンジンや砂糖を与えていた。馬に横乗りしパレードに出るまでにするには、何年もの準備期間が必要なのだ。エリザベスは馬車に乗る方を選んだ。それは大切なバーミスを裏切らずに済む方法でもあった。バーミスは手厚くウィンザーに埋葬され、ジェームズ・オズボーンが作ったブロンズ像は永久に生き続けている。

スーザン、シュガー、ハニー…

王室の動物への愛着は馬だけに注がれているのではない。バッキンガム宮殿で最もうるさいのは毎日ティータイムに鳴る太鼓のような音だ。樫の木の寄木作りの床にハンマーで打ったような音が響き渡ると、餌の周りに四四本の脚がうろつき始める。現在王室にはコーギー犬やシェパード犬など一一匹の犬がいるからだ。シェパード犬は神経質で、時どき犬の精神科医にかからねばならない。

女王が冬のバカンスを過ごすサンドリンガムでは、女王自ら犬に餌を与えている。その様子を目撃者が語った。

「サンドリンガムの廊下でスカーフをして肉をちぎって犬に与えている女性を見かけます。でもあなたは、大英帝国の女王様への挨拶の仕方など知らなくても良いのですよ」

バッキンガムでは一七時きっかりに制服を着た召使が、廊下を通って犬たちを邸宅までうやうやしく連れていく。彼は軽くソテーした肉とビスケットが乗ったトレイとスープで湯気の立った碗を持ち、トレイを大広間の扉の前の三脚台の上に置く。犬たちは待ち切れない様子だ。エリザベスが出てきて銀のフォークとスプーンを使い肉とビスケットとソースを混ぜながら、犬たちに与える。犬にはそれぞれの皿があり、女王は豪華な赤い絨毯を汚さないように、注意深く白いプラスチック製の敷物の上に並べる。犬に餌をやるのは女王にはこのうえない気晴らしである。彼女は犬の世話をし、ブラシをかけ散歩させる。心から犬たちを愛している彼女は、一九五九年にスーザンが一五歳で死んだとき、サンドリンガム公園に埋葬し〈女王の親友　スーザン〉と記した石碑を建てた。

スーザンの後はシュガー、ハニー、ウイスキー、シェリー、ビー、ヒース、バズ、フォクシー、タイニー、ビジー、ブラッシュ、ピクルス、ティンカー、ジョリー、ソックス、スモーキー、シャドーなどが続いた。サンドリンガムでは殊にチャールズが好きなラブラドールを飼っていた。犬たちのおかげで女王は公的な生活とは違い本当にゆったりとできる。犬たちが回想録を書く心配もなく、恐れることは何もない。

子どもの頃から彼女は、この不思議な生き物にすぐ慣れた。あまり跳ばず、耳の間の頭は平たく大きく、毛並みは中くらい、毛色は赤、灰、虎毛や茶色、ところどころに白いシミがあるのは口うるさい系統学者たちも大目に見てくれる。この悪戯で生意気でたくましく、人懐っこいコーギー犬は、幼いプリンセスの理想的な友達になった。一九三三年わずか七歳のとき、彼女はウエイマス子爵家のコーギー犬に夢中になった。畜産家のテルマ・グレイは彼女にコーギー犬をプレゼントし、ドウッキーと名付けられた。ドウッキーは三歳で結婚し、二匹の子犬クラッカーとキャロルを生んだ。この犬たちは戦時中ジョージ六世夫妻に可愛がられて育ち、一九四四年に生まれたのが九代目のスーザンであり、その吠え声は宮殿中に響き渡った。

皇太后もジョーディーとブラッキーという二匹のコーギー犬を飼っている。アン王女はバッキンガム宮殿の厄介者だった五歳のアポロの調教を引き受けた。アポロはどうして彼の体重の六倍もある馬たちと暮らしているのかといつも考えていた。一緒に飼っている七歳のローラも王家の飼い主を慕い、どこにでもついて行き足元でじゃれて彼女の近くで眠る。

チャールズは母親の犬たちが好きではないとよく言われるが、それは間違いだ！　側近の一人は、「ある朝チャールズは私に告げました。〝ヒースを埋めるなんてとんでもない！　ヒースはいつも喧嘩っ早く、脚が三本しかなく耳も片方しかなかったんだ。そして最後まで戦って、今は窓越しに見える芝生の下で休んでいる。犬用の墓地は実際にはないけれど、歩いて行くと石垣に沿って名前を彫った小さな石碑が並んで建てられているよ。でも女王はそれを公園に移そうとしているんだ〟と言ったことを覚えています」

警官や護衛たちに飛びついて困らせる犬もいる。大怪我を負わせることはないが、動物心理学者の分析によると、コーギー犬は獰猛《どうもう》な性格を先祖から引き継いでいる。マリー・クリスティーヌ・ケント公妃は打ち明けた。

「家族の中に、こっそり足を蹴ったりする人がいないとは言えません。かかとをかじりに来たりもしますから」

コーギー犬は女王の海外遠征について行くことは決してない。その間四〇名程のスタッフが犬の世話に専心する。女王の犬の面倒を見ているのはフェンウィック夫人、不在中ウィンザーの彼女の家に住む。エリザベスが全幅の信頼を寄せているのは言うまでもない。

一八世紀に建てられたサンドリンガムの重々しい建物の中で、エリザベスは馬と犬と自由気ままに暮らすことを願っている。彼女はここで年間数回週末を過ごす。一人の客が言った。

「彼女が一番大切にしているのは、屋外で犬たちと過ごす時間です。ランドローバーに飛び乗り、鎖をはずしたラブラドール犬やコーギー犬と戯れ、ゴムの長靴をはいて畑を耕したりする午後も、彼女にはかけがえのないひと時なのです」

もし女王に生まれていなかったら、彼女は間違いなく犬や馬の飼育に生涯を捧げただろう。

第七章　旅

シルバー・ジュビリーを迎えた年に、女王は九万キロメートルも旅をして回ったが、はたしてエリザベスは旅行が好きなのだろうか？　答えはノーである。性格的には女王はむしろ出不精と言える。彼女の伝記作家の一人は書いている。

「ロハナゲ山より堂々とした山はなく、バルモラルほど気候がよい場所はないのと同じに、一一匹のコーギー犬たちを散歩させるのにスコットランドほどふさわしい国はないのだ」

しかし、年々彼女の順応性は高まり、公式訪問での海外遠征に魅力を感じるようになって来ている。それに比べ子どもたちは公式訪問で海外に旅するのが大好きだ。ウィンザー家の人びとは世界中至る所であまりに快適な状況を設定されるのにいささか無感動になっているが、真冬に行くアンティルへの旅はいつも有難く思っている。プライベートな滞在ではためらうことなく仮面を外し、うわべを取り繕うこともしない。皇太子はある日飛行機に乗るとき〈チャーリー・チェスター〉という偽名を使った。それは実在のチェスター伯爵の名前で、彼は完璧にその振りをした。ダイアナと結婚していた頃は、ハーディー夫妻と名乗ってカリブ海のエリュウスラ島に行ったこともある。彼女が一人目の子どもをおなかに宿していたときのことだ。

ヨーク公爵夫妻は、バルバドスの邸宅でレース馬を飼っている億万長者の友人ロバート・サングスターを訪ねたとき、ケンブリッジ夫妻と称していた。アンドリューに言い寄られている間、将来のセーラ・ヨーク公爵夫人はアンウエル嬢と名乗っていた。女王の末っ子エドワード王子はオーストリアに友人と滞在中、ビショップ氏と呼ばせていた。マーガレット王女はシンプルにブラウン夫人、ケント公爵夫人はグリーン夫人になった。

しかし、偽名の旅は荷物なしの旅行ではなかった。一九八九年一一月ヒューストンとニューヨークに短い旅をしたセーラ・ヨーク公爵夫人の荷物は、超過料金四〇一三ユーロを支払うことになった。彼女は五三個のスーツケースと数日間の買い物の荷物を持っていた。「ロイヤルファミリーは同じ称号であれば、旅行したのが誰であれ、いつも超過料金も支払っています」とバッキンガム宮殿はコメントした。ロイヤルファミリーは旅行に洋服の束だけではなく、レコード、プレーヤー、釣りざお、狩り用の銃、ビデオカセット、写真、本、チョコレート、時にはお気に入りの骨董品まで持っていく。どこでも自分の家のようにしてしまうのだ。チャールズ皇太子はどこに行くにも銀のフレームに入った母親の写真と大好きな伯母アレクサンドラの写真を持ち歩く。

王室の旅には四つのカテゴリーがある。公式訪問、王家の旅行、特命に応える旅（連邦会議への出席のような）、そしてプライベートな旅行。公式訪問は言葉通り、国家の長が他の国の長を表敬訪問する。こういう訪問が行われるのは初回だけだが、もちろんそれ以降もエリザベスは同じ国をプライベートという位置づけで訪問している。

公式訪問

公式訪問は国家の長同士が交わす儀礼のみを目的としているため、日程が三日以上にわたることは決してない。それ以上滞在している場合は、プライベートということになる。市民による歓迎、車で首都圏を巡る公式行事、プレゼントの交換、招待国からの花束贈呈、訪問側によるレセプションなどの公式の日程は前もって発表される。オペラ鑑賞なども行い、名所を訪ねることもある。

王家の旅行は非常に長期間に及ぶこともある。行事はまちまちで、滞在中にできるだけ多くの都市や住民や生活様式を女王に見てもらうのが目的である。彼女は街から街、村から村へ移動し、短期間ではあるがそれぞれの市長や地方のオフィシャルスタッフに迎えられる。花束を受け取り、短いスピーチを行い、時にはパレードをしたり訪問の記念に植樹を行うこともある。また、病院や工場や街外れの村を訪ねたりもする。両国の絆を最も深める機会は、彼女のために開催される公式な昼食会や晩餐会や舞踏会などで、その意義は同行する子どもたちにも伝わる。女王はイギリス政府がタイムリーと判断したときだけ訪問を行う。つまり大英帝国の外交的な状況を正しく反映していると言える。

女王の公式伝記作家アントニー・ジェイは、エリザベスは国家の長たる素質を備え、二重の役割を果たしていると書いている。まず国内では政府、行政、軍隊、教会、司法のすべてを統括し、次に他の国に対し自国を象徴し体現している。

「彼女が至る所で大英帝国の安定し確固たるイメージを与えているのは祝福すべきことだ。過去を引きずった時代遅れの儀式がかもしだす古臭いイメージは批判されることもあるが、事実その通りなのである」

王室の侍従は公私ともに女王の旅の責任を負っているが、飛行機や船による移動の詳細は私設秘書が担当する。公式な旅行の計画は、王室に関与する外務省の管轄である。ロイヤルファミリーは年に二回宮殿内の侍従の執務室に集合して訪問のスケジュールを練る。大きな事務机の上に広げられたリストを見ると、向こう半年間いつ、だれが、どこに、どういう目的で滞在するかがひと目でわかる。

王室のメンバーは、女王は黄色、エディンバラ公は藤色、チャールズ王子は赤、アン王女は緑というように、荷物用のラベルの色がそれぞれ決まっている。海外の中でも特に第三世界ではホテルのボーイなどが字が読めないことがよくあるからだ。王家の旅行に行くとき、女王は膨大な荷物を持っていく。青い革製で一m八〇㎝もあるキャスター付きの巨大なキャビネットには、パーティー用の洋服がぎっしり詰め込まれている。女王が海外旅行用に特別注文した、やはりキャスター付きの整理ダンスには手袋、ストッキング、ハンカチーフ、下着類などがきちんと畳んで入れてある。同じく青い革製の帽子と靴用の箱には、三〇ほどの帽子とその倍の靴が収められている。革製の大型トランク六個にはたくさんのオーバーコート、スーツ、ドレス、毛皮でいっぱいである。

盛装用の衣裳は別のトランクで運ばれる。クロコダイル製の深紅の化粧用キットには、ブラシ、くし、手鏡、パレットなど三〇ほどの必需品が入っている。細長いユニークな形のスーツケースには、多数の傘や持ち手に象眼細工が施された日傘がなめし皮で大切に包まれて保管されている。莫大なワードローブを管理する王室の衣裳係は、持参する衣類やアクセサリー類に一点のシミもしわもなく、決められた場所に収められているかを確認し、一、二名のアシスタントの侍女の助けも借り、どのトランクにどの洋服が入っているかを、間違いなく記憶しておかなくてはならない。

さらに女王は湯たんぽや羽根枕や自分用の石鹸、大麦糖やミントチョコレートなどの好物も持っていく。彼女は旅の計画を細部に至るまで立てているわけではないが、自分でしなくてはならないことがたくさんある。特に訪問する国に慣れ、紹介される人たちに親しんでおく必要がある。彼女にとっては実に長く退屈な仕事のために、新しい衣裳を注文し試着もしておかなければいけない。短い旅でもしょっちゅう同じ物を着るわけにはいかないので、コート、スーツ、アフタヌーンドレス、カクテルドレスなど、それぞれのセレモニーにふさわしい装いが五〇～六〇着必要になる。公式晩餐会が予定されている場合、盛装は必需品である。このような衣裳は数カ月かけて作られる。訪問国の国花を手刺繍でモチーフにするのもよく行うことだ。すべての装いは国だけでなく季節や滞在場所にもふさわしく、さらに車の乗り降りを妨げず、格調高く遠くからも目立つ物でなくてはならない。

確固たる組織

王家の移動は、いつもある種〈サーカス〉のようでもある。国内外問わず旅行の場合は、少なくとも六カ月前から警備態勢が敷かれる。旅行用の従者、特別秘書、マスコミ担当、警備用スタッフが予定された日程を確認し、宿泊するホテルの快適さと質、使用する交通機関の安全性をチェックする。女王同様にチャールズ皇太子はじめ血縁の王子たちや随行する六〇人ほどのスタッフにも注意を払う。

女王に代わり、予定されている行事を把握しておくのも彼らの役目だ。それぞれの場面で特別秘書のアシスタントはスケジュールを管理し、保安の責任者は警備の配置を確認し、王室支配人は予想される質問への答えを準備し、オレンジジュースはフレッシュな物が好きなことや牡蠣やキャビアなどエキゾチックな物は好まず、ベッドでは壁側に耳を向けるのを好み、公式なセレモニーの前には頭の先からつま先まで見える大きな鏡が喜ばれることや、部屋には公式行事の間に仕事や連絡ができるよう事務机が必要なことなどを伝えておく。フィリップ殿下は風呂よりシャワーが好きで、できるだけ長いベッドが好ましいことも教える。

女王は女官少なくとも二名、特別秘書一名、報道官一名、衣裳係二名、メイド一名、秘書三名、侍従二名、秘書補佐一名、報道官補佐一名、美容師一名、召使八名、医者一名、ボディーガード六名から成る一行を伴わずに旅することはあり得ない。

海外旅行には女王の荷物の他、同行する約六〇名のスタッフの荷物もある。さらに訪問先で配るメダル、装飾品、金のカフスボタン、ブローチ、サイン入りの写真、王室のマーク付きのコンパクトなどの記念品も持参する。総領事からメイドたちやホテルの支配人、運転手、コックたちに渡される土産品もある。

すべては綿密に計画され調査研究され体系化されている。カードに書かれている文字は、各々の機会に応じた洋服を現している。ＤＪはパーティー用の服、ＬＤはロングドレス、Ｕはユニフォーム、ＬＳはカクテルドレス、ＤＤは昼間のドレス、ＴＩは舞踏会用のドレス、Ｔはティアラ、Ｄは装飾品。もちろん組み合わせても使い、例えばＬＤＴはロングドレスとティアラを意味する。

訪問する都市ごとに女王の装いは前もって使用人たちに伝えられ、彼らは急いで部屋に入り、バッキンガム宮殿の邸宅にいるときと同様にくつろげるよう家具を移動する。この大騒動には現実的な理由がある。女王はスケジュールが時間通りきちんと行われ、すべての物があるべき位置に置かれていることだけを望んでいるからだ。

ドレッサーの上には常に右側にヘアブラシ、左側に洋服ブラシ、真ん中に手鏡が置かれ前には化粧品がパレードのようにきちんと並べられている。執務室でも同じように、吸い取り紙が正面に便せんの箱は後ろにペン皿は右側にメモ用紙は左側に、そしてどこにいても彼女を追いかけてくる公用文書の箱は一番右に置かれている。旅行用の整理ダンスは洋服のキャビネットの中にあり、アシスタントが引き出しから出したハンカチーフやストッキングや下着類を急いで並べ、女王が次の公式行事で着る衣類を素早く広げてテーブルの上でアイロンをかける。

女王の化粧品は訪問先の国と季節によって変わる。例えばインドの標高の高い地域では日焼け止め入りのリキッドファンデーションを、湿度の高い国々ではマットに仕上げ塗り直さなくてもよいようにパウダーファンデーションを使う。日差しのきついオーストラリアでは、蜜のような輝きのある普段使いのピンク色のパウダーを用いる。

女王の秘書がすべてのプランを立てる！

「王室のメンバーに説明することを想像してください。まずは皇太子であるとして、握手を交わしてみます。花束を受け取るタイミングを覚え、要する時間を考えながらゆったりと歩いてみる。休憩のたびに、次に誰が来て、誰が座り、誰が立ち、何を話し、それが何分かかるか、正確に理解しておかねばなりません。数十ページに及んで書かれている分刻みのスケジュールのすべてを、綿密に準備しておかねばならないのです」

女王の訪問を受けたある製造業者の娘はこう証言している。

「父は工場を経営しています。ある日、女王は工場に昼食をしにいらっしゃることになり、訪問予定の数カ月前に宮殿の担当者たちが打ち合わせにやってきたのです。誰がどこに座って、いつ何を話し、どのくらいの時間がかかるかとか。食事については話し合うだけでなく、実際に作って出しました。訪問直前になってまたリハーサルをして、もう一度同じ料理を用意しました。私はジプシーを訪ねたアン王女が、その清潔さに驚いたという話を思い出しました。確かにきれいだったでしょう！　王室の人たちが訪問する場所は、どこでも掃除が行き届きガラスのようにピカピカに磨きあげられているのです。ロイヤルファミリーのメンバーにはわからないでしょうが、私たちにはすべてがお芝居のように見えます。何もかも磨かれ、誰もかれも最良の日であるかのようにふるまいます。彼らはほとんど現実の世界を見ていないのです。全く何も」

行き過ぎた心遣いは時として滑稽である。ある日、女王夫妻は植樹を行うことになっていた。セレモニーの予定時間は一〇分だった。現場の責任者たちは、ロイヤルカップルの靴を汚さないようにと、そのセレモニーのためだけに四〇〇メートルに渡って芝生を植えた。この贅沢なカーペットは、彼らが出発するとすぐにはがされた。さらに細かいことにうるさい役人はフィリップの車が迂回せずに済むように、街の主要道路である車道の中央に作られていた安全地帯を取り壊してしまった。女王が到着する駅は、女王の目を刺激しないように優雅な青いカーテンで覆われ、〈歓迎〉と書かれたプラカードを持った職人たちが待機していた。

女王は務めの大切さを意識してはいたが、海外旅行がどれほど周到に準備されているかを見て楽しんでもいる。オーストラリアでの公式昼食会の間に、彼女は昼食の終了時刻は一四時で出発は一四時一七分に予定されていることに気づいた。好奇心を刺激された彼女が説明を求めたところ、席を立って建物の入口に向かい優しく握手をして出発するまで、ちょうど一七分かかると答えられた。女王が歩く道は前もってストップウォッチを使い、繰り返し計測されている。女王は皮肉交じりに言わずにはいられなかった。

「コーヒーをこぼさないようにしなくては、おかわりを頼む時間はありませんからね」

女子マラソン

即位後五〇年間に訪ねた旅先で、女王はさまざまなものを味わった。シカゴではホットドッグ、トンガの島ではローストポークを現地の習慣に従い指で食べ、フィジー諸島では石鹸のような味のするカヴァという地酒を飲んだ。オーストラリアでは羊の刈りこみを見学し、ニュージーランドではマオリ族の戦いの歌を聴き、アフリカでは戦いの踊りを、カナダのカルガリーでは〈スタンペッド〉という人が群がる祭りを、アメリカではサッカーの試合を観た。まさに地球の旅人であるが、災難に遭遇したことはほとんどない。唯一ニュージーランドでは驚かされた記憶がある。一九五三年に国家行事として旅行した際、彼女は一万三〇〇〇人の人びとと握手をし、一五七回スピーチを行い二七六回スピーチを聴き、一五三回レセプションに出席し、五〇回舞踏会で踊り、一三回除幕式を行い、六本の木を植え五〇〇個以上の花束を受け取った！　まさに女子マラソンだ…。

一九六一年、インドでは象の背につかまり椅子に腰かけカラフルなパレードに参加し、大いにご満悦だったが、BBCのコメンテーターが、女王がインド人のホストと「象眼細工を施した椅子に座って」と言うべきところを、「抱き合って座って」と間違えて言ったのを聞いたときには笑いが消えた。

公式訪問中はどんな状況であれ、女王は冷静さとユーモアを失わずにいる。それが二カ月に及ぶ快適な世界旅行を真に有意義なものにさせているのだ。時折、地方独特の習慣で奇妙な状況に遭遇することはあるが。暑い国々では彼女は誰にも気づかれないうちに、日光で焼かれ首の回りに跡がつかないように真珠のネックレスを外している。旅から旅へ、彼女はさまざまなことを学ぶ喜びを感じている。彼女の持って生まれた観察力を発揮することもある。随行した一人が語った。

「彼女はあらゆる所を見ていて、いつも何にでも気がつくのに面喰わせられます。ある公式晩餐会の日、地元の名士に紹介された女王は〝今日群衆の中であなたを二回見かけました〟と言ったのです！」

女王に会った人たちが皆あがってしまうのは、旅行中によく見られる光景である。私設秘書は落ち着かせようと努めるが、女王に魅せられ、話しかけても聞き取れず、言葉も交わせずに立ちつくし、金縛りにようになってしまう人も少なくない。驚きのあまり黙りこくってしまわないため、女王が旅先でよくする質問を列挙しておこう。

「随分長く待っていましたか？　あなたのお役目は何ですか？　お仕事は何ですか？　ご出身はどちらですか？　いつからお仕事をしていますか？　この建物は何時代の物ですか？　面積はどのくらいですか？」

正確に答えられる質問ばかり…。女王は立場にふさわしく淡々と役を務めているが、女王自身がそれを案じている様子を見せてはならないのだろうか？

公式訪問中にはいろいろなことが起きる。一九八五年春、イタリアに滞在していたチャールズとダイアナは、イタリアの上流階級との付き合いに苦労していた。人を押しのけてなんとか夫妻に近づこうとしている貴族の姿は、イギリスのマスコミを喜ばせた。イタリアの二〇〇人のプリンス、二二六人の公爵、五一八人の公爵夫人、一〇〇人の伯爵が、招待状をもらえないのではないかと気をもんでいた。夫妻を前にして招かれなかった貴族たちの苦い思いを延々と語る人もたくさんいた。

エディンバラ公は旅行中、時どき無神経な発言をする。一九八六年の秋に中国を訪れた際、女王は閉ざされた北京の街に「魅了されている」と言ったが、夫君は「北京は死ぬほど退屈だった」と漏らし、イギリス人の学生のグループに「もっと長くいたら、君たちの目は切れ長なつり目になっちゃうよ！」と失言した。

笑いは時どき伝染する。女王家の一人の話。

「私はエリザベス女王のそばにずっと立っていました。セレモニーの最中に何かが起き、私は笑いをこらえ切れなくなりました。それは芸術的なロイヤルスマイルを浮かべた仮面をかぶっているエリザベス女王にも伝染してしまいました」

このような場合、女王は父親譲りのユーモアのセンスで乗り切っている。女王が次の受勲者に気づかず一人の男性に二つの勲章を授けてしまったとき、彼女はジョージ六世がうっかりコーンウオール公国とランカスター公国の人を混同して叙勲したことを思い出した。王は改めて叙勲をし直し「あなたは引っ張りだこのようですね！」と言った。

ロイヤルファミリーが唯一恐れているのは旅行前に病気になることだ。伝染病にかかった場合、旅行は自動的に中止になる。その場合、女王は夫を訪ねずに電話で話す。健康上の理由で王家の約束をキャンセルすると、頭痛の種になるような悲惨な結果を招くからだ。

ロイヤルファミリーでパスポートを持っている人の中には皇太子もいる。女王は持っておらず、彼女の荷物には金色の文字で〈THE QUEEN〉と書かれ、もちろん税関を通ったことはない。

特別な交通手段

一九九八年以降、一家はブリタニア号に対する財政的な優遇措置を諦めた。女王は一九五三年の進水以来、このヨット（一二五メートル、五八六二容積トン、二一ノット、二一人の航海士と二五六人の乗組員）を大切にしていた。エリザベスは公式なレセプションも見知らぬホテルや大使館邸より、ヨットで開く方がずっとくつろげたのだ。そこは礼儀作法にとらわれず、招待客を自然の中で迎えられる素敵な場所だった。プリマス海岸で退役繋留したときには、ロイヤルファミリーのメンバー全員の目に涙が浮かんでいた。

幸い列車は残っているが、維持には確かに少なくとも五万四〇〇〇ユーロの経費がかかる。即位二五周年記念の一九七七年、女王はバッキンガムシア内のウォルバートンに停車していた王室列車に乗って、国中あますところなく踏破した。

女王用の車両にはメインゲート、両開きの二重扉、サロン、寝室、衣裳係用のバスルームがある。殿下用の車両もほぼ同じだが、浴槽の代わりに小さめのシャワーが設置されている。夫妻は改装したときにカーテンやカーペットやソファを選んだが、それ以外はバッキンガム宮殿の家具を使った。

王室列車を愛し、頻繁に乗っているのはチャールズ皇太子だ。一九九六年に改装された彼の車両は楓《かえで》とマホガニー製である。ロイヤルコレクションから選んだ二枚の絵画が青いソファの上方に飾られている。王室列車が運行するときには、障害物がないかを確認するため常に二km前を蒸気機関車が走るので、他の列車の運行ダイヤは混乱する。

女王は〈彼女の〉列車を非常に気に入っている。列車に乗って最初にするのは、靴を脱ぎソファに座り、足をのばして疲れた筋肉を休めることだ。線路沿いには大勢の人が集まり、三回笛が鳴ると出発の合図だ。靴を履き直す間もなく、女王は急いでプラットフォームにいる人たちの拍手や歓声に応える。彼女はソファに座っている間もじっとしていることはなく、手紙を書いたりクロスワードパズルを解いたりしている。フィリップは頭の下にクッションを置き、体を伸ばして眠るのが好きだ。彼は目ざまし時計がなくても、望む時間きっかりに起きることができる。

王室のヘリコプターは別の特権である。女王の有名な赤いヘリコプターは、航空上の規則外の特例が認められている。例えばロンドンでは、王室以外の個人用のヘリコプターはテムズ川上空を飛ぶことを禁じている。ロイヤルファミリーはこの便利な交通手段が好きである。皇太后は高齢にもかかわらず、あらゆる機会に利用している。チャールズと二人の子どもたちは、安全上の理由から決して一緒には乗らない。女王がヘリコプターに乗るのはごく稀である。

一九八一年、女王のアンドーヴァー飛行小隊がガットウィック空港を発ち、マイアミに向かっていた英国航空のボーイング七四七機と衝突しそうになったときは、非常に動揺した。しかし、女王を激怒させたのは、直接関与していない夫が責められているのを耳にしたことだった。操縦していたのはフィリップではなく機器は正しく飛行していたが、ボーイング機が五分早く出発したのだ。

女王の飛行機はオックスフォードシアのベンソン基地に置かれ、クルーは常に英国空軍のボランティアから選ばれる。コーナーにはふわふわのベッドが備え付けてあるので、ロイヤルファミリーは時差に苦しまずに済む。

一家の旅行にかかる経費は二〇〇〇年には九〇〇万ユーロだった。女王は出費に目を光らせ続けており、二〇〇一年にアン王女が九日間のインド旅行に三五万ユーロを使ったのは明らかに行き過ぎに見えた。チャールズ皇太子がシェットランド諸島で行われた花の展覧会出席のため、ヘリコプターで往復した経費八万四〇〇〇ユーロも同様である。

車で！

女王は列車か飛行機かヘリコプターで移動する。

「おっしゃる通りです、奥様」

ある日サンドリンガムに向かう途中で、彼女の乗った車が歩いていた女性にうっかり泥をかけてしまい、「このろくでなし！」と怒鳴られたとき、女王は小さな声でそうつぶやいた。

イギリス人たちはロイヤルファミリーのメンバーが、しょっちゅうスピード違反で捕まっているのを知っている。アン王女は結婚の翌年に違反し、夫のマーク・フィリップスやマーガレット王女の息子リンリー子爵も捕まったことがある。マスコミは交通違反調書を持った息子と王女が車に同乗している写真を公開した。ダイアナ妃は駐車違反をしたが、警察は追及しなかった。ある警官は一台の車が縦列駐車している所に割りこもうとしているのを見て、下がるように合図を送った。運転していたのはアン王女だった。彼女は後から「そうすべきでした」と謝った。もし、普通のナンバープレートをつけていたら、ロイヤルファミリーのメンバーが優遇されることもないだろう。

女王は短距離の移動には車を利用する。旅行には豪華なロールスロイスと同じくらい緑色の古いローバーもよく使う。一人のときもお伴を連れているときも、白バイにエスコートされて移動するのは好きでなく、ひっそりと静かな方を好んでいる。公式旅行の場合は沿線と交差点には警官が配置され、車が近づくと他の車は一時停止する。それは王室の他のメンバーにも適用される。非公式のときには、できるだけ簡単に移動するようにしている。ウィンザーで週末を過ごすときにはローバーの前の座席に運転手とボディーガードを座らせ、女王は後ろの席にできる限りたくさんの犬たちを連れて乗る。

一家はがっしりして乗り心地の良いランドローバーを大切にしている。エリザベス女王は二、三台所有し、パレードに使うこともある。大量生産された車だが、ボディは女王のカラーのダークグリーンである。女王は市内では無理だが田舎では時どき運転する。免許は戦時中、イギリス南部の自動車輸送訓練キャンプにいたときに取った。ランドローバーのほかに彼女はフォード・グラナダを二台、古いヴォグゾールを二台、オースティン二台、ローバー三五〇〇を一台、ルノー五を一台持っている。彼女が真剣に使い続けているナンバープレート〈JGY280〉は、一八歳のときにジョージ六世に贈られた車のナンバーなのは疑う余地がない。チャールズ皇太子も二七歳から乗っている古いアストン・マーティンを手放せずにいる。彼のガレージには他にベントレーとレンジローバーとジャガーがある。

これらの車はすべて真の宝物である。イギリス人にとり車は大きさや豪華さに関係なく、空想の産物と言うより生活に密着したものである。テキサスのぽっと出の金持ちや石油王国の王子たちが持っているような派手で安っぽい物とは程遠く、イギリスの車には細部に個人的な好みを現してはいるが、節度を持ち洗練され上品な贅沢さがある。

一九〇七年、エドワード八世は大英帝国自動車クラブを王立自動車クラブと呼ぶよう命令した。それは常に女王の厚い庇護の下にあったが、エリザベスは曽祖父の車への情熱は受け継がなかった。彼女の個人的なコレクションはわずかしかなく、スピード好きのチャールズ皇太子と逆に、時速七〇km以上は出さない。しかし最新のロールスロイスは素晴らしい。色は王室の公用車伝統の茶色と黒である。五・八mの長い車体が特徴で、後部席は女王が群衆によく見えるようにガラス張りである。座席ははね上げられ特殊な照明がついている。女王はバーよりテープレコーダーを置くことを希望し、好きな音楽を録音している。軍隊のマーチ！

女王がイギリス国内の旅行に使用するロールスロイスは、世界で一番豪華な車に入る。ボディは丁寧に二〇回繰り返し、心をこめて黒く塗られている。どんなに短時間で宮殿の門から出なくても、使用後は毎回丁寧に洗車して磨く。道で群衆にもまれ、かすり傷をつけられることは避けがたく、ボディの塗装は定期的にチェックする。王室の車（前と後にグランドーブルターニュ通通行許可のナンバープレートが付いている）にはパトカーが天井につけているのに似た青いウインカーがついている。いずれの車にも王室旗がはためいている。ラジエーターのキャップには聖ジョージがドラゴンをうちのめしている銀製のマスコットで飾られている。オーストラリアでは記念品のコレクターたちが、旗を根こそぎ奪ってしまった。なかにはラジエーターの銀製のキャップを獲得する幸運な人もいる。わずかでも運転手が停車したすきに、ねじを抜いてキャップを取り持って行ってしまうのだ。

ロールスロイスには女王が群衆によく見えるように時別に設計された後部座席のほかに、自動開閉する天井やどの角度からも内部が見えるように透明の仕切り壁が設置されている。夜間は座席のそばにあるスイッチで、蛍光灯をつけることができる。他にも窓や屋根の開閉、運転手との間を仕切るガラスや冷暖房をコントロールできる。

現在の運転手はデヴィッド・グリッフィンという名前で、正確な役職は運転手長である。宮殿には一〇人の運転手がいるが、彼らは至って無愛想である。たぶん王室厩舎に所属し馬の後に位置付けられているためであろう。女王と王室の侍従は馬たちを溺愛しており、ガレージの中にはあまり関心がない。彼らの目には豪華なロールスロイスでさえ馬より劣って映っているのである。

ヒース元首相は、皇太后の車が議会の最後に行う投票に間に合わなかったことに不平を洩らすという失態を演じた。イギリス国民はエドワード・ヒース卿より皇太后を慕っていたので、彼は反感を買った。

マリー・クリスティーヌ・ケント公妃は派手好みのお姫様で、目立つわけでも控え目なわけでもない。一時彼女に仕えていたイアン・アームストロングは証言した。

「ヴィクトリア・アルバートホールに近づいたとき、突然彼女は後ろから〝イアン、皆が私を見られるように、車内の照明を全部つけて〟と言いました。神に誓ってそこには誰もいませんでしたし、ジャガーの車内灯を全部つけるなど、まるで馬鹿げたことでした。そのようなことに向く車ではないのです。私は黙って車から降り、できるだけ早く彼女を下ろしました」

もしエリザベスとフィリップが二人とも車を運転していたら、馬車に対しても気が合っただろう。しかし、エリザベスは滅多に夫に頼ることはなかった。殿下がバッキンガム宮殿の厩舎から出てきたのは二五年間で二回だけの馬車もある。それは一七六一年ジョージ三世のために作られ、ジョージ四世即位の折に使われて以来、ずっと受け継がれてきた。重さ四ｔもあり、屋根には王国と騎士道を象徴する三人の子どもたちに掲げられた王冠が付いている。七ｍの車体は金で覆われ、ジョヴァンニ・バティスタ・チプリアーニの絵画で飾られ、即位二五周年の式典に使われた。女王は議会開催時には、一八五二年に作られたアイルランドの四輪馬車に乗ってウィンザー城に向かう。王家の葬儀や結婚式のときにもこの馬車を使う。

　女王がロンドン市内を暖房なしの馬車で走り回るのは、ますます不便になってきている。オーストラリア国民は建国二〇〇年に際し、冷暖房付きの馬車を贈ることを検討した。その馬車はこれから、あちらこちらで目にするようになるだろう。

第八章　豊かな暮らし

一般大衆とは違い王族は自分たちの金を持たず、金儲けにも執着しないのは、王室を語るのに欠かせない伝説の一つである。それはイギリス人の頭にすっかり定着し、長い間王家は納税を免除され、経済状態に関する秘密は厳守されてきた。

しかし、一九九〇年初頭から王国は深刻な経済不況に見舞われ、エリザベス二世は、納税者たちが本気で腹を立てる前に、王室費を見直し何らかの手を打たねばならない時期が来たと判断した。一九九二年一一月にウィンザー城で起きた火事が転機になった。この被害の修繕のために一ポンドでも支出するのを世論は渋り、女王は城の修繕費用を捻出するため、バッキンガム宮殿の数部屋を一般公開する決意をした。賢明な判断！

異例の納税者

一九九三年四月以降、女王は税金を納めるようになった。しかしジョン・メイヤーが語っているように、女王は王室費と職務の経費については免除されている。イギリス国民は女王が手にしている総額を知らず、他の納税者同様に秘密を厳守することができる。

女王の収入が話題に上るようになり、秘密はあちらこちらで封印された。王室では女王の財産は君主がもたらせた象徴と理解されているので、外部の人びとは沈黙を守らねばならず、いかなる遺言も一般公開されることはない。王家が行う投資は女王の個人証券会社ロー&ピットマンが法的に管理し、冒瀆と見なす貴族もいるが、内容は固く守られている。秘密厳守の理由の一つは誰一人王室の全財産を正確に把握していず、価値が変化するため評価が難しいことである。皮肉なことに、君主が王国で最も裕福だったのは、憲法がすべての政治的権利を奪ったときだった。一〇六六年ウィリアム一世は、確かに征服した国の〈所有者〉に変わったが、時代の流れと共に君主とその他の人びととの財産の区別は曖昧になってきた。王の権力は減少し、一七世紀には破産したように見えた。ジェイムズ一世とチャールズ一世は金に関する特権を主張し続け、交渉が実を結び一七六〇年王室費が制定された。改革後イギリスの王族は、経済面からみると国有数の土地所有者と同等になり、大企業家たちと肩を並べ最富裕層の一員になった。その現象は国の統一と君主への忠誠に一役買い、人びとは王家の財産に嫉妬しなくなった。王家は上流社会の一角を構成するようになった。

第一次世界大戦後には王より裕福だと自称する、ダービー卿やデボンシャー侯爵のような人びとが存在していた。バッキンガム宮殿は確かに世界一大きいが、かつてはロンドンにある美しい邸宅の一つにすぎず、多くの公爵や成り上がりの億万長者たちが王家にライバル意識を燃やしていた。しかし二度の戦争と課税が豪邸を破壊し、王家の領地は分断されたが、王室費は非課税のままで君主の財産は守られていた。例外的な相続権も適用されていたため、王国の財産は増していった。

王家のメンバーは模範的だったジョージ五世とメアリー王妃に習い、常に行き過ぎた生活をしないよう配慮し、倹約を心がけている。これは、語り継がれているような富に対する貪欲な振る舞いでなく、王室も庶民と同じ悩みを分かち合っていることを示している。

女王は常に節約し、贅沢な浪費家というイメージの払しょくに成功した。指導者は何をすべきか心得ており、フィリップ殿下は王室の機関を立ち上げ、その〈会社〉は円滑に運営されている。バッキンガム宮殿の財力は、女王の王室官房長官ロビン・ジャンブリン卿、宮内長官ルース卿、王室財務官マイケル・ピート卿の戦闘的な巨三頭政治によって守られている。元外交官と元大臣と有名な財務の専門家が、国に仕えるようにこの〈社会〉に仕えている。

彼らへの深い信頼は言うに及ばぬことだ。マイケル・ピート卿は繰り返し同じメッセージを伝えている。

「君主制は国家に何も負担をかけず、自ら資金を調達しているのです」

女王は国家に課せられるべき個人財産を管理しているので、王室は公的財産の財政的援助をある程度行っているようにも見える。女王は年間八千万ユーロ以上の収入があり、疑いなく〈世界一裕福な女性〉と思われている。その発言に対し、王室財務官は女王陛下の答えを伝えた。

「正確に言うとそれは非常に誇張されています」

見事なアートコレクション

王室の芸術品コレクションの市場価格の総額は、女王が世界一裕福という噂を正当化するに充分であるとの専門家たちの意見を避けては通れない。ルーベンス、レンブラント、フェルメール、ホルベイン、ティントレー、ヴァン・ダイク、ミケランジェロ、ゲインズバラなどの巨匠の作品を、デッサン一万四〇〇〇点以上、油絵五〇〇〇点以上所有している。一九六二年にバッキンガム宮殿に隣接された美術館には、そのごく一部が展示されている。

コレクションを始めたヘンリー三世は、数多くの肖像画をホルベインに依頼した。一九二五年に即位したチャールズ一世は目が高く、ティツィアーノと有名なラファエルを購入した。ルーベンスの風景画を受け継いだジョージ三世は、カナレットのベニスのパノラマを描いた作品を熱心に収集した。女王は彼の作品四〇点を所有する世界一のコレクターである。ジョージ三世はゲインズバラの作品三四点も購入し、あとはロンドンのナショナルギャラリーに二〇点、テートギャラリーに一四点あるだけだ。ジョージ四世はヴァン・ダイク、レンブラント、フェルメールを収集した。ヴィクトリア女王は新たにヴィンターハルターに肖像画を注文し、日の出を描いたターナーの絵やゲインズバラ、ホーガース、レイノルドの絵など、その時代の感性を完璧に反映したイギリスの画家たちの作品を購入した。エリザベスはコレクションに、現代作家ジョン・パイパーの作品を加えた。

さらにレオナルド・ダ・ヴィンチのデッサン九〇〇点、数え切れないほどのミケランジェロのクロッキーをはじめルーベンスの〝ラッケンの農場〟、ブリューゲルの〝罪なき人びとの虐殺〟、バッサーノの〝王マグスの崇拝〟、ヴァン・ダイクの〝チャールズ一世の五人の息子〟など、世界中の名立たる美術館が喉から手が出るような傑作の数々を所有している。

アリババの洞窟には彫刻や陶磁器、貴重なアンティークも無数にある。この様子を見た者は、一家が所有している大量の家具や貴重品や武器や絵画や絨毯などで、バッキンガム宮殿の倉庫や屋根裏はもう隙間もなく、買い物や贈り物でさらに溢れ出てしまうのではないかと危惧している。バッキンガム宮殿の数百の部屋はいっぱいで、他の宮殿も飽和状態だ。ウィンザーはほかの七つの宮殿より荷物が少なく見えるが、家具の目録は六五冊に達している。公爵と結婚しイギリスの上流階級の一員になったあるアメリカ人がエリザベスに七点の名画を贈ったが、王室の担当者はつっけんどんに「やれやれ、一体どこにこれを詰め込めば良いのだろう」と言った。

女王の絵画の管理者の目にこのコレクションは〈イギリスの君主たちの傲慢な分析力、悪趣味、直感、友情と憎悪の証し、尊大さ、ほとんど強迫観念の集積〉に映っている。現在の女王の祖母メアリー王妃は、コレクターとして真の審美眼を持ち、中国製のヒスイの小像や価値あるミニチュア製品を数多く所有していた。彼女は財産を豊かにする方法も心得ていた。メアリー王妃は大邸宅に招かれ気に入ったものを見つけると、その前に立ち止まり小声で「私が眺めてあげましょうね」とつぶやく。骨董品の持ち主が意味を理解できないと、帰る間際に「あの素敵なものに、もう一度お別れを言いに行ってよいかしら?」と尋ね、さらに買い取らせてもらえないかと粘る。ほとんどの人はこのあからさまな説得に抗えない。しかしその素晴らしい小箱の持ち主は、ある日女王から電話で最後通告された。「申し訳ないけれどあなたからあの小箱を頂けなくなりましたの。あれは偽物ですから」

バッキンガム宮殿の絵画の間は、かつてヴィクトリア女王時代にはプライベートな拝礼室があり、一九四九年九月一三日ドイツ軍に爆撃された場所に位置している。一九六二年七月二五日、女王は絵画展を開き、ロイヤルコレクションの一部を一般公開した。公式のプレスリリースには以下のように書かれていた。

「女王陛下は一家が大切にしている芸術作品を、もっと身近に国民たちに見て欲しいと常に願っている。今までにほとんどの作品は、別の場所でも展示されている。女王はこのような絵画展を続け、芸術への理解を深めることに貢献できるよう望んでいる」

願いは叶えられた。最初の展覧会には二〇万人以上の人が訪れ、翌年の「王室の子供たち展」には一〇万人、銀婚記念に開催した「フラマンド派の画家たち展」には二四万人もの人が入場した。即位二五周年中の「女王の画家たち展」の来館者は四五万七千人に達した。一九八二年二月には、ジョージ三世が所有していたカナレットの絵画を展示した豪華な回顧展が行われ、そこでは初めて彼の全作品が一般公開された。

現在の女王の絵画管理者は彼の責任下にある数千点の絵画をまじかでチェックできるように、セントジェームズ公園に修復アトリエを建設した。王家のメンバーが執務室用に絵を借りたいときに訪れるのはこのアトリエである。例えば報道官の執務室にはルーベンスの絵が飾られ、アン王女の秘書はゲインズバラの絵画のそばで働いている。それは王室の伝統の良さである。

大衆はバッキンガム宮殿は最高の物で満ち溢れていると想像する。確かに大規模なセレモニー用の立派な部屋は、最も格調高い邸宅に相当するほど見事である。しかし、豪華な装飾のついた分厚い門をくぐると個人のアパートがあり、雑誌に登場する国民が憧れるような贅沢で上品なイメージとは程遠い光景が広がっている。

管理責任者は絵画以外の芸術品の保管のため、サー・ジェフロア・ド・ベレグを正職員にしている。コレクションの中でも、金額に糸目をつけずに買い集めたセーブルの花瓶は人目を惹く。最近も著名な実業家が女王に値の付かない陶器を四つ贈呈し、彼女は丁重にそれを受け取った。

図書館にも一冊一万二〇〇〇ポンドもするような本が一万冊収容されているのは、何と言ったらよいのだろう？　切手のコレクションもある。担当者のサー・ジョン・ウイルソンは、価値もわからないまま整理された数十冊のアルバムを適切な状態で管理しており、非常に珍しい物だけでも相当数にのぼる。宮殿には世界各地から莫大な量の贈り物が届くのは事実だ。

女王は赤と青と呼ばれる有名なコレクションを持っている。赤のコレクションにはモーリシャス島の郵政省が発行した一ペニーの切手が二枚貼られた封筒があり、なかに知事から舞踏会への招待状が入っている。二枚の切手は富を象徴している。またモーリシャス島の二ペンス切手の見本も、非常に良い状態で保存されている。一九〇四年にジョージ五世がこのコレクションを買い求め、数々の珍しい物を集めた逸品として高く評価されている。バミューダ諸島の切手三枚、二〇〇本のバラをモチーフにしたギニアの二セント切手三枚、一八五六年に製造された非常に珍しい四セント切手二枚も収められている。青のコレクションを収集したのはジョージ六世である。彼はこのコレクションのアルバムの装丁を区別するため青にし、多くの時間とエネルギーと金を費やした。重複するがこの二つのコレクションの価値は本当に計り知れない。

王家のコレクションはしばしば、私的財産と言うより国家財産と見なされる。その境は不鮮明なままであり、コレクションは国家の知的財産である、と言葉を選んで慎重に言われている。女王とフィリップ殿下は多数の家具や絵画や宝石を〈相続したり贈られたり購入したりして〉手に入れ、それらは個人の所有物とされている。仮に女王が処分を望めば、誰も止めることはできない。マーガレットはクリィスティーズやサザビーズで、頻繁に宝石類を売却していた。マリー・クリスティーヌ・ケント公妃も絶えず行っている。一方、一九七〇年に王室費の増額を交渉した際、女王は王家の絵画や宝飾、切手コレクションは、個人ではなく国家財産であることを明らかにした。

宮殿は大統領や国王や外交官や実業家や銀行家やアラブの首長などから、絶え間なく押し寄せてくる贈り物の数々の収容場所に苦慮しているのにもかかわらず、ロイヤルファミリーのメンバーは誰にも何もあげようとはしない、と数年前からささやかれている。女王が財産を相続したのは事実であり、彼女はさらに豊かにしていく方法も知っている。ロンドンのジャーナリストは皮肉をこめて言った。

「だから彼女は宝石を買いに出かける必要はないのです。国家の長や何とか気に入られようとしている貴族とか億万長者たちが、贈り物を持って押し掛けてくるのですから」

側近たちは豪華なプレゼントの数々を目撃していた。オーストラリアではホワイトダイアモンドとイエローダイアモンドでできた花型のブローチと三個のオパールと一八〇個のダイアモンドを散りばめたネックレスを、ブラジルではアクアマリンとダイヤモンドのブレスレットを、アフリカでは三〇〇個のダイヤモンドを使ったネックレスを…。

贈呈された物を国家に渡さねばならない元首と違い、エリザベスは自分の物にできるので、ロイヤルコレクションは増えていく一方なのだ！　翡翠やダイヤモンドやサファイヤやルビーをふんだんに使って一六世紀に作られた短剣をプレゼントとするマハラジャに、一体何と言えばよいのだろう？即位や結婚や誕生日や、今ではなくなってしまった過去の儀式のときであれ、贈られてくる品々をどうやって断ればよいのだろう？　エリザベスの宝石に対する情熱は周知のことなので、船の竣工式や工場の建設祝いの出席する際には、必ずきらきら輝く物が贈呈される。マスコミ的に抜群の効果を発揮するからだ。

王冠の宝石

エリザベスの貴金属の個人的コレクションの価値は、世界一であると専門家は評価している。なかでも最も美しいのは、ヴィクトリア女王からアレクサンドラ王妃、メアリー王妃と受け継がれてきた数々の王冠だ。どれもネックレスとイヤリングもセットになっており、山と積まれている王家の財宝を豊かにするのに貢献している。

一番有名な物は？　それは〈ロシアの縁飾り〉と呼ばれているティアラで、エリザベスも愛用している。それはダイヤモンドの繊細な細工を施された小さな長いブローチでできている。ロシアのウラジミール公爵夫人が所有していた別のティアラはダイヤモンドがふんだんに使われ、複雑な渦型をし、女王は梨の形に彫られているエメラルドが気に入っている。三つ目のティアラは〈おばあさまのもの〉と呼ばれ、メアリー王妃用に特別にあつらえられた物だ。アラベスク模様のダイヤモンドの中心に真珠で囲まれたエメラルドとサファイアが揺れていて、メアリー王妃は大変気に入っていた。

ヴィクトリア女王時代の一九〇一年、宝飾のコレクションは約五〇〇万ポンドと推定され、メアリー王妃は二五年の間に資産を著しく増やした。現在のの資産価値はどの位に評価されるのだろう？　カルチエなど正確な価格が不明な物もあるが、一九〇四年以降特権を持っていたカルチエを、エリザベス女王が王室ご用達業者のリストから外したのは事実だ。リストは長い時間をかけて改訂された。その後三年間カルチエは会社を維持するため王家にいくつかの王冠を販売し、女王の機嫌を損ねることなく、再び王家のお気に入りになりたいと願っていた。ある有名な宝石商がこの状況を説明している。「王家は既に膨大な宝飾品を所有していたので、もう買う必要がなかったのです」

結局、大量の製品を市場に流出する方針が、女王の気持ちを離れさせたのだ。ワルスキーやウィンザーのハロルド・コックスやガラードは王室ご用達のままである！

もちろん王家の逸品の数々は売ることはできないので、〈聖エドワード〉のような歴史ある王冠は、ロンドンタワーで鑑賞するしかない。一六六〇年に即位したチャールズ二世のために作られた純金の王冠は、ダイヤモンドとルビーとサファイアとエメラルドと真珠で飾られている。これは極端に重く戴冠のときだけしか、かぶることができない。あまりにも重く感じたヴィクトリアは、同じように豪華な装飾を一キロを超えない範囲で施した軽い王冠を、新たに作らせた。聖エドワードの本物の王冠は、管理責任者の元で万が一に備え、クッションの上に置かれて保管されている。

戴冠式に登場する別の王冠〈王家の地球〉は、金製の球形で中心に真珠を散りばめた二本のラインがあり、その間にダイヤモンドで囲まれたルビーとエメラルドと巨大なサファイアがはめ込まれている。十字架のついた有名な王杖もある。宝石を豪華に使ったこの金製の杖は、チャールズ二世のために制作され長さ約一m、上に彫刻したアメジストの地球が付いている。その上の十字架の中心には世界一美しいとされるエメラルドが施されている。地球と十字架が乗っている〈アフリカの巨星〉と呼ばれている見事なダイヤモンドはエドワード七世に贈られた物で、彼が王杖に加えることを決めた。

〈アフリカの巨星〉の原石は不純物が全くなく五三〇カラットである。女王が望んだとしても、到底ペンダントにはできない。

絵画コレクションと違い、バッキンガム宮殿には宝飾品やダイヤモンドの管理責任者はいない。逸品が並べられている二つの貴重な宝石箱の鍵を持っているのは、女王の衣裳係か側近のスタッフである。

しかし何度か失態を演じたこともある。一〇年前にはロンドン警視庁の警官が一四週間、計二〇〇時間を費やして、女王所有の宝石箱の一つを捜索し、バッキンガム宮殿の職員たちも尋問を受けた。この情報はマスコミに漏れてしまったため、警察のスポークスマンは困惑の表情を浮かべながら、女王の宝飾品を大々的に調査中であると否定できなかった。もともとは単なる〈思い違い〉から発したとマスコミに公表されたが、スタッフに全く冗談のような様子はなく、女王の貴重品の入った箱は確かに紛失した。ロンドン警視庁は損失額は八五〇万ユーロに上ると推定した。

またウィンザーでは、衣裳係がロイヤルファミリー全員の宝飾品リストをきちんと読んでいなかったため、トラブルが発生したことがあった。それは宮内長官の執務室に納められていた。彼女は王冠を忘れたことに気づくのが遅すぎ、女王の女官に頼んで一つ借りるしかなかった。エリザベスは少なくとも二〇点程の王冠を持っているとは、常識では考えにくいが…。

女王が旅するときは宝飾品の大半を持っていく。それらは長さ約七五㎝、幅二五㎝、深さ五〇㎝の分厚い茶色の革製専用ケースに入っていて、〈THE QUEEN〉と黒い文字で書かれた布製のカバーで覆われている。運ぶのは召使の役目で、緊張のあまり震えているのがよくわかる。かつての召使ラルフ・ホワイトは公式旅行中に演じた追跡劇を記憶している。

「それはニュージーランドでの出来事でした。女王はニュープリマスのホテルで一晩過ごし、翌日の午後フィリップ殿下とウエリントンに向かって出発しようとしていました。私はホテルのロビーにいました。数分後女王の衣裳係が階段の手すりに頭をもたれかけ、私に〝スーツケースを見ましたか？〟と尋ねました。〝いいえ〟と私は答えました。〝見つからないのです〟彼女は言いました。私は階段を駆け上がり、一緒に女王の部屋まで行きました。私たちは引き出しの中や浴室やベッドの下まで、ありとあらゆる所を探しましたが無駄でした。ホテルの支配人が現れ、見当たらないスーツケースのことを説明しました。その直後に彼女が言いました。〝兵隊たちが他の荷物を探しに来ませんでしたか？　彼らが運んだのではないでしょうか？〟私たちは一番重い荷物を運ぶのをニュージーランドの兵隊に頼んでいました。私は急いで一階に行きましたが、トラックは既に去った後だったので、車を頼み彼らを追いかけました。しかし女王を見送る群衆たちに足止めされ、空港に到着したときには手遅れでした。荷物を積んだ飛行機は既に飛び立ってしまったのです。残されていた解決策はただ一つ、我々も飛行機に乗ることでした。追跡は続き、私たちは午後遅くなってから、女王が翌週滞在を予定していたウェリントン知事の邸宅に着きました。先に下ろされていた荷物の山が階段を占領していました。不審な様子はなく、私はすぐに貴重品のスーツケースを見つけました。私はホッとして大きなため息をつき、女王の部屋に上がっていきました」

ウィンザー家の財産

一家に相続財産があるのは周知のことである。反君主制の急進派議員の一人ウィリアム・ハミルトンは、一九七〇年代に流れていた情報について語っている。

「女王も我々同様、大英帝国が課税を導入した一八九四年以降も全く納税を行わなかった君主たちが蓄積した富で世界一裕福な女性の一人であると認識しています。女王は優しい微笑の下に、計算に長けたビジネスウーマンの顔を隠しているのです」

職務を遂行する上で、王の個人的な経費には一三九九年以降伝統的にランカスター公領の収入が充てられていた。公領には広大な農作地と所有地が含まれ、特にロンドン郊外、テムズ川沿いのストランド上流リージェント通りとカールトンハウスの間には、巨大な不動産を所有している。ソーホーの会社は、公領内にある多数の邸宅の家賃を収入に加えることで、王室の生活の維持に間接的に協力していると暴露した。女王が所有しているサンドリンガムとバルモラルの城は、一億一五〇〇万ユーロの価値があると推定されている。一年前から経済コンサルタントたちは株等の投資先を、インターネットやバイオテクノロジーに分散し、一億三七〇〇万ユーロの収益をあげている。メアリー王妃から相続された芸術品や競馬馬や宝飾品のコレクションや王家の切手コレクションは、一億五三〇〇万ユーロと評価されている。

一方、チャールズ皇太子は王の後継者としてコーンウォール公領の収入の恩恵にあやかっている。皇太子が名誉職であるとしても、コーンウォール公領は莫大な配当を彼にもたらしている。五万一〇

○○haの土地には八○○haの森林、ゴルフ場三カ所、クリケット場一カ所、銅とヒ素の鉱山、そして刑務所まである。エドワード三世から受け継いだ皇太子は、現在税金として一部を政府に納め、残りを個人的な経費に充てている。彼には王室費は必要ないのだ。

女王は英国以外にも莫大な資産を所有している。誰も知らないことだが！　それはドルに換算しなければならない。主要な投資はニューヨークとスイスで行っている。例えばアメリカのある有名な建築物の所有者がイギリスの女王なのは周知されている。女王は優秀な実業家たちからアドバイスを受けている。

数百万ポンドの予算を持っているロイヤルファミリーは、もしウィンザー家に欲張りな女性がいたとしても、行き詰ることなくやりくりすることができる。女王に習って納税の決意をしたチャールズ皇太子や他のメンバーは、収税吏と共に見積り課税の承認を受けた。君主たちは明らかに相続権を所有しているので、バルモラルやサンドリンガムのような資産は、無傷で世代から世代へ綿々と受け継ぐことができる。

〈透明化〉の姿勢から、イギリス国民は今後王室の園遊会や城のメンテナンスの費用の総額も知る権利があると考えている。一九八三年に初めて実施して以来、王家の〈予備費〉は管財人の報告書で分析されるようになった。国民は王家のガレージにある五台のロールスロイスに五万九二七八ユーロかかることを知った。議会による投票のみで制定した王室費の現在の支出は、総額八四九七万八四四八ユーロのうち、ごく一部の九六四万一一二九ユーロである。毎年三回合計二万五○○○人を招待して開催する園遊会は、女王の大きな支出の一つで、三四万九一四七ユーロの予算を計上している。〈王家の料理〉の項目も大きな位置を占め、四八万八六四六ユーロと報告されている。

納税者はバッキンガム宮殿の暖房費を支払い、ラジエーターは常に作動しているが、女王のスタッフの住宅はいつもうすら寒い。ステファン・バリーは女王が電気に関して行った節約について語った。「ある日バルモラルで、私はタワーの入口に腰かけていました。スコットランド特有の薄暗い昼下がりで、召使と私は玄関の三つの照明をつけました。女王が犬たちとの散歩から戻ってきて、玄関に入るとため息をつき、何も言わずに壁伝いに手を伸ばして三つのスイッチを切りました。それからまた外出し、私たちは薄暗がりの中に取り残されました。彼女がどんどん遠ざかっていっても、私たちはまた明かりをつけようとはしませんでした」

しかし、各省への負担に関して、祖先の人びとの目にエリザベスは浪費家に映るだろう。女王の航空会社の費用は防衛省、電話料はイギリス郵政省、宮殿や邸宅のメンテナンス費は環境省が管轄する。

王室費は一〇年ごとに見直される。女王の〈給料〉は、一七世紀に王が議会に先祖代々の領土を与え、代りに資金所得を要求してから支払われるようになった。現在は女王、皇太后、エディンバラ公の三名の給料は、納税者が賄っている。チャールズ皇太子にはコーンウォール公領の収入があるので、一切王室費は受け取っていない。

祖母のメアリー王妃は王室の富を築くのに大きく貢献した。彼女は晩餐会に出席するときには、召使に口の開いているワインを持ってくるよう命じていた！　別のワインの話。チャールズ皇太子はスタッフをクリスマスランチに招待するとき、普通はサヴォイやドーチェスターホテルに行くのだが、バッキンガム宮殿の酒蔵からワインを持ってくる。昔の運転手が打ち明けた。

「彼は〝レストランのワインは高すぎるから〟と言いました」

女王の夫君が心配するので、皆は目を伏せた。

一家にはうんざりする物がある。宮殿の三階にある古い洋服が詰め込まれたたんすの山である。女王は古着をチャリティーに出すと言われているが、事実ではない。全部とっておくのだ。同じ階には、エドワード七世時代の制服が収められたブリキの缶が無数にある。当時ロイヤルファミリーのメンバーには、ヨーロッパの軍隊の名誉ある地位が与えられていたため、元帥や大佐や海軍大将の制服を着ることがあった。近衛兵博物館は苦労してこれらを見つけ出した！　女王の父ジョージ六世の衣服も保管されている。多くのメイドたちが全部を処分しようと夢見たが、皇太后の監督下にあったため誰も言い出せずにいた。

ウィンザー家の〈しみったれ〉が、歴史的価値の存続の意味を勘違いしたエピソードを紹介しよう。一九四八年一二月一五日に行われたチャールズ皇太子の洗礼式で、高齢のメアリー王妃は言った。

「私は曾祖母になれて心から嬉しく思います！　私は一七三〇年にジョージ三世が贈った食器類と銀製のタンブラーをベビーにプレゼントしました。私の曽祖父からの贈り物をひ孫に贈ったのです」

チャールズ皇太子の初めてのおもちゃは、祖母の生家が贈った象牙製のガラガラだった。さらに驚くのは、このガラガラにはウィリアム王子の歯形もついていることだ。子どもたちの洋服も次の殿下妃殿下に引き継がれていく。確かに最高の品質なので決して傷むこともなく、多くのスタッフが管理している。ロイヤルスタイルは非常に伝統的なので流行遅れになることもあり得ない。

人に物をあげることは全くしない。紋章のついた便箋でさえケチケチと配られる。シミのついたテーブルクロスは注意深く洗ってきれいにしなくてはならず、修繕できる物を捨てることはない。プリンスたちは「これはひいおばあ様のものでした」と言うのを好み、買い直す必要はないという。

買い物をするときロイヤルファミリーの何人かは、値引きの交渉をし、御用達業者はしばしば厳しい要求に応じている。あのように上品な女王陛下はけちなのだろうか？

「彼女は衣服にお金を使うのが大嫌いで、ためらいなくディスカウントを要求します」

女王のスタイリストの一人、ハーディー・エイミスは言った。バッキンガム宮殿には二五年前から、女王のワードローブがすべて保管されている。ナフタリンの匂いがするだろう…、マーガレットに着てもらうことは考えないのだろうか？　王女が姉の洋服とよく似た装いで現れたことは四回ある。洋服の専門家が綿密に調べたところ、その主張は正しいとイギリス的な素晴らしさで証明された。

バッキンガム株式会社

著作権使用料を求めたバッキンガム宮殿は、ブランドマークを流出させた！　王室の積立金再建のための対策はどれも良好だった。完璧なビジネスウーマンの女王陛下は、バッキンガム宮殿のマークを市場に出し、一方、チャールズ皇太子は彼の領地であるハイグローブ地方の産物を商品化した。王室のエチケットや儀典の決まりごととはかけ離れ、エリザベス二世は石鹸、紅茶、チョコレート、ビスケット、ジャムなどの製品をどんどん増やしていった。あの優雅で上品な女王陛下の切手も発売された！

夏期に行うバッキンガム宮殿や宮廷の公開も、一つのステップに過ぎなかった。二〇〇〇年七月、女王はバルモラルとサンドリンガムのマークを〈英国商標登録〉した。またデボンシャー侯爵がチャッツウォースの領地で行い、チャールズ皇太子も実施していることに刺激され、ウィンザーの領地に店を作り、直接農産物を販売した。

宮殿の一般公開と、宮殿内や厩舎内の店で一年中販売されている〈バッキンガム〉ブランド製品の売り上げで、ウィンザー株式会社は頭角を現した。管理やマーケティングや収益や用語の使用をめぐり、良かれ悪しかれ王室の豪華さがついて回るのだけが問題である。

「私たちは君主のように贅沢で豪華な生活をできる身分なのですか？」とは世論調査で定期的に出てくる質問である。

二〇〇二年の即位五〇周年記念祭典では、人びとが興味を持つ内容の企画を提供し、時代錯誤のロールスロイスの効用を確認させなければならない。社会学者のダグラス・リバシッジが書いているように、立憲君主制には先人たちが醸し出してきたような華やかさが必要だ。その長い系譜を顧みると、豪華さを強調したアピールには、未だに人目を引く効果がある。それは偉大な過去が、将来のために築いた確固たる基盤なのだ。エンブレムに支えられた英国人は明らかに他の国民とは異なり、自分たちは優れた人種で不滅だと思っている。君主制に傾倒している社会学者やジャーナリストや外国の作家たちには、権力を持つ王家が過去の人びとが外観を整えるために作った赤字を清算している、という共通の意見を持っている。王室費は太古から続くしきたりの維持に資金調達していると同時に、我々の縦横無尽な想像力を満たすためにも使用されている。たとえそのために莫大な経費がかかっても。

デヴィッド・キャメロン政権による現行の緊縮政策は、女王に犠牲を強いている。危機的状況下では細々した経済対策はなく、予算の増加は大々的な議論を呼ぶ。現在王室費の値上げは凍結され、二〇〇六年、女王と意見が合わない場合、政府は補助金の支払いを停止し、固定資産を直接管理する権利があることに同意して、宮殿の財政点検を中止した。六年前から君主制の機能にかかるコストは実質的に減少しているので、ダモクレスの剣（戦々恐々とした）状態である。

一方、宮廷の大蔵大臣アラン・リードは、「我々は君主国を軽視したいのではなく、価値ある良い関係を築きたいのです」と繰り返し言っている。あるときジョージ六世はロイヤルファミリーを〈会社〉と呼んだ。その表現は今も存続し、エリザベス二世は一般とはかけ離れた機構の中で代表者のひな形にすっぽり収まり、他の家族それぞれと大きく関わっている。何事も有効な戦略が成功のカギになる。

第九章　セレモニー

離婚やスキャンダルにもかかわらず、ウィンザー家はあらゆる特権を与えられたイギリスの〈伝統的な〉家族のイメージを首尾よく守っている。愛情、善意、経済観念、礼儀正しさ、義務、すべてが体系化され、王族の多くは似たり寄ったりになっていく。同時に、一家を輝かしく変貌させる公式行事が増していく中で、王室の神聖で壮大な一面を強調する点にも気を配っている。

バッキンガム宮殿では、家族的行事の中にも芝居がかった華麗な儀式がいくつか行われる。宮廷は一致団結して、非の打ちどころのない家族を見世物にする。洗礼式や結婚式や葬儀は、君臨している王室の大いなる時代を示す好機である。大衆は一連の行事に大きな関心や同情を寄せる。そして、バルコニーでの並び方や婚礼のテーブル周辺の様子やウエストミンスター寺院に割り当てられる座席から、世界一素晴らしい家族が抱えている論争や誤解や競争心の影を探る。アン王女はチャールズの子どもの洗礼式で、不機嫌そうな様子を見せた。マリー・クリスティーヌ・ケント公妃は女王の誕生日にバルコニーに姿を見せず、世界中のマスコミがウィンザー家内の軋轢《あつれき》を書き立てた。つまり家族の行事は内部の様子を窺うにはまたとない機会になるのだ。

王室の葬儀

イギリス王室の葬儀が日中も行えるようになったのは、ヴィクトリア女王の時代からである。それ以前は夜間に、厳粛にひっそりと埋葬されていた。一八九七年一〇月二五日、ヴィクトリアは自身の葬儀の計画を立てた。彼女は黒ではなく白で装い、伝統的なヘンデルの「葬送行進曲」も使わず、できる限り慎ましく簡素な葬儀を望んだ。軍隊長の葬儀は軍隊式に行うように命じ、初めに大砲を打ち上げ、棺を花で飾り、〈黒くない〉八頭の馬に馬車を引かせるよう詳細にわたって指示を出し、ヴィクトリア王朝の哀悼を引き起こさせるような葬儀を行うことを拒否した。

その気質は既に、現在の皇太后にも受け継がれている。ある日の早朝イギリス国民は、豪華な葬儀用の馬車がロンドンの街を静かに走っているのを見て驚いた。それは皇太后の葬儀のリハーサルだと伝えられた。豪華で時には感傷的な王室の重要な儀式に関して、皇太后と女王は実施前に詳細を把握しておきたがる。皇太后はマウントバッテン卿の例にならい、弔辞が既に用意されたことをBBC放送で知った。デイリーメイル誌のジャーナリストは、「彼女は本物のプロなので、期待していたかどうかは疑わしいですが、多分ジンかデュボネを片手に、楽しく放送を見ていたと思います」と語った。健康状態が不安定で最悪の事態も予想されるマーガレット王女についても用意周到である。葬儀の役割も既に割当てられている。王室の〈プロ〉として、女王の妹は最後の準備を行った。

スノードン伯爵夫人は葬儀の手はずを遺書に書き残し、封をした茶色の封筒を側近に渡した。「誰も妃が亡くなる前に封を開けることはできません」と側近は言った。書かれている最後の希望を正確に知る人がいなくても、葬儀についてだということはわかっていた。妃は何事もいい加減にするような人ではなかった。常に芝居のように華麗で堂々としていた彼女は、死亡報告の仕方やマスコミの報道内容、女王、姉妹などのロイヤルファミリーが葬儀の際に着る衣服まで事細かく決めていた。

これとは反対に、一九九七年のダイアナ妃の葬儀は緊急に計画された。バッキンガム宮殿は悲嘆にくれるイギリス国民の気持ちを留意し、儀式の実施を遅らせた。あれほど多くの人びとが同じ思いで集まった儀式はいまだかつてなかっただろう。BBCの推定によると、一九九七年九月六日テレビの前でダイアナの葬儀を見守った人の数は、世界一八七カ国二〇億人以上に上った。ロンドンでは老若男女、貧富を問わず二〇〇万もの人びとが道々に並び、彼女の思い出を賛美した。なかには〈国民のプリンセス〉と言われた妃が励ましてきたホームレスや病人やエイズ感染者の姿もあった。葬列の間、ある人は黙ったまま頭を垂れ、ある人は拍手を送り、またある人は花束を投げた。誰の顔も悲しみで覆われていた。

〈亡き人のための、比類なき儀式〉をバッキンガム宮殿は約束した。ウエストミンスター寺院には言うまでもなくロイヤルファミリーと高官たちが集まったが、同時に俳優や歌手や有名なデザイナーなどダイアナの多くの友人たちも参列した。モハメド・アルファイドも招かれていた。宮殿内には反対を唱えた人もいたが、最後の幸福な数週間を息子と共に過ごした人の葬儀に、父親として参列できないとは到底考えられなかった。それは彼に与えられた最後の名誉であった。

葬儀の中で最も衝撃的だったのは、BBCは公開を望まなかったが、エルトン・ジョンがピアノを演奏し亡くなった母親のために作った曲を聴き、ウィリアムとヘンリーが涙を浮かべた場面だった。

その瞬間二人の子どもたちの涙は人びとの涙と混然一体になった。ダイアナには既に王家のタイトルはなかったが、イギリス人の心の中に、永遠に王妃として生き続けるだろう。

幸福なセレモニー

誕生や洗礼や結婚などの行事には、バッキンガム宮殿は実力以上の力を発揮する。凍てつくように寒かった一九四八年一一月一四日日曜日、二一時一四分、チャールズはバッキンガム宮殿二階の部屋で産声を上げた。誕生の瞬間、エリザベスは助産婦と麻酔医と四人の医者に囲まれていた。そこに内務大臣の姿はなく、この誕生は古い伝統に終焉を告げるものだった。出産する娘の姿を見られずに済むように、ジョージ六世が昔からの慣習を廃止したのだ。

チャールズ・フィリップ・アーサー・ジョージは二つのタイトルを持ってこの世に生まれた。ジョージ六世は、国王の男児だけが王位を継承できるという勅令を、権限を利用してエリザベス誕生の五日前に改訂した。祝砲が四〇回打ち上げられ、ウエストミンスター寺院の鐘が一万回鳴り響いた。トラファルガー広場は照明で照らされ、群衆が歌いながら柵の前に集まった。

「お休み、私の赤ちゃん、お休みなさい…」

王室の政令で、南極の海峡とエレファント諸島の海峡の洗礼名がつけられた。

洗礼式が行われた一二月一五日、イギリス中が見守るなか白いレースの産着で覆われた生まれたばかりの赤ん坊を抱いた女王夫妻が現れた。エリザベスは二つの小さな手を見て「まるでサテンとレースのドレスの上に置かれた小さな置物のようだわ」と感激の面持ちで漏らした。バッキンガム宮殿の音楽の間で開催された祝宴の間、彼を抱いていたのは、名付け親の若きマーガレット王女だった。

王家の洗礼式は現在では非常にプライベートな儀式になり、簡素に行われている。数十人の招待客が洗礼を見守り、業者に大きなデコレーションケーキを注文し、パーティーは家族だけで祝う。

ヨーク公爵夫妻の長女、つまり後のエリザベス二世の洗礼式は、不思議なことに目立たないように行われた。一九二六年五月二九日名付け親のジョージ五世メアリー王妃夫妻と共に、コンノート侯爵、ストラスモア伯爵、エルフィンストーン夫人、ヨーク公爵夫人の姉が参列した。ヨークの大司教、コスモ・レイン博士が儀式を執り行い、エリザベスはずっと泣き続け、看護婦のアラがフェンネルのジュースを飲ませてようやく泣きやませた。一九八二年、むずかるウィリアムにダイアナは親指をしゃぶらせた。

結婚式はさらに恐るべき儀典の場である。

「姫の結婚は世界的に輝かしい出来事である。輝かしいのは装いが豪華だからであり、世界的なのは結婚がすべての人に共通で魅力的な経験だからである」

一九世紀イギリスのある歴史家が語った有名なこの言葉は、絢爛豪華な光景に一層インパクトを与える。イギリス人たちは、きらびやかな制服を着た騎士たちにエスコートされて、舗装され花で飾られた道を歩く四輪馬車やランドー型馬車の行列、女王や世界中からやって来る皇族たちがドレスをなびかせる優雅な歓喜の雰囲気を決して見逃さない。カンタベリー大司教が厳かに「神の御許で列席の皆さんが見守る中、この男性と女性は結ばれます」と宣言すると、イギリス中が震えるほど深い感動に包まれる。ウエストミンスター寺院の鐘が鳴り響き、心から感動している女王の姿や、バッキンガム宮殿のバルコニーで群衆の喝采に応えるロイヤルファミリーたちの様子を眺めに行こう。

今日、ロイヤルファミリーのメンバーは、結婚前に君主の立会いの下で、公式書類の記載を行わねばならない。それは兄弟たちに怒りを覚えていたジョージ二世によって一七七二年に法律として制定された。エリザベスとフィリップも一九四七年に誓いを立てた。婚礼の儀は各国の君主たちが集まり、今世紀最大規模の一つだったが、フィリップには緊迫した思い出がある。

彼のいとこのデヴィッド・ミルフォード・ヘイヴンは語った。

「私たちはぐっすり眠りすぎ、危うく遅れるところでした。彼は車の中で帽子を間違えたと思いこみ、慌てふためいていました。それは同じ物だったのですが、ふと見るとフィリップが被っていたのは私の帽子でした」

一方エリザベスも緊張の極みだった。バッキンガム宮殿の部屋ですっかり準備を整え、裾を引いた長いドレスを着て宝石を身につけようとしたとき、一番大切な物を忘れているのに気づいた。それは両親から結婚のお祝いに贈られた二連の真珠のネックレスだった。一回目のパニック。彼女はそこからそう遠くないセントジェームズ宮殿で、ネックレスをきちんとしまったことを思い出した。世界一の重責を背負った秘書が、群衆の間を潜り抜け宮殿へ向かって疾走した。宝石を渡してもらうため、彼はロンドン警察の刑事を説得しなければならず、汗だくになり疲れ果てて戻ってきた。おかげでなんとか間に合い、エリザベスはネックレスを身につけた。しかし今度は花嫁のブーケが見つからない！　プリンセスとお付きの者は階下に降り、広間中を探し回っていた。そのとき一人の護衛がある従僕が新鮮さを保つためにブーケを冷蔵室に保管したのを思い出し、事なきを得た。

エディンバラ公は帰りの車中で、シルクのドレスを着て参列した貴婦人たちはウエストミンスター寺院の寒さで凍えそうになり、男性たちも首まで覆うビロードやシロテンの上着で窒息しそうだったと説明し、妻の緊張をほぐそうと努めた。同様のあてこすりは式後の客たちからも聞こえた。

「ああ！　なんて喉が渇いたんでしょう。おなかも空いてしまったわ。いつまでも続くように思えたのですもの。お化粧室はどこかしら？　ハンカチを忘れてしまったの…」

ヴィクトリア女王はスコットランドの不吉な迷信を信じ、子孫たちに五月に結婚するのを禁じていた。マーガレットだけはその伝統を守らず、結果はご承知の通りだ！　アン王女はマーク・フィリップスとの結婚に一九七三年一一月を選んだ。結婚には失敗したが、そのセレモニーは一つの手本になっている。当時女王は、努めてその結婚は国家行事ではなく、家族の儀式だと説明していた。慎ましく行うという指示は一五〇〇名に限定した招待者リストにも及んだ。選別は難しかったと想像できるが、議員はわずかに約三〇名、王室のメンバーもほぼ同数で高官の姿はなかった。王族たちも厳選し、離婚し再婚後間もなかった女王の従兄にあたるドイツ人のハーウッド卿は参列しなかった。

家族的とはいえ結婚式は色彩豊かで、ファンファーレが鳴り響き、化粧し鬘《かつら》をかぶった御者に引かれたガラスの馬車が赤い羽根飾りと金色の胸章をつけた軍隊に導かれ、祝福の華やかなパレードが行われた。一〇時四五分きっかりに、一家全員を乗せた六台の四輪馬車がバッキンガム宮殿を出発した。バッキンガム宮殿からウエストミンスター寺院までの一七分はかなり長い道のりだ！　マークは先に教会に到着していた。二〇〇名のマスコミと一八台のテレビカメラが彼を見つめる一方、寺院の入口では正装した女王の装甲部隊二一三名が微動だにせずに立ちつくしていた。

マークは軍隊の正装用の制服を着ていた。アンが到着し、二人の小さな小姓役、弟のエドワードと従妹のセーラに伴われ、父に導かれ祭壇まで進んだ。未来の妻はパリの専門家によって完璧にメイキャップされ、サテンのドレスには真珠がちりばめられた長袖とプリーツの入ったモスリンの袖飾りがついていた。肩の上には金で縁どりされたヴェールがかけられ、頭にはプリンセスにふさわしいダイアモンドのティアラが乗っていた。彼女は誓詞の中で、夫を「愛し、敬い、従う」宣誓しなければならなかった。近年〈ペチコートの反乱〉と書いたビラがばらまかれ、イギリスのＭＬＦ（女性解放運動）も罵声をあげたが、〈従う〉という言葉は現在でも残されている。レディダイアナはカンタベリー大司教にこの言葉を削除するよう懇願した。

挙式を終えた彼女は母親に会釈してから出口に向かった。ノーマン・パーキンソンが夫と腕を組み微笑みを浮かべたマーク・フィリップス夫人の姿を写真に収めた。それからバルコニーに出て群衆の喝采に応えた。これは欠かすことができない。わずか一五〇名の招待客が豪華な夕食を楽しむことができ、夫妻は足早に両親や贈り物や馬を後にし、ロイヤルヨット、アンティル号に向かった。

一九八一年七月二九日に行われたチャールズとダイアナの婚礼は、社会学者たちの分析の対象になった。王室の演出には変わりはなかったが、結婚が発表されたときに沸き起こったイギリス国民の熱狂的な反響は特筆すべきものだった。当時イギリスの失業者数は二五〇万人で、それは一九三〇年の大恐慌以来の記録的な数字だった。すぐに成すべきことを見抜いたのは女王の功績だったと言える。

つまりこの式典を広く世界的規模の現象にし、豪華であると同時に親しみやすく他に類を見ないセレモニーを計画し、できるだけ多くの人に参列してもらおうと考えたのだ。

記念品の売り上げは四億九五〇〇万ユーロに達した。有名な陶磁器会社ウエッジウッド社は、二人の結婚が極めて厳しい状況にあった会社を救ったと公言した。イギリスは経済危機のどんよりとした時代から抜け出し、国民はレディ・ダイの魅力に屈した。新しく出現した現代的でチャーミングな顔が、イギリス貴族の雰囲気を刷新した。コラムニストは断言した。

「もし女王が王国の存続を願うならダイアナ妃の新鮮さが必要です。チャールズは国家の伝統を継承できても、ダイアナのようにバランスを取る人がいなければならないのです」

残念ながら頻繁にメディアに登場したこのおとぎ話は年を重ねるごとに悪夢に転じていった。一九九二年一二月一〇日ジョン・メイヤーは共和党の議会で夫妻の離婚を発表し、九六年八月二八日正式に離婚した。ハッピーエンドではなかった！

一九九九年六月一九日、エドワードがソフィー・リス・ジョーンズとの結婚式にウィンザー城を選んだのは恐らく迷信からだろう。君主制は三世紀目を迎え、若いカップルはきらびやかなバッキンガムより新鮮なウィンザーを好んだのかもしれない。

即位戴冠式

一九五三年六月二日の即位戴冠式でテレビ時代は始まりを告げた。首都以外の町や村ではまだテレビのある家庭は少なく、ＴＶパーティーが開かれた。エリザベス二世の戴冠式には多くの人びとが関心を持ち、夢中で詳細を知りたがった。ヴィクトリア女王即位には一一万五〇〇〇ユーロかかり、ジョージ六世即位の経費は五七万ユーロだった。エリザベスはそれより一五万三〇〇〇ユーロ相当額上回り、一分当り一九八二ユーロかかったと知って飛び上がるほど驚いた。

女王だけが儀式に宝石やダイアモンドを身につけ着飾って出席できる権利を持っている。女官たちは下にシロテンがつき大量の金で飾られたビロードの王冠を捧げ持っていなくてはならなかった。戴冠式の後には祝宴が催された。エリザベスは王冠についていた真珠をプラチナの芯から外し、ネックレスとして使えるようにした、という話を聞いて微笑んだ。時の流れの証し…。

式典を放映したテレビの技術はミレニアム年祭のとき以上に進歩していた。女王が寺院まで乗っていた金に覆われた四輪馬車も室内に照明がつき、御者と会話できるようにマイクも設置され、わずかながら現代的になっていた。一七六一年、馬車の価格は一〇〇万ユーロ以上であり、金の塗り直しだけで一五万三〇〇〇ユーロもかかった。車輪は少しでも振動を抑えるため、プラスティック製の物で覆われていた。当時の王たちにとり、馬車での移動ほど不快なことはなかったのだ。馬車が通る道沿いには階段席やスタンド席やバリケードが設置された。ピカデリーやボンドストリートなどの幹線道路には石膏の凱旋門が置かれ、九ｍの王冠がスポットライトの下できらめいていた。

戴冠式のさまざまな催しの中で最も記憶に残っているのは、女王が終了後に述べた感想である。

「この記念すべき日の間、私はずっと皆さんが私のために祈って下さっていることを感じ、支えられていました。私は、私に尽くして下さる多くの方たちのために、誠心誠意務めを果たすと誓います。生涯を通じ全力を尽くして皆さまの信頼に応えるよう努めます。夫も同意し私を支えてくれます。彼と私はすべての理想と皆さんへの愛を共有しています。私の経験はあまりにも浅く、非常に新しい務めに取り組まねばなりませんが、両親や祖父母を手本に、確認を怠らず自信を持って継承していきます」

エリザベスはこう締めくくった。

「最後に、今日が生涯忘れられない日になりましたのは、その壮大さや美しさによるだけではなく、皆さんの忠誠心や愛情に感銘を受けたからなのです。心から皆さんに感謝致します。神のご加護を」

務めへの理想を語ったスピーチをエリザベスは淡々となり過ぎもせず、感情移入し過ぎることもなく終えた。国王の崩御は一時代の終焉を告げ、英国は数年のうちに世界有数を誇った地位から退き、先例のない経済危機を迎え、熱烈な国粋主義は激しく揺らいでいった。しかし、あらゆる有為転変を乗り越え、彼女はその核心を守り抜いた。

誕生や結婚が相次ぐ中でバッキンガムは巧みな売り込み術を使い、ウィンザー家は現代の比類なき家族という理想的なイメージ作りに成功した。イギリスの典型的な伝統や外見や特徴は人びとの目に完璧に映った。演出に協力したスノードン卿の才能のおかげで、チャールズの皇太子即位も理想的な形で行われた。

二一歳でプリンス・オブ・ウェールズ（皇太子）になったチャールズの〈即位式〉での服装は、豪華なケープの下に式典用の黒い軍服というシンプルなものだった。式典は二時きっかりに始まり、扉が開いてスノードン卿が現れ、女王に城の鍵を手渡した。女王は満足げに数キロの重さの鍵に軽く手を触れた。象徴的なセレモニーだ。ウェールズの国歌が演奏され、女王は広間の中央にそびえる天蓋の方に進んだ。そこではフィリップ殿下が彼女を待っていた。チャールズは頭に何も乗せていないまま、お辞儀をし、女王の前に膝まづいた。両親からの手紙の長い朗読が始まった。王子はわずかに紅潮し、真剣な面持ちで礼儀正しく耳を傾けた。その後エリザベスは彼に剣を与え、チェスター州の指輪をはめ、頭にウェールズ地方の鉱山で採れた金を使った王冠を乗せた。

それからシロテンのケープをはおり、金の王杖を持つ儀式の後、チャールズは女王の手を取り静まり返った中で厳かに誓詞を述べた。

「私、チャールズすなわち、プリンス・オブ・ウェールズは精神も肉体も主君に忠誠を誓い、信条と名誉にかけ、死ぬまで仕えあらゆる人びとから守ることを宣言します…」

エリザベスは彼を立ち上がらせ〈忠誠のキス〉を交わした。その後、一連のスピーチが続き、チャールズはウェールズ語で読み上げた。

「拝命を受けるにあたり、誇りと感動を覚えます。この魔法の牙城《がじよう》の昔から伝わる壮大な雰囲気に心を打たれました」

ファンファーレが鳴り響き、王子のお目見えだ。長いケープでがんじがらめになった内気な皇太子は、アイルランドの海の方を向き、城の周りに集まっていた群衆の声援にようやく微笑んで応えた。馬車が再び出発し、儀式は終了した。チャールズの即位式は母親のとき以上に華麗で厳粛であり、国民の記憶に君主制の神聖なイメージを刻みつける機会になったと断言できよう。

礼儀の問題

もし一般人がこのように格式ばった中で生活するとしたら、恐らく窒息してしまうだろう。何も大げさに言っているのではない。ヴィクトリア時代の礼儀作法については多くの誤解がある。ヴィクトリアは礼儀作法の奴隷でなく、偶然に聴こえてきたメンデルスゾーンの曲を口ずさむような、気取らない素直な女性だった。美しい虹を見せようとして、突然リトルトン夫人の部屋に入ってくることもあった。

一九五二年に若きエリザベスが現れたとき、多くの人が新時代の始まりを感じた。即位を機に〈王族たちが庶民たちに溶け込み、王室の儀典が取りはらわれ〉より開かれた新しい王室の誕生を願った者もいたが、そうはいかず、数カ月後には異口同音に、「王家を取り巻いているのは、相変わらず貴族や限られた人たち、一言でいえばスノッブな人です。王室の世界は、幸福な日々を送ったヴィクトリア時代から全く変わっていないのです」と言われるようになった。

家族の輪の中心で女王は、馬や貴族階級に属する親しい友人たちに囲まれながら国家の元首として日々の務めを果たしている。一方で夫はヘリコプターやヨットを持ち、いろいろな心配事を抱えながらも海軍時代の友人たちと週に一回夕食を共にしている。

召使たちは鬘《かつら》をかぶらなくなり、ロイヤルファミリーの子どもたちは両親にお辞儀をしなくなったが、基本的なルールは続いている。ロイヤルファミリーは例外を除いて、警官や召使や運転手や古くからの使用人たちは姓で呼び、従僕や側近たちは名前で呼ぶ。女王は、「近頃は、礼儀作法がますますなおざりにされています。儀礼的な決まりごとは、無遠慮や無教養から生じるあらゆる攻撃から身を守るためには、大変有効な手段です」と言っている。肝に銘じておくように…。

だから皆一言の文句も言わず、常に女王の後について歩いている。一九七二年、エリザベス二世がフランスを訪れたとき、ジョージ・ポンピドゥは明らかに規則に反して、女王の腕を取り、迷路のように入り組んだ道をかばいながらトリアノンまで案内した。通常は危険な目に合いそうなとっさの場合以外は女王の腕を取ることはない。初対面で話しかけることはありえず、質問も禁じられている。確かに男性たちは頭を下げ女性たちは挨拶をするが、それには少々練習が必要である。ピーター・タウンゼントが秘訣を伝授した。

「姿勢を正して前足に体重をかけ、まっすぐ前を向いて微笑みます。あまり深くお辞儀をしないでください。特に相手が恰幅の良い方の場合は」

ダイアナはいつも義理の母の左右の頬と手に接吻し、彼女を〈マダム〉と呼んでいた。

サー・ヒュー・キャッソンは日記に記していた。

「王族を前にすると、皆顔色が変わる。時間厳守の強迫観念、それは王室のレセプションにはいつもつきまとっている…。ウィンザーに招かれた人は全員三〇分前に到着し、木の下でうさぎたちと始まるのを待つ」。

女王との約束に遅刻するなどという危険を冒す者がいるのだろうか。女王はほとんど常に時間を守っている。最後にわずかに遅刻したのは、一九七七年一一月一五日初孫ピーターの誕生を祝い、王座の間で記念の式典が行われたときだった。まだ記憶に残っているくらいだ！

女王と話をする人は誰でも気後れする。大英帝国の女王という肩書は重く、人びとは当惑し礼儀作法に縛られている人たちとの接触の機会を減らそうとする。拝謁がかなった人たちは、遠慮がちに頭を下げるべきか挨拶をすべきか、〈マダム〉と呼ぶべきか〈女王陛下〉と呼ぶべきかと頭を悩ませ、「私のことをどう思ったかしら？　どんな印象を与えたかしら」と考え、心をさいなむ。客たちはエリザベスも同じように混乱していることには気づかないのだ。

格式ばった決まりごとは大衆やテレビによって引きずり降ろされ、君主制は目を覚まし部分的に見直し変化を図る必要があった。オリンポスの神々の神話を断念し、有名なカメラマンたちを配備してテレビに登場するロイヤルファミリーは、大衆の夢を壊すことはなかった。それどころか！　様子の変化には関心が集まった。しばしば王族たちは予想を覆す方法で登場した。

イギリス北部の主婦がベルの音を聞いて扉を開けるとチャールズ皇太子が立っていた。この前触れもない訪問に彼女は驚き喜びで輝いた。同じように突然スーパーマーケットに現れた皇太子は客の一人に〈何か話しかけた〉が、彼は顔色一つ変えずに王子に棚の品物を探すよう頼んだ。フィリップはのんびりショッピングをしている人に買い物をしているのかと尋ね、「買い物の最中にあなたに邪魔されたのです！」という答えを浴びせかけられたのは有名な話である。

宮殿には礼儀作法の責任者はおらず、旅行や条件に応じて、女王の私設秘書や侍従がうまく運ぶよう取り計らう。しかし、女王が犬と共に現れたときには礼儀作法の概念は消えうせる。重鎮たちを招いた宮殿での昼食も、犬たちが吠えたりすると和やかになる。

もし作法のルールがあれば日常にも活用でき、その規則は万人に受け入れられるだろう。ある社会学者が指摘した。

「女王は常に支持する人、批判する人を潜在的に見分けその双方に出会っている。彼女は昔の生活様式や身のこなし方に愛着や郷愁を覚え、消えつつある理想を受け継いでいる」

ヴィクトリア時代以降、イギリスは政治的改革を行ってきたが、儀式を何物にも代えがたい重要な責任の一端と捉えていた。バッキンガム宮殿のバルコニーは間違いなくイギリス王制の公式なショーウインドーであり、エリザベス二世はそこに膨大な数の民衆を集めている。それは過去の慣習によって実現できたことだ。

務めは尊重すべきだが女王や統治を〈神聖化〉すべきではない。女王も、人びとと同様に家庭を持つ一人の女性である。同じように些細な癖があり、口げんかもし、日曜日が大好きでテレビのシリーズ番組に興味を持っている。そして、やや怒りっぽい夫には我慢を強いられることもある。フィリップがスポーツカーを運転していたとき、エリザベスは「少しスピードを落としてもらえる？」と不安そうに頼んだことがあった。夫はさらにアクセルを踏んで答えた。

「お願いだから黙っていてくれ。一言でも口をきいたら、降りてもらうよ！」

女王は微笑んですぐに結論を出した。

「もう何も言わないわ。もし置いて行かれてしまったら歩いて行かなくてはいけませんから」

女王はベッドでアガサ・クリスティやP・D・ジェームズの本を読むのを好んでいる。友人に言わせると、女王は臆病だが楽しんだり笑ったりするのが好きだ。狩りや公式式典の場やレース観戦中に周囲を意識せずに見せる、おどけたり、誰かの真似をしたり間違えたり、驚いたりする表情をカメラは容赦なく撮影している。女王が公衆の面前で微笑みを失うことがあったら、それは在位五〇年の間に、大衆の喝采や感動的な愛情表現や崇高な献身に匹敵するほど憎しみや批判もあることを身にしみて理解しているからだ。

女王は慌てることがある。無遠慮な風がスカートを持ちあげようとするときや突風で馬具の摺《ず》れ止めが飛ばされるとき、熱心なファンたちに追いかけられるとき…、女王はいかなるときも沈着冷静であろうと努めている。位高ければ徳高かるべし！

第一〇章　王室御用達

毎年バッキンガム宮殿の宮内長官の執務室では、フォークナー氏の指揮のもとで王室御用達の名誉ある業者リストが作成される。王室御用達は、ロイヤルファミリーに商品の高い品質と企業の健全経営を認めた業者に与えられる証に他ならない。それは宮廷の日常生活に必要なものを供給するあらゆる仕事へ報いる方法でもある。同時に業者は、その商標を使うことでロイヤルファミリーの名声にあやかっている。

女王陛下の指名

大英帝国の女王はどこでも買い物できるわけではない！　お気に入りの業者があるのだ。宮殿は何世代も前から特権を獲得した業者リストを作成している。女王陛下が指名した店舗は、初めは一〇三八店だったが、経済情勢の変化に伴い一九七九年以降徐々に減ってきている。この一〇年間にはジョージ六世のごひいきだったピーター・ジョーンズ、ヴィクトリア女王、メアリー王妃が買い物をしていたリバティー、一九一九年以来の理髪店トゥルンパ、一七五九年ジョージ三世時代から御用達の傘と手袋の製造業者スウェーン・アデニー・ブリッグ、陶器商のトーマス・グッドなどが姿を消した。

毎年一月、ボンドストリートとジャーミン通りの商店は異様な熱気に包まれる。元旦にロンドンガゼット誌が従来の王室御用達業者と、新たに紋章をつける権利を得た店舗リストを公表するからだ。一方でリストから外され、包装紙や便箋から紋章が消される業者もある。宮内長官の執務室の職員が説明する。

「これらの業者には税金が減額されることもなく、ステータス以外の何物でもないのです。信頼を得た業者は、店のショーウインドーに紋章を掲げ、包装紙に印刷することができます。しかし、紋章を宣伝材料と見なしてはならない、という禁止事項もあります。紋章の複製は適切な大きさで〝品よく〟印刷することが義務づけられています」

宣伝広告に関しては〈紋章だけを特別にアップにした写真や、全体の中でアンバランスに大きく扱ってはならない。また女王の推薦の言葉や女王の姿が入った写真記事を掲載してはならない〉と明確に取り決められている。

そのような規則があるにもかかわらず、王室の証明は喉から手が出るほど渇望する大変な名誉であるだけでなく、最高の宣伝材料である。宮殿の側廊の入口付近に事務所を構えている王室御用達業者協会は、悪知恵を働かせて人びとを欺き、不法に王室の出入り業者のように見せかける会社の出現に頭を悩ませている。イギリスでは滅多にないが、外国では頻繁に事件が起き、まんまと成功する場合も少なくない。ギリシャではある酒造会社がウイスキーボトルのラベルに英王室の紋章をつけて販売していた。

コントロールは最小限にしか行えない。女王自身も自ら御用達として公式リストに登場しているのだろうか？　店は自主的に売り込みをするのだろうか？　毎年一二月に宮内長官が主催する小委員会が会議を開き、女王に業者を〝推薦〟する。

ロンドンガゼット誌にはリストが掲載される。ロイヤルショッピングの紳士録には、女王、エディンバラ公、皇太后、チャールズ皇太子の四名だけが御意見番として名を連ねている。王室御用達のレッテルは非常な名誉で、長い歴史を持つ国では非常に渇望されている。一一五五年、ヘンリー二世の統治下である織物会社との間に初めて契約が交わされ、リチャード二世と特にヘンリー三世は、〈王室御用達業者の特権〉を発展させた。エリザベス一世時代には女王の羊の出入り業者がいた。ジェイムズ一世はゴルフ製品業者のデヴィッド・ガシエ社をお抱え商人にし、ヴィクトリア女王はマスタード製造業コーマン社と掃除機で有名なフーバー社を指名し、一九二七年以降バッキンガム宮殿の埃は除去された。現在の御用達業者の何社かは九世代前から続いているが、伝統と信頼の重要性は言うに及ばぬことである。

女王や皇太后やフィリップ殿下やチャールズ皇太子に推薦された業者たちは親密度を増し、エリザベス女王がどこでゴミ箱を買うかまでわかるようになる。王室御用達業者は王家の業者に過ぎず、その選択は使用人や側近や召使や衣裳係などに任される。チャールズ皇太子の昔の召使は語った。

「私は皇太子の御用達業者を任され、適当な数店を選びました。その中にピカデリーの有名な仕立屋で数年前に御用達になったシンプソンもありました。ロイヤルファミリーはわかりませんが、王家のメンバーはいつもそこで買い物をしていました。彼らは特別価格で提供してもらっていたのでそれは当然です。私はロンドンの名店の一つアスプレイの社員と知り合いになり、皇太子のカフスボタンの修繕やグラスの彫刻を頼みに通いました。大した額ではありませんでした。王室のお墨付きのためで金額はそれほど重要ではないのです。三年前から店がロイヤルファミリーのメンバーの御用達になったことを証明できれば充分だったのです」

優雅な女王陛下の貴重な金色の紋章をショーウインドウに貼れる権利は、大変強く望まれるステータスであり、広報的には非常に有効な秘策になる。フィリップ殿下のライオンとユニコーンに支えられた紋章に〈神は私の擁護者である〉というスローガンを与え、チャールズ皇太子のオーストリアの三本のペンの紋章には、金色の文字で〈私は仕える〉というモットーが書かれている。フランスのシャンペンやパリの石鹸製造メーカー、ロジャー&ガレのような例外もあるが、ロイヤルファミリーは英国製品を購入しなければならない。地域的に、本屋はロンドンのピカデリー通り、時計屋はケンブリッジ、ジョニー・ウォーカーの酒造元と特権を持つ唯一の宝石商ガラードはリージェント通り、王室のピアノ製造業者C．キャシーはアバディーン、金庫の専門メーカーはチャブと点在している。

エリザベスはパーカーのペンを使い、ヘイグのウイスキーを飲み、朝食にケロッグかクエーカー・オーツのオートミールを食べる。コーヒーはナイロビ産、シェリー酒はコペンハーゲン産。またプライシス・パテント・キャンドルは女王御用達のキャンドルメーカーである。玩具のプレゼントはハムリー・ブラザースで買い求め、軍服はメイヤー&モーティマーで用立て、シャンペンはボリンジャー、ハイドシェイク、モエ&シャンドンやヴーヴ・クリコ、招待客に贈る煙草はベンソン&ヘッジ社製、ビスケットとチョコレートは一八五三年からキャドバリー、トニックは一九六九年からシュウエップス。フォートナム&メイソンは二世紀半前からバッキンガム宮殿の食料品をまかない、クリスマスプディングや時どき食卓に乗る白イルカのキャビアも調達している。女王が王室のスタッフ全員に毎年贈っているクリスマスプディングは、とても庶民的なテスコ社製である。

女王のリストには、車のモーター電池や農業機械、ドッグフードに至るまで、ロイヤルファミリーに必要なものがほとんど網羅されている。リストにはサンドリンガムやバルモラル周辺の村にある目立たたず慎ましい洋服や靴のデザイナーの名前もある。またノッティンガムの馬主やノーウイックの藁屋根職人やグラスゴーのバグパイプ製造者、ニューバリーの鍛冶屋、ロンドン郊外の紋章画家、王室の馬車馬を飼育しているクリーブランド湾沿いの畜産家もいる。フィリップのリストにはハンブルの船舶製造業者、ロンドンの武器製造業者、アルデショットのポロのスティックメーカー、ワイト諸島のヨット修繕業者等が載っている。女王夫妻はダイアナ妃の恋人の父親が所有する有名なハロッズ百貨店を妃の死亡時に見せた態度に不快感を覚え、二年前にリストから外し、二〇〇一年に別のデパート、セルフリッジが取って代わった。それはオックスフォード通りが収めた小さな勝利だった。

エリザベス二世は自分では買い物をしない。女官が店に赴いて、女王が選べるようにバッキンガム宮殿に一連の商品を届けるように依頼する。例外的にエリザベスが買い物をすることがある。いつもクリスマスの前だ。

皇太子の家では朝食にウィータビックス（小さなパンの一種）と無農薬のトーストを食べる。シリアルメーカーのウィータビックスは、八〇〇社の中でチャールズが公的に信頼を寄せている会社である。箱に貼られたラベルには、王族や招待客がウィータビックスの消費者であることは秘密にしなければならないと明記されている。あからさまになったら不敬罪になるのだろうか？

チャールズは自然食品を優遇し、魚屋二店、八百屋一店、〈無農薬〉パン屋一店の看板に保証の印を与えている。グロスターシア地方の家や、ハイグローブ付近のテトバリーにある、小さなショッピングセンター内の二軒の店にもラベルが貼られている。住民四八〇〇人に対し六製品という割合はイギリスで最も密度が高いが、皆がそれを歓迎しているわけではない。特に住民たちは、ロイヤルファミリーや観光客がテトバリーの物価を引き上げてしまったことを嘆いている。

王室の化粧品業界の紳士録はあたかも歴史の本のようである。皇太后がポプリを購入しているフロリスは一七三〇年から不動である。招待客がひっきりなしに行きかう王室の広間や廊下を担当している召使がスプレーするラヴェンダーのオーデコロンは、一七七〇年からヤードリー社の製品である。

女王はエリザベス・アーデン社の化粧品を使用している。それは女王の肌質にぴったり合っていて、近くで接する恩恵にあやかった人たちは、彼女の肌の美しさに驚く。色白で非常にイギリス人らしくきめが細かく、父親譲りの陶器のような青い瞳を際立たせている。昔女王に仕えていた女性が、女王は毎日薔薇の乳液とリフレッシュ用ローションと超微粒子のパウダーを使用しているという美容の手入れの秘密を明かしてくれた。口紅は、結婚の際に作られた〈バルモラル〉と〈エリザベスローズ〉と軍服に似合う赤の三色を揃えている。髪は自然な茶色を赤茶色に見せるよう濃いめに染めている。

毎週月曜日の午後、エリザベスは宮殿にネヴィル・ダニエル・サロンのチャールズ・マーテイン美容師を呼ぶ。マイケル・ケント公妃の担当はヒュー&アラン。マーガレット王女とケント公爵夫人はジョセフ、アン王女とアレクサンドラ王女はマイケル・ジョン。惜しい所で負けたトウルンパは、エドワード王子、ヨーク公、リンリー子爵ほか、ロイヤルファミリーの若者たちを担当している。現在チャールズが気に入っているのはヘッドラインである。

フィリップ殿下は帽子が好きだ。殿下御用達のジェームズ・ロック社の顧客にはラリー・ハグマンやJ・R・ダラスなどがいる。チャールズとフィリップは、歩道を歩くときにジョン・ロブ社以外の靴は履かない。

マウントバッテン卿にターンバル&アッサーを紹介してもらったチャールズ皇太子は、ずっとそこでワイシャツを仕立てている。ポプリンの大コレクションを所有するポール・カフは、セントジェームズ宮殿に住んでいる。皇太子の趣味は変わらないので、不在中は召使が的確な提案をし、目立たない柄や細いストライプや地味なチェックのワイシャツを選び、その他の製品は返品する。

「この数年、彼の体型は全く変わりません。ネクタイ用のスペースは細く、襟は自らデザインした形をずっと使っています。襟は普通のオーダー製品より小さく控えめです」とポール・カフは説明した。

フィリップ殿下はワイシャツを一貫してアシュリー&ブレイクに作らせている。チャールズ皇太子の下着と靴下は、ターンバル&アッサー社かフォーガル社、ボンドストリートのお気に入りの店の製品である。月刊マジェステイは「チャールズ皇太子は流行を追わず、シンプルで伝統的な自分のスタイルを持っている」と強調している。

イギリス的なスタイルと言えばバーバリーのスーツとレインコートである。オーバーコート姿は滅多に見かけないが、スーツに合わせていつもポケットチーフを身につけている。コットン製のチーフは個人的な信頼の証しである。チャールズはダブルのスーツを好み、ズボンは大きめのポケットが付きゆったりしている。なぜならポケットに手を入れる悪い癖があり、スーツのラインを崩し服を傷めるからだ。スーツはクリフォード通りのジョン&ペグ社のピーター・ジョン氏か、ホーズ&カーティス社、またはバーリントンガーデン社に注文している。

最近彼は、先代の皇太子で上品で評判だった大叔父に対抗したわけではないが、ワイシャツやネクタイを選ぶときに冒険するようになった。しかし、大きな蝶ネクタイを締めたり、派手なチェックのワイシャツを着ることはない。

ロイヤルファミリーのキルトは、エディンバラのキンローに一任している。キルトに関し論争があるのは事実である。マウントバッテン―ウインザー家は、それは厳密にスコットランドだけの特権でありパースの南方では着用してはならないとしている。イギリス人の多くはキルトはケルト人が考案し、ウェールズ人たちが再び着るようになったと主張している。スコットランドのキルトが初めて登場したのは一四四〇年頃だったが、国家的な制度に引き上げたのはヴィクトリア女王の夫アルバート殿下だった。また、一つの理由として、ウィンザー公夫人が王家を無視して彼女の意向でバルメーンにキルトを作らせ、パリの夜会に着て行ったこと、とも言われている。

「皇太后が花やリボンやパールや羽根やチュールで飾り立て、クリスマスツリーのような帽子をかぶっていない姿を想像できますか?」

これはフレデリック・フォックス社とシモーヌ・マーマン社に言われたことだ。

バッキンガム宮殿

庭園の航空写真

英連邦元首の女王、右側はモザンビーク原住民の儀仗兵

1997年9月6日　終焉を告げたのはダイアナかウィンザー家か?

エディンバラ公フィリップ殿下

王家のグランマ　100歳を迎え曾祖母になった皇太后

皇太子の田舎の別邸ハイグローブで週末を過ごす
チャールズ皇太子と二人の息子ウィリアムとハリー

ジョージⅥ世、王妃、エリザベス王女、
マーガレット王女
5時のティータイムでの一家団欒

のちの皇太后、
エリザベス女王と妹マーガレット

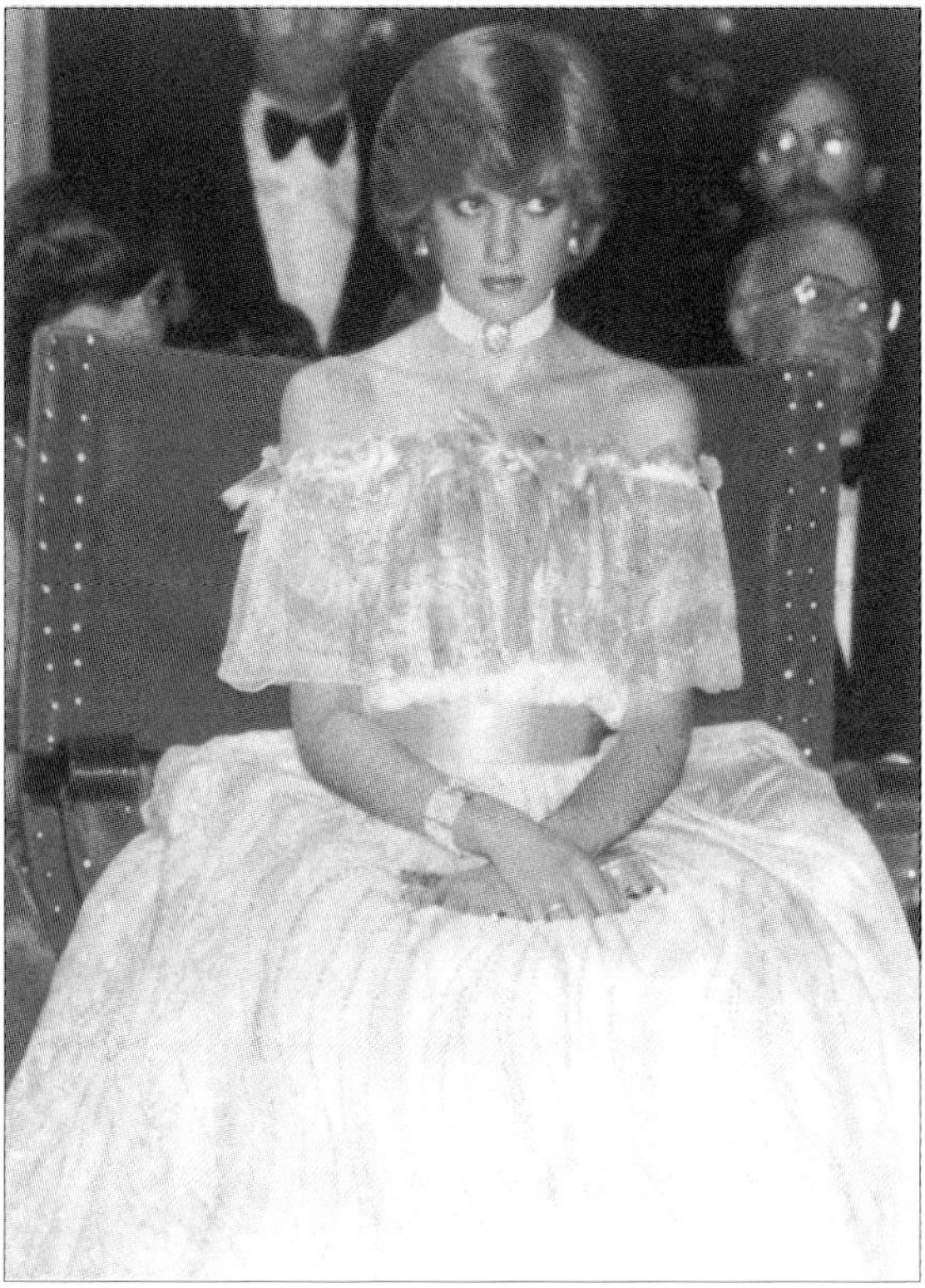

レディダイアナ
＜完璧なシンデレラ＞
おとぎ話を生き、
不幸な結末を迎えた

《世紀の結婚》

英国皇太子夫妻の公式写真
カミラの気配が…

舞踏会の間での公式晩餐会のしつらえ

王座の間

大広間一階南端から、大邸宅に繋がる大階段

ポロをする父親を
見つめるハリーとウィリアム

ウィリアムとハリー（左）
photo by courtesy of The National Portrait Gallery

ブレーマーでスコットランドの競技を楽しむウィンザー家
現女王陛下、次期国王とその後継者

女王陛下の装い

エリザベスは洋服には無頓着だが、公務中はよく見せようと努めている。常に上品さより心地よさを優先し、スーツには典型的なイギリススタイルを選ぶので、フランスのデザイナーたちはおののいている。帽子はしばしば風変わりだが、唯一の条件は群衆の中でひときわ目立つことだ。独特の〈ビビ（小さな帽子）〉には虹の全色に彼女の好きなサーモンピンクと青と黄色を加えていることもある。彼女はずっとロンドンのスタイリスト、ジョン・アンダーソンを信頼している。シンプルな王冠をかぶったエリザベスは非常に引き立って見える。

女王の洋服の有名デザイナーの中にはノーマン・ハートネルもいる。彼は宝石で飾ったイヴニングドレスから最もクラシックなスーツまで、公式用、プライベート用何でも作っている。アン王女とマーク・フィリップスの結婚式の日、女王はウールと絹混紡のドレスとコートを着ていた。それはアンのエンゲージリングと同じサファイア色だった。

彼とロイヤルファミリーとの出会いは一九三五年で、当時彼はグロスター公爵と結婚するアリス・モンタギュー・ダグラス・スコットのためにウエディングドレスを製作中だった。ブライズメイドを務めるエリザベス王女とマーガレット王女のためのドレスも担当していた。エリザベスは以来ずっと彼に忠実で、ウエディングドレスも戴冠式のドレスも彼の手によるものだった。

一九四八年、別のデザイナーが登場する。ハーディー・エイムスだ。エリザベスは、モーリーン・ローズとイアン・トーマスやディオールから離れ、英仏海峡を越えてやって来たマルク・ボアンにも声をかけた。ハーディー・エイムスでは新しいアートディレクター、ジョン・ムーアが女王を担当している。

イギリスの女王のワードローブを作る重要性を考えることはないのだろうか？　公式訪問するとき、女王は少なくとも一日三〜四回は洋服を着替える。極端に暑い国を訪ねるときには、いつも動きやすく涼しげに見える服装をしなくてはならない。大英帝国の女王の洋服や靴や帽子のデザイナーは、想像力と手先の器用さに富み、責任感を持って仕事に臨むことが求められる。サー・ノーマン・ハートネルはこの分野で豊かな経験があった。彼は女王の洋服を〈リムジンから降りるときに持ち上がらず、風が吹いてきたときにめくり上がらないもの。夜に着る裾の長いドレスは、躓《つまず》いたり、誰かに踏まれたりしないようにくるぶしもかかとも隠さない〉ように作らねばならないと主張していた。また女王陛下は顔の一部を覆うような帽子はかぶってはならず、靴のかかとは長時間立ち続けても疲れないように高すぎてはいけないことも、知っておくべきである。

女王の試着はどのように行われるのだろう？　デザイナーのサロンでエリザベスが試着を行うことは決してない。彼らがバッキンガム宮殿に出向くのだ。まずは女王の衣裳係か〈信頼のおける女性〉からの手紙か電話で始まる。彼女は先方に女王がどのような機会に着る洋服か詳細を説明し、女王の要望を伝える。デザイナーはデザイン画を何枚か描き、その紙の上に生地の候補のサンプルをピンで留める。女王が決めると、数週間後に初めての試着が行われる。彼は宮殿に現れ、脇の門を使って中に入り、二階の広間で女王自身に面会する。靴屋も状況を把握し、ドレスの色と生地と機会を聞いて完璧に調和するように女王専用の靴を作る。衣裳係は、女王が初めてそのドレスと帽子と靴を身につけた機会は何だったかを特別なノートに書き留める。モーリーン・ローズは試着の雰囲気は和やかでリラックスしていると言った。

〝モスリンのアンサンブル〟の著者であり、長年、女王の洋服のデザインをしているハーディー・エイムスはこう言った。

「女王陛下の態度は実にプロフェッショナルです。彼女は落ち着いていて、〝なんて可愛いんでしょ！〟などと言うことはありません」

以前、ノーマン・ハートネルのアシスタントをしていたイアン・トーマスは、初めて女王にゆったりしたパンタロンを履かせることに成功した。エリザベスは週末にそれを履いていた。週末の数日間、ウィンザーかバルモラルの城で親しい人たちと過ごすとき、女王はツイードのスカートをはき、カシミアのセーターをはおり、スカーフをしブーツを履いた。それは彼女のお気に入りのスタイルだ。女王の装いは彼女特有のレトロな繊維の風合いを感じる、超クラシックなスタイルのままである。衣服に過剰に散財するのを嫌い、即位後の衣服はすべて王室のワードローブに丁寧に収められている。

一つの催しを通して数百回握手を交わす女王にとり丈夫な手袋も必要であり、それはブライトンのメーカーが一手に引き受けて作っている。エリザベスは手袋にはこだわり、公式行事の間、サイズぴったりに作られたデザインの違う手袋を五組は持参する。女官たちは女王が自由に使えるようにし、時間がなくロールスロイスの中で取り替えるときも手伝う。ハンドバッグはメゾン・ド・サリーからラウナー社の製品で、彼らは女王の靴の色の情報に気を配り、大体は革製で軽い物を作っている。エリザベス女王のハンドバッグの中にはどんな秘密があるのだろう？　あるレセプションで招待客の一人が尋ねた。彼は口紅とハンカチが入っていると想像していたが、女王が開いたハンドバッグの中には、驚いたことに犬用のビスケット以外何も入っていなかった……。

どんなプレゼント？

女王の友人たちは彼女の誕生日にプレゼントをしたと聞いたことがない。身近な者たちだけが贈り物をするようだ。この数年間で彼女が気に入っているのはウィリアムから贈られたコーギー犬用の皿だ。乗馬用の手袋やマフラー、家族写真を飾る銀のフォトフレーム、孫たちの手伝いなどを喜んで受け取っている。女王にテレビを贈ろうと考える人は一人もいない。宮殿のテレビはすべて賃貸料を支払い、彼女は一台も持っていない。人びとは時代遅れの型のテレビを持つより最新モデルの製品を借りて観る方を好むので、海の向こうではよくある便利な方法なのだ。

エリザベスは朝の番組は見ずに朝食は静かにとる。一二五年前から王家の朝食にはバクスター社のソーセージが使われている。卵はゴールデンレイイ・エッグスから、ベーコンはファースト社から届く。フランククーパー社はママレードを届けているが、女王は蜂蜜に目がない。ブルース・ゴリック氏は最高のネクタリンを提供している。王室に選ばれたイギリスのポイレーヌはジャスティン・ド・ブランクと呼ばれている。紅茶はトワイニング製、コーヒーはウスターの磁器に入れてサービスされる。

プレヴェールの最新版の目録には一六ページにわたって王家御用達のリストが掲載されている。興味深い業者をあげてみよう。どこも傷めずチューインガムを取り除ける資格を持つノヴァフロスト。この会社は宮殿にすべての清掃用品を供給している。香辛料の部門ではカレー粉の公式な供給元も存在する。チャールズ皇太子が好きだからだ。皇太后は一人でチーズ製造業者を指名している。パクストン＆ホワイトフィールドという名の業者で二世紀近い歴史があるが、皇太后の好きなチーズの種類を明かすことは固辞している。レセプションのプティフールは有名なＪ・ライアンズ社から来ている。皇太后が大好きな苦いトリュフチョコレートはカーボネル社のものだ。皇太后は〈紅茶受け〉のニックネームを引き継いでいる。

〈勇気〉という名前のビール醸造会社でパーク通りにあるロイヤル・ブルウエリーは、唯一永久の供給元である。この醸造元は一九世紀の初頭、ロンドンの保安官ウィリアム・ブース卿が所有していた。彼は初期の研究費用を出資し、ウイリアム四世国王が彼の社名に単純で効果的な形容詞〝ロイヤル〟をつけて名乗るユニークな特権を与えた。ダンヒルはエドワード七世治世後、葉巻を提供している。ロイヤルファミリーが多くを消費してきたバグパイプの独占的業者は、グラスゴーのＲ・チャルディ社だ。日常的なサービスを行う会社だが女王は王家の保証を継承しなかった。女王の銀行クーツ社は王家の小切手を印刷し支払いをしているが、このような特権は金では買えない。

第一一章　警備体制

王族たちの〈城での生活〉には多くの危険が伴い、君主の務めを果たす者にはさらに暗殺の危険性もはるかに増す。ローマ法王に襲いかかったトルコのアリ・アグサが標的にしていたのは大英帝国の君主だった。君主が女性とわかった時点でその計画は断念されたのだが。エリザベス二世は以前から民衆との触れ合いの妨げになるのを懸念し、警備体制が過剰にならないよう心掛けていた。しかし女王を幽閉しない限り、頭のおかしな人や犯罪者からバッキンガム宮殿を守るのは難しい。

黄金の牢獄バッキンガム

バッキンガム宮殿では女王は始終、護衛に守られている。元来女王のボディガードは矛槍兵の役割で、一四八五年ヘンリー七世が発案して以来、城壁の内側では絶え間ない護衛が続いている。現在彼らの職務は名誉職的になり、女王が議会の開催や公式晩餐会や大規模な祭典に登場する際、六八名の衛兵が招待客の規制を優雅に行っている。しばしばロンドンタワーの護衛官たちと混同されることがある。彼らの金モールの装飾がついた真っ赤なチューダー様式の制服は変わらぬままだ。現在の大尉はスウィントン公爵、中尉はヒュー・ブラッシー、大佐はブルース・シャンドンが務めている。宮殿周辺のバードケージ通りに歴史博物館がある。

　チャールズ二世の統治以降、君主は王室の護衛に守られてきた。今日ではライフガードとロイヤル・ホースガードを含む騎兵隊と精鋭衛兵、コールドストリーム衛兵、スコットランド衛兵、アイルランド衛兵、ウエールズ衛兵の五軍隊で構成される歩兵軍隊から成る。彼らは深紅の上着を着て濃紺のズボンを履き、熊の毛でできた伝統的な帽子をかぶり、毎朝行う衛兵交代は有名で、いつも多くの人が写真を撮っている。すべての隊が同じ制服を持っているが各々特徴があり、襟章と上着のボタンの並び方が目印になる。精鋭兵はチャールズ二世個人の護衛に端を発し、ワーテルローの戦いの後、歩兵隊の精鋭衛兵と名を改めた。襟章には王冠がつき、〈思い邪《よこしま》なる者に災いあれ〉をスローガンにしている。帽子の右側に白い羽がつき、上着の上部に八個のボタンが並んでいる。

　コールドストリーム衛兵はイギリス軍隊で最も古くからある隊の一つで、一六五八年に編成され、クロムウエルの死後スコットランドの小さな町コールドストリームを離れ、ロンドンに向かった。モットーは〈NULLI SECONDES（ラテン語で比類なき者の意）〉、帽子の左側に赤い羽根をつけ、勲章士最高位のガーター勲章の記章をつけている。

　スコットランド衛兵は一六四二年に組織されたが、命名されたのは一八七七年だ。帽子には何もつけず、三個一組のボタンが三カ所にありアザミが目印である。ヴィクトリア女王が一九〇〇年にボーア戦争で戦う任務を与えて編成したアイルランド衛兵は、帽子の左側にターコイズブルーの羽根、上着には四個一組のボタンを二カ所につけ、襟章の矢が目印である。ウエールズ衛兵は一九一五年ジョージ五世が創設した。帽子の羽根は緑色、五個の組ボタンが二カ所につき、襟章のマークはポロネギ

（ウェールズの国章）である。

これらの衛兵はイギリス軍隊のエリートに属し、最先端の武器を備え、世界各地で積極的に活動している。衛兵交代はセレモニーとしても行われているが、彼らの主要な任務は、昔も今も女王の身体警護である。

即位後二五年間、エリザベスは黄金の檻に閉じ込められた囚人だったが、過剰な保安警備はしていない。女王の護衛官の中には形だけの役職もあり、退職した警官のほか、宮殿内での生活を守るため私服警官もいる。さらにロイヤルファミリーには私服警官もいる。女王、フィリップ殿下、チャールズ皇太子、アン王女、アンドリュー王子、エドワード王子にはそれぞれ私設刑事がいて、絶えず影のようにつきまとっている。

女王付きの刑事は五〇歳くらい、長身でがっしりした体格の男性で年齢より遥かに敏捷である。フィリップ殿下の刑事はもっと若く、より親しみやすい印象のスポーツマンである。王室の子どもたちを担当している刑事たちはさらに若く、アン王女の刑事は非常にハンサムな青年である。彼は王女が旅行や公式行事へ出席するときのほか、わずかでもバッキンガム宮殿を離れるときにはぴったり後についている。ロイヤルファミリーのほかのメンバーも同様である。宮殿や他の邸宅内での仕事以外にも、家の中や庭にいる女王夫妻、子どもたちを撮影しようとする人をとめる役目などもある。

一九七〇年代には安全管理体制が強化された。チャールズ皇太子のボディガードを六年間務めたマイケル・バーニーによると、七四年に起きたアン王女の誘拐未遂事件以後、セントジェームズ宮殿の安全管理体制は根本から見直された。続発したいくつかの事件は、ウィンザー家の保安警備体制の欠陥を浮き彫りにした。

一九七四年三月、アン王女はバッキンガム宮殿から数百メートルの場所で行われたパーティー会場から出て車に乗りこもうとしたとき、危うく襲われそうになった。精神科の治療中だったイアン・ボールと名乗る男は、ロールスロイスのドアをこじ開けて武器を手に警官を威嚇し、王女を引きずり降ろそうとした。彼の計画は周到だった。王女を誘拐して三〇〇万ポンドの身代金を請求し、大衆の関心を集め、精神分裂病の治療が社会保障を受けていないことを訴えようとしていたのだ。マーク・フィリップスは冷静さを失っていなかった。

「私は彼に話し続けながら、終始王女を腕でしっかり支えていました。時間を稼ぎ男に思い留まらせるのが、私にできる唯一重要なことでした」

結局、ビートン警部が割って入ってその精神錯乱者を捕まえ、後に勲章を獲得した。

事件は多くの恐怖感を生み、イギリス国民はアンは女王ほどきちんとガードされていないのかと心配した。動揺した女王は娘を慰めてヴィクトリア十字勲章を与え、勇敢な夫にも同じ勲章を授与した。アン王女を狙った誘拐計画を知ったときエリザベスは、「私はこの種の精神に異常をきたした人たちを知っています。彼らは厳粛な雰囲気できちんと身なりを整え、顔色一つ変えず、乗馬の障害競技やポロや除幕式などの王室の行事に必ず現れます。私はこの二五年間で群衆の中に憎しみの目を持った人がいると一目で見抜けるようになりました。彼らは無表情でよどんだ目をしています」と言った。

間一髪の危ういところだった。警備方法の改善を急がなければ、遅かれ早かれ悲劇は確実に起きてしまうだろう。チャールズ皇太子は肩をすくめ「起きるべくして起きた」と言った。エリザベスは、女王の刑事アルバート・パーキンスを王室警護班の責任者として本部長に任命し、警備員の増員と改善を命じた。多くの対策が練られたが必要な時期には間に合わず、常に数年遅れているように見えた。

洗練された警備機器を付け、パトロールを強化し、警察犬を訓練し、精錬衛兵を城壁や柵の前に配備したにもかかわらず、まんまと公園や宮殿内に潜り込む者たちもいた。昔の召使の一人が言った。

「例えばバッキンガム宮殿に配送に来る何台かのトラックに紛れ込むだけで、宮殿内には簡単に入れます。車から降りて職員たちの食堂を通り抜けても、きちんとした服装をしていれば新任の職員だと思われるでしょう。出版されている宮殿の地図や無数の記事をよく研究していれば、すぐに〝女王の荷物〟と表示されている業務用エレベーターが見つかります。そのエレベーターの扉に鍵がかけられるのは、基本的に女王が不在のときだけです。それで二階に上り、プライベートのダイニングルームと普通は誰もいないスタッフの事務所を通り抜ければ、王室の寝室に侵入できるのです」

女王の枕元への闖入者

女王は時折、宮殿に招かれざる客を迎える。一九八二年の春にはポケットナイフを忍ばせて宮殿に入り込んだ青年が発見された。彼の前にも、邸宅と公的な部分の境界にある壁側からアン王女に恋をした見知らぬ男が侵入し、一日中庭園をさ迷っていたことがあった。また三人のドイツの青年がハイドパークを横切って夜中に城壁をよじ登って中に入り、庭園の真ん中にテントを張ろうとした。しかし、いずれもマイケル・ファーガンのケースの比較にはならない。

女王の寝顔を見つめたその男はなんと再犯者だった。初めて宮殿に押し入ったのは一九八二年六月七日にさかのぼる。彼は危険を覚悟で管のフランジを伝ってよじ登り、屋根の長い樋《とい》を伝ってバルコニーを乗り越えて廊下に出た。後に彼は王室の裁判担当者オールド・ベイリーに説明した。

「私にはまったく悪気はなく、それどころか女王が好きでした。彼女が好きだったので、警報システムが頼りなくバッキンガム宮殿の中は安全でないということを証明したかったのです。侍女の一人が窓から侵入した私を見て震えあがりました。それからマーク・フィリップス王子とフィリップ殿下の執務室を通り抜けました。二人は外出中だったのでほっとしました。邪魔をしたくなかったからです」

海賊ファーガンは一瞬殿下の執務室の中で立ち止まり、傲慢な欲望にかられ、豪華な大広間を突っ走って王座に腰かけた。それから閑散とした広間を横切って、チャールズとダイアナの息子のために世界中から贈られてきたプレゼントが山と積まれている部屋一〇八に入った。その後、殿下の秘書の執務室に〈何の悪意無く単なる好奇心で〉侵入し、そこで貴重な小ぶりの戸棚を開けた。マイケルの〈犯罪〉が成立したのはこの場所である。戸棚の中にはフランス製のワインとグラスが入っていた。

「私はものすごく喉が乾いていたのですが、そこに水はありませんでした。私はフィリップ殿下に捕まらないかと思いましたが、ボトルがあったので栓を抜き一杯、いや、グラスに半分だけ注ぎました。私はフィリップが部屋に入ってきたとき、自分が座ってワインを飲んでいるのを想像しました」

案の定彼は〝捕まった〟。フィリップ殿下にではなく、宮殿の警備員にだったが。彼は盗みの疑いで取り調べを受けたが、二度としないと誓ったため仮釈放にされた。

しかし、彼はすぐにその誓いを破った。三週間後、すばしっこいマイケル・ファーガンは再びバッキンガム宮殿の北側から侵入したが、王族の寝室まで後わずかというところで女王の若き召使ポール・ウイブルーにつかまった。彼はスタッフの中でとても人気があり、現在は女王のコーギー犬の世話をしている。ウイブルーは証人席で語った。

「私はファーガンさんに夜中の一時にそこで何をしているのかと尋ねると、彼は〝女王と話がしたいのです、私の女王と〟と答えました。全く正常者には見えなかったので私は、〝わかりました。でもまず身なりを整えて下さい〟と言いました。それから何か飲みたいかと聞くと、彼は笑いながら立ち上がり、ウイスキーが飲みたいと答えました。そして警察が来ました」

一九八二年七月二〇日、裁定が出るまでの仮釈放中だった粘り強いマイケル・ファーガソンは、またもや女王と話そうと試みた。夜が明ける頃、彼は再び側溝をつたいテラスの装飾支柱をよじ登り、半開きの窓から女王の寝室に忍び込んだ。そして大きなベッドのまじかに座って、微動だにせず女王の静かな寝顔を見つめていた。エリザベス二世は七時一八分に目を覚まし、突然招かれざる客が寝室にいることに気づいたが、非常に冷静に対応した。いつも紅茶と新聞を持ってくる寝室係の女性に代わり闖入者を発見した女王は、警戒しながら子どもの話をし始めた。

「ではチャールズ皇太子はあなたより一歳年下なのですね」

女王はどうしたらこっそりセキュリティサービスに連絡できるか思案しながら話しかけた。彼女は警察に知らせる警報ブザーを押したが作動しなかった。廊下に通じる呼び鈴も鳴らしたが、女王の起床時間は通常七時四五分なので寝室係や召使はまだ来ていなかった。ファーガンから枕元のテーブルの引き出しに煙草はないかと聞かれたとき、エリザベスはチャンスだと思った。

「煙草はここにはありませんが、召使のところに行ってもらってきましょう」

彼女は落ち着いて答え、自然に起き上がって廊下に出、そこでようやく寝室係の女性に出会った。二分後筋骨隆々の侍従が闖入者の腰にタックルし、セキュリティサービスの担当官に突き出した。

事件はスキャンダルになった。マスコミは〈女王の枕元への闖入者〉とタイトルをつけ、記事に通常の倍のスペースを割いた。大衆は王族が異様な状況に置かれたことを知り、驚きながらも喜んで情報に飛びついた。女王の心中を察したイギリス人たちは、ショックから立ち直れなかった。フリート通りの出版社には、憤りの手紙が山のように積まれた。共和党の内務大臣は、なんとか興奮を鎮めようとし、「女王がその状況に非常に冷静に対処したことは賞賛に値する」と発表した。しかし人びとは、セキュリティサービスの無能さにショックを受け、ウィリアム・ホワイトロー内務大臣、ピーター・アシュモア海軍副将官　デヴィッド・マクニー警視庁官の重鎮三名は辞表を提出した。

確かに前例はあった。第一次世界大戦前には、メアリー王妃に握手をしてもらおうと不審者が宮殿の庭園に忍び込んだことがあった。一九五一年には、マーガレット王女を探して宮殿内をうろうろしていた精神病の青年が捉えられた。このときには調査委員会ができ、女王は数名の警官に制裁を与え転属させた。

この無作法極まりないショッキングな事件が落着すると、大衆はこの事件によって明かされる宮殿内部の様子に夢中になった。そのときフィリップ殿下は何をしていたのだろうか？　彼は馬術競技の練習のために早朝に宮殿を出発していた。それとは別に、幸福な夫婦像の永遠のシンボルであるロイヤルカップルは寝室を共にしていないという面倒なことが浮き彫りになってしまった。この件につきマスコミは多くの証言を書きまくった。夫妻が寝室を別にしたのは、一九四九年にクラレンスハウスに住むようになってからだというものだった。

闖入者の途方もない連続ドラマは、ファーガンの無罪放免という不可思議な展開で幕を閉じた。ロンドンの法廷は「被告の犯罪意思を証明するものは何もなかった」とした。早朝に英国の女王の部屋に侵入し、彼女とおしゃべりしたことが軽犯罪にも問われなかったのだ。王朝らしいエピローグ。

九年前から女王の個人的なボディガードを務めていたマイケル・トレステイル指揮官は〈一身上の都合〉で辞表を提出した。それはもっともな話だ。どうやら彼はロンドン警察の上司にホモセクシャルであり同性愛者と関係を持ったと告白したらしい。女王は彼の辞職を大変悲しんだ。ファーガン事件以来、宮殿には新式の警報装置が取り付けられ、あらゆるコーナーに隠しブザーが設置された。ウイリアム王子が一歳のときにアラームの一つを押してパニックを引き起こしたことは、宮殿の職員たちの記憶に新しい。バッキンガムは塹壕を巡らせた陣地のようになってしまうのだろうか?

ジェームズ・ボンド級の高性能な秘密兵器、赤外線カメラが不可欠になり、保安担当の女王のアドバイザーは、ケンジントンやセントジェームズなど他の宮殿もテロリストたちの侵入を防ぐため同様の警備をすべきだと主張した。以来、王室のメンバー一人ひとりにボディガードがつき、彼らはどんなときも〈護衛している〉人の前に身を投げ出し、弾を受けるよう指示されている。

王室の警備担当責任者にとり、移動や旅行は難関の一つである。英国の女王の海外訪問には必ず前もって警備体制のリハーサルが行われる。しかし、カイロのサダト首相の葬儀のとき、チャールズは他国の代表者のように防弾チョッキを着用するのを断った。彼の側近は、離陸に備え滑走路で待機する飛行機に彼を乗せるまでの五時間、不安でならなかった。召使のステファン・バリーは王子の白い装いがエジプトの太陽の下で標的になりはしないかと案じていた。

一九七九年の夏、アイルランドのテロリストが四kgの爆薬を使い、インド諸島の総領事マウントバッテン卿が悲劇的な死を遂げたことは誰もが記憶している。テロリストたちは南アイルランドのカッシーバウン城でバカンス中、マウントバッテン卿が娘のブラブルヌ一家とバントリー湾へ向かおうとしていた釣り船に爆薬を仕掛けたのだ。八月二七日の正午前、爆発が起き七九歳の卿、ブラブルヌ卿の老いた母、チャールズ皇太子が名付けた双子の一人ニコラス・ナッチブル、彼の一五歳になったばかりの学友が犠牲になった。数時間後ＩＲＡは〈アイルランド統一〉のいう名のテロ犯行声明を出した。この犯罪を承認するアイルランド人はほとんどおらず、むしろ王族たちの団結を強固にした。この虐殺は現在の君主国が暗殺者からの避難所ではないことを如実に思い知らせた。

一九八一年、女王の公式誕生日祝賀パレードの開始時に群衆の中で三発の銃弾が撃たれたが、女王は冷静に対処した。この事件は豪華絢爛な王室行事に常に伴う危険を示し、このような状況でも女王の穏やかな対応は大いに賞賛された。この日、馬に横乗りしようとしたときに不意を突かれ発砲されたが、彼女は無事に乗りこなした。そして皇太后とダイアナ・スペンサー夫人がセレモニーに出席中の海軍本部を通りかかったとき、微笑みながら二人に手を振って〈事件〉があったことを合図した。

警備体制の強化にもかかわらずテロの脅威は消えず、女王は憂慮している。エリザベス女王が即位一五年後にニュージーランドに公式訪問した際の出来事。彼女はオークランドでオープンカーに乗り、立って群衆の声援に応えていたときに卵をぶつけられるという不愉快な歓迎を受けた。危険を阻止するためにスピードを上げるはずの運転手は、驚きのあまり減速してしまった。エリザベスはユーモアのセンスを失わず、引き続き行われた晩餐会の席で「ニュージーランドの卵はむしろ朝食のときにいただきたいわ」と語った。確かにそれは不快感を表すには稚拙な手段であり、被害をこうむったのは女王のピンク色のコートだけだった。しかしボディガードたちは卵ではなく弾丸だったらどうなっていただろう、という疑念に取りつかれたままだった。

暗殺やテロ行為の強迫観念は日常生活の中ではほとんど存在しない。マイケル・バーニーの話はそれを立証している。

「私は警視庁本部の王室警護班の統合を行い、チーフに任命されました。バッキンガム宮殿は大砲連隊警察署の管轄下にありますが、王室警護班のチーフは宮殿内に執務室を持っています。チャールズ皇太子の警護を担当したときは、ファンスバリー警察署で射撃の集中訓練を受けました。王族の邸宅の警備はサンドリンガムを除き警視庁本部が担当しています。不思議なことにサンドリンガムの安全管理を行っているのは地方警察です。チャールズ皇太子は私の拝命を喜んでいてくれているとばかり思っていましたが、彼には警察犬も不要でした。私たちの関係はよそよそしく冷たいものでした。六年間の任務を終えて職場を去り、別れを告げたときもまるで他人同士のようでした。毎日二四時間誰よりも彼のそばにいたのですが…。王子は孤独を好み、田舎に逃れ一人で散歩するのが好きでした。私は常に細心の注意を払い、静寂を破らぬよう数歩離れて行動していました。釣りをしているときも同じでした。ケンブリッジの学生だった頃は、接近し過ぎて〝貼りつく〟ことのないよう気をつけていました。他の学生たちと自転車をこいでいるときには、私の存在が気にならないように適当な距離を開けて、ランド・ローバーで随走しました。トリニティカレッジ宛ての手紙は管理人の元に届き、文書のアドレスコードで家族や友人からの手紙であると判別できます。その他の郵便物は危険物の可能性があるため検査しなければなりません。私は精神異常者たちが、ポルノ写真をたくさん送ってくるのを知っていました。毎号プレイボーイを送ってくるおかしな人もいました。

思い出すと笑わずにはいられないエピソードをご紹介しましょう。ある日約束に遅れそうになり、私たちは慌ててケンブリッジを後にし、王子にせかされマンフォードに向かって車を飛ばしました。そしてA45通りで監視カメラにとられ、警察署から少し離れたところで停まるよう指示されました。彼は近づいてきて〝これはあなたの車ですか？〟と尋ね〝はい〟と私は答えました。〝ナンバープレートの番号を教えていただけますか？〟と聞かれたのですが、新車だったので私は戸惑ってしまいました。免許証の提示を求められましたが、それは別の車の中にありました。

〝実は私と一緒にいるのはチャールズ皇太子殿下で、約束に遅れそうだったので急いで運転していたのです〟。彼は後部座席に座っている人物を見ようともせず、私は完全に虚言癖を持つ者と思われてしまいました。〝明らかなスピード違反です。めちゃくちゃな作り話をしてはなりません〟。結局、私は警察証を提示し、一件落着しました。チャールズは約束に遅れてしまいましたが、一連の出来事を大いに楽しんでいました。

このときの王子の態度は父親や大叔父のマウントバッテン卿とは明らかに違っていました。〝ディッキー大叔父さんは何でもやってのけたよ〟。チャールズ王子は首を振りながらマウントバッテン卿の冷静さを賞賛し、そう言いました。サザンプトンのレセプションに出席するため、ブロードランドまで行ったときのことでした。"スピードを上げないと遅れてしまう！"と言われ加速したところ、突然交通巡査に停まるよう指示されました。警官は彼が誰かわかりましたが、その言葉を制しディッキー大叔父が怒って怒鳴りました。"スピード違反なんかじゃない！　私は遅刻しそうなんだから、サザンプトンまで先導してくれたまえ〟。警官は圧倒され、彼に従いました」

女王の車での移動は最小限だが、厳戒な監視対象となり、暗号化した電波で中継を行う。金曜日の午後、週末をウィンザーで過ごすためにバッキンガム宮殿を離れるとき、彼女は古いランドローバーを使用する。金曜の夜の移動はロールスロイスでの公式行事ほどは知られていない。週末を終え、車が宮殿の門まで戻ってくる頃、側近や召使いは庭園の入口に集合する。玄関の見張り係の警官がブザーを押して彼らに帰宅を知らせる。長時間屋根の上で待機していた国旗担当の伝令が目を凝らし、王室の車が到着するや否や悪天候であろうが王室旗を掲揚する。

職員はバッキンガム宮殿の地下にある秘密の地下鉄の小さな駅の維持も担当している。第二次世界大戦時、それは女王の邸宅とロンドン地下鉄ピカデリー線を結び、君主が地下道を通ってヒースロー空港まで行けるようになっていた。

多くの人間や連隊を動員し、あらゆる策を講じ、テロの危険性は減少しているかに見えるが、完全に消滅したとは言えない。しきたりによって現実の世界から守られている女王は、時折本音を漏らすことがある。

「信頼していただくためには、私に会ってもらわねばなりません」

生身の標的であることはある意味では〈仕事〉の一環なのである。

専門家たちの目にはテロリストの脅威は最悪に見える。カミカゼや自爆行為に対し、女王は何ができるだろう？　バッキンガム宮殿にはウィンザー城のようにパニックルームが配備された。アルカイダの攻撃を視野に入れて建設されたこの部屋は、小型飛行機や大爆撃の衝撃にも耐えられる厚さ五〇cmの耐火性の壁に覆われている。また、化学攻撃や細菌戦争に備え、女王や家族、使用人用のガスマスクや最新式の空気ろ過システムも整っている。他の邸宅にも同様の対策がなされ、保安指令は強化されている。

第一二章　肖像画の中で

かつて君主たちは宮廷の肖像画家たちの絵の中に、輝かしい日々の痕跡を残そうとした。現在我々が目にする肖像画には人物の面影と同時に画家の印象を見出すことができる。例えばホルベインの描いたヘンリー八世は堂々としており、ヴェラスケスのフィリップ四世は陰気である。ヴァン・ダイクは寂しげなチャールズ一世を描き、ヴィンターハルターが描いた若きヴィクトリア女王は見事な風格を備えている。

ヴィクトリアは美貌が恋愛には結びつかず、カメラの容赦ない視線がそれを立証していることをよく知っていた。だから写真の被写体になっている彼女は、よくしかめっ面をしているのだ。宮廷の肖像画家は、彫刻家のように実際よりも美しく描く手法も心得ていたが、当時はできるだけモデルに忠実に描く習慣があった。

宮廷画家

今日カメラマンたちは肖像画家のように堅苦しい礼儀作法にとらわれることなく、宮殿に足を踏み入れて、王室との親密度を増している。彼らは写真や絵画の手法を自由に使うことができ、格式ばらない自然な写真や夢のある作品は、王室の人びとと一般庶民との間の壁を取り払うのに役立った。もし幸福感溢れる写真を撮りたければ、モデルを幸福にしなければならない。宮廷の画家やカメラマンに求められる最初の特質は、ロイヤルファミリーの前でリラックスでき、最高位の貴族に敬意を感じてもおじけづかないことである。彼らは特別な社会的地位を与えられる。女王は即位五〇周年式典の前日に、スコットランドの画家エリザベス・ブラッカデールを公式宮廷画家に指名した。彼女はデヴィッド・ドナルドソンの後を継ぎ、一九九七年に逝去した。

ロイヤルファミリーの写真は既に数百万枚に達しているが、宮廷のカメラマンの重要性が損なわれることはない。彼らは、人びとに与えたいイメージの写真を撮影するため、絶対に必要なのである。それは繊細な仕事だ。当時最高の肖像画家だったアンニゴーニは、テクニックや想像力を頼りに、数々のポーズを描けたかもしれないが、カメラマンは自分の目の前にいる人物と作業することしかできないからだ。

エリザベス二世は自治体や軍の幹部等から要請を受け、毎月数時間委任された画家の前に座る。ある日、彼女は部屋に入ってくるなり「微笑むのと微笑まないのとどちらにしましょうか？」と尋ねた。写真撮影は通常二〇分から一時間の間で行われるが、肖像画の場合、六時間はポーズをしていなければならない。

長年公式の肖像画は、王冠や王杖やマントなどを使って型どおりに描くものと思われてきたが、現在では状況が変わった。ロングフォード伯爵夫人が指摘しているように、王室の肖像画法はルネッサンスの伝統からそれてリアリズムを追求するようになった。エリザベスのお気に入りの画家ピエトロ・アンニゴーニは、チャールズ皇太子が選んだ肖像画家ブライアン・オーガンよりずっと詩的である。オーガンは女王を描いたことはなかったが、妹のマーガレット王女の肖像画を描いた。一方の瞳は憂いを帯び、もう一方は輝いて描かれ、二つの目の描写が絵に深さをもたらせ、サー・ロイ・ストロングはこの作品を〈孤独な戯れ〉と名付けた。

一九五四年に若き女王を描いた〈青のアンニゴーニ〉は、ダークブルーのドレスの色と春の景色とのコントラストが絵画に穏やかな格調を与え、人びとに称賛された。「私はこの絵の中で、本当は孤独である女王を、身近に感じてもらえるように描こうと努めました」と画家は語った。

ブライアン・オーガンが描いたチャールズ皇太子とダイアナの肖像画の出来栄えに、夫妻は大変満足し、因習にとらわれない作品として評価された。チャールズはリラックスした新しい印象を与えたいと願っていた。オーガンは両極端の面を持つ未来の国王を描こうとしていた。フットライトで照らされていないとき、小心者のこの〈普通の〉男性は、いずれ演じることになる役への覚悟をしているのだろうか？　ポロの競技場の後ろに掲げられた小さなユニオンジャックは、彼を勇気づけると同時に恐れさせている。王室の伝統である〈英雄的〉な絵からかけ離れたこの肖像画は、賞賛する人もいれば、〈駄作〉と見る人もいた。

イギリス貴族の年刊誌バークスピレージ（貴族階級）の有名な編集者ハロルド・ブルックス・ベイカーは、「一度ならず君主神話は危機に瀕しました。大半の君主たちには肖像画に描かれているほどの威厳や魅力はありませんでした。それらは神秘主義を守るために作られた物だったのです。もし彼らが一般人のように見なされてしまったら、大統領が必要になるでしょう。それは私にはとても不幸に思えます」と吐露せずにはいられなかった。

理想主義と現実主義のはざまで

真に根本的な問題は、王制の神秘的な面を保ちあらゆる状況で理想化すべきか、逆に、真実に目を向け、ロイヤルファミリーのメンバーを〈一般の人びと〉として見なすべきかということである。最近では時どき辛辣な表現で侮辱され、ごま塩頭とか、重責のためのしかめっ面と言われることもある。

皇太后の八九歳の誕生日には〈スキャンダル〉が起きた。アリソン・ワットが皇太后を、王族の肩書がなくても、きらめく宝石と果樹園のような帽子があれば、君主国で最も人気のある人物の一人だと言ってのけたのだ！　美術評論家のブライアン・スウェルは「彼女はまるでシャンプーが必要な年金受給者のようだ」と酷評した。

国立美術館の現代作家担当責任者はこういった。

「セシル・ビートンは王室のきらびやかさと笑顔を強調し、我々はその観点に圧倒的に制約されています。彼の作品には威厳に満ち年齢を重ねた女性が、シンプルに描かれており、さまざまな経験を経てきた女性の、強靭な性格が表れています」

英国の宮廷でゲインズバラの後に続くのは誰なのか？　別の言い方をするとロイヤルファミリーの肖像画家として名を残すのは誰なのか？　チャールズ皇太子は、女王やフィリップ殿下や皇太后、アン王女、マーガレット王女を描いたマイケル・ノークスを推薦している。ヨークシャーテレビは、ヨーク公爵夫妻を描いた画家を推している。真実を描く画家マイケル・ノークスは、宝石なしでマントと王冠だけを身につけた女王の姿を初めて描いた。名誉なことに、この作品は現在チャールズ皇太子の私邸に飾られている。

「私が知っている中で、最も母らしく描かれている肖像画です」と彼は語った。

キング・オブ・カメラマン

ロイヤルファミリーの画家たちのリアリズム的な傾向はイギリス国民にショックを与えた。彼らはエリザベス二世治世下で最も偉大な肖像カメラマン、サー・セシル・ビートンが足跡を残した伝統主義に、暗黙の敬意を覚えていたのだ。シェリダンからスノードンやパーキンソン等のカメラマンたちは作品に王室の面影を留めたが、彼ほど長い間庇護を受け、インパクトを与え続けた者はいなかった。セシル・ビートンは半世紀にわたり、イギリス王室の公式カメラマンを務めた。一九三九年から七九年までの間に、彼はジョージ五世とメアリー王妃の子どもたちからエリザベス女王とエディンバラ公の子どもたちに至るまで、三〇名に及ぶ王族たちの写真を撮影した。一九八七年ビートンの忠実な秘書アイリーン・ホースは、ロンドンのロイヤルアルバート美術館に、王室関連写真の公式記録を収めた。それは七〇もの場面で撮影した約一万点の傑作とカラースライドと八〇〇〇枚のネガから成る。

一九六八年に国立写真美術館で行われたビートンの回顧展に寄せられた原稿の中で、ジャーナリストのキース・ロバーツは実に的を得た指摘をしている。

「私の感覚ではビートンはあらゆる年代のモデルを使い、きらめくような才能で多彩な被写体からアイディアを引き出した点で、画家のジョシュア・レイノルドに匹敵している。レイノルド等の偉大な画家たちのように、セシル・ビートンは初めからポートレートを似せることより本人らしさの表現として捉えていた」

彼はその才能と性格によってロイヤルファミリーの信頼を得、責任を負う理想的な人材になった。戦争と革命に翻弄された一九一四年以前、宮廷の人びとに愛されていたのはロマン派の画家だった。王国は常に神秘とヒロイズムに包まれ、画家は自分の芸術的感性を王室に捧げ、客観的な手法で理想的に描いた。そしてロイヤルファミリーに献身的に尽くし、華麗で神秘的に描く一方、民主主義時代に受け入れられるように人間的な面も描き加えた。

大体の場合、宮廷のカメラマンは公式訪問旅行の出発前日に召集される。ロイヤルファミリーの写真はイギリスの新聞や雑誌に掲載され、訪問国は公の建築物や店のウインドーに写真を飾る。写真の選択はスタッフが担当するが、何度かエリザベス自らプライベートアルバムの中から、セシル・ビートンが撮影したこれとこれを使って、と指示したこともあった。

王室メンバーのポーズには変化が見られない。公式行事や家族のセレモニーのたびに、ほとんど毎回撮影されるが、カメラマンの選択はモデルやアドバイザーが率先して行う。フィリップはセシル・ビートンを忌み嫌っていた。ポーズを決めるとき、彼は絶え間なくアドバイスを与え、彼自身を撮影させることもあった。フィリップは気に入らない写真があると、使われないように抹消した。撮影中はひっきりなしに〈ぶつぶつ不平不満を言い〉、あるとき女王の方を振り向き、完璧に聞こえるように言いきった。

「我々はもう充分にポーズを取ったのだ。これ以上望むなら、彼は私が思っている以上にへたくそなカメラマンだ…」

幸い皇太后は彼を気に入っており、ビートンもそれに応えた。彼は油絵の肖像画も描き新聞に記事を掲載した。

「私はいつも皇太后には大変感謝しています。私に初めてチャンスを与え、今までの王室のカメラマンたちが縛られてきたルールから解放してくれたのは皇太后だったからです。彼女に奨励され、私は形式にとらわれず非公式な写真を撮影できるようになりました。しかし、彼らの人としての魅力や肌の色を包み隠さず表現する適切な方法ではないように感じます。私は現代の肖像カメラマンたちが、特徴や表現を伝える能力に欠けているのを残念に思います」

宮廷カメラマンの主要な改革の起源は、実は絵画の中にある。ヴィンターハルターやゲインズバラの作品に、インスピレーションの根源があるのは明らかである。

彼のポートレートには、宮殿の建築や王族の邸宅が効果的に使われている。これらの建築物は一般公開されていないが、写真の背景からモデルたちの私生活に入り込み、日常的な部分を垣間見た気になる。バッキンガム宮殿の室内装飾には、彼が探し求めていた豪華さがあった。後に宮殿の豪華さを、〈大西洋航路客船を真似たかのような腹立たしい装飾〉と批判したが、その重厚感は君主の偉大さや壮麗さを象徴し、彼にインスピレーションを与え続けた。後にも先にも、彼ほどバッキンガム宮殿の邸宅を撮影したカメラマンはいない。

サー・ロイ・ストロングが指摘しているように、ビートンの写真は背景に宮殿建築や花を意図的に入れた効果で、視覚的なまとまりを生み注目を集めるようになった。一九三〇年代半ばから五〇年代の終わりまで、彼の写真のスタイルは終始一貫していた。継続性という意味では意外な人物と関連がある。デザイナーのノーマン・ハートネルである。三〇年以上にわたり、王家の女性のほとんどは彼がデザインしたドレスを着ていた。一九五三年の戴冠式のような大規模なセレモニーの際、彼はほぼ全員のドレスをデザインし、それは絵画の中で見事に調和している。

王子の写真には自然らしさが全くない。カメラマンは即位式や結婚式などの機会に呼ばれ、わずかな時間を与えられる。彼はセレモニーの長い一日に、重責を担ったスタッフの一人としてかかわる。どういう状況であれ、事前に熟考し準備する必要がある。ビートンは宮殿の責任者と協議してアイディアを説明し、面会する前に衣服や場所を決定する。彼の撮影は素早い。

一九三七年に初めて現在の皇太后のポーズ写真を撮影した日の日記。

「宮殿は巨大ですが隔離されているような印象はなく、広大な庭園も遠くから聞こえてくる車の音に占拠されていました。窓越しに宮殿の前で待つ群衆たちが見えました。女王の準備が整い、彼女はごく自然に微笑んでいました。しかし、私は非常に緊張し、膝ががくがくしていました。〝私には大変光栄なことですので一生懸命務めさせていただきます〟〝ドレスのことですが…〟〝私は別の晩餐会用のチュールのついたドレスを考えていたのですが、王冠をかぶっていただいて…〟。私は微笑みながらおずおずと言いました。私はロングスカートのカクテルドレス姿で、きれいな色の口紅を使い、いつもと違うメイキャップもどうかと提案しました。〝試してみたのですが、あまり似合わないように思います。どうでしょう〟。その言葉通り、確かに彼女の雰囲気ではありませんでした。ダイアモンドのブレスレットをつけた彼女の腕や手は白くふくよかで、香水の香りがし、小柄でハイヒールの靴を履いていました」

ビートンは自伝の中で、一九五二年に幼いチャールズとアンを撮影したときのことを記している。

「幼い王女は、群衆たちの不愉快な振る舞いに懸命に耐えていましたが、ついに真っ赤になって怒り始めました。チャールズ王子も我慢しきれなくなり、二人は目の前で耳をつんざくような騒ぎ声をあげていました。私は庭園に出て写真を撮らせてもらえないかと頼みました。二本の門柱の間にはサーモンピンクのゼラニウムなど色とりどりの花が咲き、その中心に王女たちを立たせようと考えたのです。しかし庭は均整がとれていたので、私は撮影を諦め、辺りを見回しました。すると守衛室で見つけた警官の帽子をかぶったチャールズ王子が芝生を駆け抜けて行きました。コーギー犬が吠えながら彼の周りで駆け回っていました。アシスタントたちは大慌てで、露出を合わせる暇もなく写真を撮りまくりました。エリザベスはこの写真を本当に穏やかな光景だったと言っていました」

ビートンは時代の記録として戴冠式の場面の撮影を引き受けた。

「エディンバラ公は、扉越しに鼻先で言いました。〝マーガレット、来なさい。皆さんがお待ちですよ〟。マーガレットと皇太后が現れ、女王が女官と共に部屋に入って来ました。その日の責任者である女官は冷たい微笑を浮かべ、疲れた様子をしていました。私は寺院の複製の前で、写真撮影用に一人でポーズを取ることを提案しました。照明の具合はよくありませんでしたが、分刻みの中で調整する時間もありませんでした。私はイメージを湧かせながら、できる限り早くシャッターを切り、撮影しまくりました。撮影中もモノクロかカラーのどちらで撮るべきかとか、撮影のタイミングは正しいか、など漠然としか考えていませんでした。王冠や宝石をつけた女王はとても小さく見え、鼻や手は赤みを帯び、目は疲労の色が浮かんでいました。私の要望にこたえていた女王は王冠を重く感じ始めていたのです。撮影開始から三時間以上も経っていたとは思ってもみませんでした」

しかし一九五五年、この著名なカメラマン兼装飾家はバッキンガム宮殿に飽き始めていた。

「宮殿内にまだ撮影していない場所を見つけるのは難しくなりました。既に膨大な量の写真を撮り、あらゆる可能性を試したような気がします。よく見ると、下品な家具や装飾品でいっぱいの部屋は実におぞましい物に思えます。果てしなく続く廊下を通ると絵画の間があり、精彩を欠き顔色の悪い中年の召使がひどくせき込みながら、音楽の間の扉の見張りをしていました。チャールズ王子とアン王女はバレエのレッスンを受けていました。私は舞踏会の間の中で玉座型の象徴的な椅子二脚の一方に女王を座らせ、写真を撮ろうと思いつきました。椅子は深紅の大きな天蓋の下に置かれていました」

一九六〇年二月一九日、彼はアンドリューの洗礼式を撮影した。

「宮殿の重圧がのしかかり、苦しめられました。私は横暴な海軍将校の敵意と、女王の敬意を受けながら撮影しなければならなかったのです。彼女は丁重でしたが無関心な様子で、私が出す指示に耳を傾けていました。〝脚立を持ってきて〟〝照明をあてて〟〝ローライフレックスのカラーフィルムを渡して！〟フィリップ殿下は王らしく振舞い、不機嫌そうに脚立を使うよう私に言い続けました」

三カ月後、マーガレット王女の結婚のとき、彼は将来のライバル、アントニー・アームストロング・ジョーンズと共に再び姿を現した。

「王女の姿には目を奪われました。彼女は目の覚めるようなロマンチックなドレスを着ていました。穏やかで愁いを帯び、集合写真撮影の際、責任ある立場を発揮しそれぞれの席を指さして指示したときでさえ、非常に感じよく見えました。なす術がなく困っていた私を救ってくれたのは皇太后でした。彼女は実に親切で物分かりがよく、じりじりしている女官たちの自然な姿を撮影するよう勧めてくれました。突然エディンバラ公が扉を半開きにし〝ランチを食べたいんだ〟と言いました。彼は扉のすぐ近くにいた私が飛び上がるほど驚いたのに気づき、互いに微笑みを交わしました。それから宮殿を後にし式場へと向かいました」

ビートンは、一九六四年五月に誕生したばかりのエドワード王子を撮影している。

「私は撮影場面をセットするため宮殿に行き、音楽の間を勧められました。壁面はオーク材で覆われ、装飾品が点在しブルー系のブロケードを配した部屋は、幸福な印象を与えないように感じました。思い切って大胆にした方がよいかもしれない！　宮殿を忘れ、女王と子どもたちに集中してみよう。とにかくその方がよい。私たちは宮殿を飛び出し、乳母車と犬たちを使って生き生きした場面を設定し、なかに生まれたばかりの本物の赤ん坊を入れました。アンドリュー王子は広間で三輪車で遊び、父親はその様子を無邪気で愛情あふれる目で楽しそうに見つめていました」

一九六八年セシル・ビートンは女王を撮影し、それが最後になった。彼は一九七二年に貴族の称号を受勲し八〇年に逝去した。ヴィクトリア・アルバート博物館の館長は、「王室カメラマンの中で彼ほど歴史的な感覚を持ち、被写体を優雅に美しく見せる手腕のある人はいなかった」と強調している。彼の作品は君主制の概念への情熱と、紛れもない愛着に溢れている。新聞や雑誌ではロイヤルファミリーを心ない記事で傷つけることはあったが、彼の仕事に害が及ぶことはなかった。王族たちは、過ちを犯しかねない人間の姿をしながら、抽象的な概念の化身としても存在している。彼はその二元性を見出していた。昔の宮廷画家たちのように、ビートンはモデルたちは国を象徴すべきであると考えていた。彼は照明と機材を駆使し、男性は美しく女性は魅力的に撮影した。

女王のカメラマン

彼の後に続いたのはスノードン卿、リッチフィールド卿とノーマン・パーキンソンである。ビートンに最も近かったのは、恐らくスノードン卿だろう。アントニー・アームストロング・ジョーンズは一九三〇年五月七日ロンドンに生まれた。弁護士のロナルド・アームストロング・ジョーンズとアン・メセルの二番目の子どもで、サリーのサンドロイド小学校に通い、一九四三年にイートンに入学したが、その頃はほとんど目立たなかった。三年後灰白髄炎という恐ろしい病気を発症し、サー・ヘンリー・コーエンの治療は痛みには効いたが、アントニーには軽い歩行障害が残った。

彼は一六歳の誕生日に母親から贈られた高性能のカメラに夢中になり、若くして自分の進むべき道を見出した。ケンブリッジやイエス大学在学中も、写真に対する情熱は高まる一方で、彼は父親に告げた。

「僕は興味のないことを勉強する気はありません。あなたにはショックだと思いますが、僕はプロのカメラマンになりたいのです」

彼はポートレートの撮影技術をヘンリー・ナハムから学び、ピムリコ通り二〇番地に自分のスタジオを開設し、貴族の結婚写真と舞台写真のスペシャリストになった。

一九五六年、将来を嘱望された若きカメラマンは、女王の親しい友人のポートレートを撮影し、やがてケント公となる男性に会った。これがロイヤルファミリーのメンバーとの初めての出会いだった。彼の写真は気に入られ、女王の報道官はバッキンガム宮殿に彼を招き、チャールズとアンの撮影を依頼した。ポーズ撮影の後、エリザベスにも紹介され、彼女は彼の才能を賞賛した。ヴォーグ誌は彼の写真を掲載し、トニー・アームストロングは一躍スターになった。

彼はマーガレットにほのかな恋心を抱き、二人の秘められた関係は数カ月内密にされていた。彼らはトニーが借りていた家で会っていた。それはロンドンの東の果てにあり、王室の恋人たちにとってはとても不便な場所で、マスコミにも秘密を嗅ぎつけられなかった。一般のカメラマンが王女に求婚する資格などないのは当然であり、トニーは王女の二九歳の誕生日に一連の写真撮影を行ったが誰も疑う者はいなかった。一九五九年一二月、王女のかつての恋人ピーター・タウンゼントがマリー・ルスとの再婚を発表した直後、マーガレットとトニーは内輪で婚約した。一九六〇年二月二六日皇太后家が公式発表したが、バッキンガム宮殿がそのニュースを確認したのは三月一六日だった。

皇太后は彼の魅力や率直さを評価し、人生を享受する自由奔放な一面まで認めていた。もし彼女が将来の婿に好感を表さず、女王が理解を示さなかったら、ロイヤルファミリーの中にはあまりにも身勝手と思われる計画に手を挙げて協力しない者もいただろう。この結婚は大いなる愛の歴史の結末であると同時に、王室に対する挑戦のようにも見えた。気性が激しく個性的なフィアンセは、マーガレットが育ってきた環境とは全く異なる世界で成長を遂げてきた。彼は芸術家なのだ。

一九六〇年五月六日、盛大な結婚式が行われ、二人の子どもに恵まれ、トニーはスノードン伯爵となり上院議員になった。しかし彼の新たな立場は非常に曖昧であった。彼は妻の王室費を使用することを断った。現に財政的な恩恵を受けていたが、誇り高いトニーはカメラマンとして生きたいと願っていた。しかし一九六〇年工業デザインの評議員に任命されると、マスコミは女王の義理の弟という立場を利用したと彼を非難した。サンデータイムズ誌がアートアドバイザーとして彼との契約を打診したときに怒りは絶頂に達した。ロイヤルファミリーの一員が、どうやってマスコミの中で働けると言うのか？　それは皇太后に料理の記事を書かせるようなものだ。

結婚当初から夫妻に暗い影を落としていた批判と苦情は年々加熱し、二人の溝は徐々に深まっていった。王女は公式行事に単独で出席するようになり、久しぶりに夫にエスコートされて晩餐会に出席した彼女を見て、マスコミは無情にもスノードン卿は他人のようだったと報道した。一九六七年二月二七日デイリーエクスプレス誌は、同情をこめ〈マーガレットの孤独〉と題した記事を掲載した。しかし、一九六七年のモントリオール博覧会や数回の海外旅行等では公衆の前に姿を見せ、不仲の噂が一時的に封印されたこともあった。独占欲が強く軽率ではないマーガレットは、離婚を望んでいなかった。だが、エリザベスにいつも忠実に寄り添うフィリップのようにしているのに耐えられなくなったのはトニーの方だった。彼はそのような立場でのうのうと生きるには野心的すぎた。

「私のように自立した人間には、しきたりから解放された自由な時間が少なすぎます。私にはもっと広大な場が必要なのです」

スノードン卿の作品は、ヴォーグ、ハーパーズ・バザー、サンデータイムズなど著名な雑誌で定期的に掲載され、確かに地位も利用していたが、その才能は議論の余地なく立証されていた。彼は自然光と照明を巧みに組み合わせ、逆光の効果を活かし、被写体を鮮やかなオーロラの中に浸っているかのように見せた。ネオロマン主義の伝統を継承しており、絵画のポーズのいくつかにヒントを得、人工的な背景を用いていた。

マーガレットとは一九七六年三月一九日に別居し、一九七八年三月二四日に離婚した。二人の関係の悪化にもかかわらずトニーと宮殿の共同作業は継続し、チャールズ・ダイアナ夫妻の子どもたちの洗礼式に際し、初めてのポートレートの撮影も彼に依頼した。

バッキンガムでより覚えめでたかったのは、女王の従兄でやはり才能あるライバルのリッチフィールド卿より元義弟のほうである。物議をかもした出来事があった。一九八一年七月、リッチフィールド卿はチャールズとダイアナの結婚式を撮影する名誉にあやかった。若きカップルは歓びに酔いしれているように見えたが、王家と従兄との関係は悪化していった。皇太子は結婚式で撮影された一連の写真の中に市民が見てはならないようなショットが混ざっていたことで彼を非難した。例えばエリザベス女王がブライズメイドのクレメンタイン・ハンブロのドレスを直そうとしてかがんでいる写真である。パトリック・リッチフィールドは、すべての写真はバッキンガム宮殿に提出してチェックされ、女王が新年のカード用に保管しておきたいと言った一枚以外は受け入れられたと主張した。この〈事件〉以降、皇太子のお気に入りはスノードン卿になった。

人びとはロイヤルファミリーのメンバーの撮影権を得ようとカメラマンたちが競っていることなど、多分想像しないだろう。プレスが権利を買った写真は一枚軽く一〇万七〇〇〇ユーロの利益をもたらす。アンドリュー王子がスノードン卿のアドバイスを受け、写真の勉強を始めた理由も理解できる。

エリザベスは六〇歳の誕生日用にはヨーク公が撮影した写真を使った。

一方エリザベスは、いつもイギリス社交界の有名人である従兄を頼っていた。リッチフィールドの五代目の公爵トーマス・パトリック・ジョン・アンソンは一九三九年四月二五日に誕生した。彼はハロウ在学中から学友や教授たちの写真を撮るのが好きだった。女王軍の連隊に七年間在籍し、スカイダイビングも修得した。二七歳でカメラマンのアシスタントになり、家族は衝撃を受けたが彼は意志を貫き、ヌード写真の撮影をすることもあった。

リッチフィールド卿は、何回もイギリスのベストドレッサーに選ばれ、バーバリーのキャンペーン広告にも登場した。彼は回想録の中でチャールズとダイアナの結婚式の撮影について記している。

「私はセーラ・フィリップス嬢の洗礼式を思い出し、グループ写真の撮影について心配していました。親族全員五七名を短時間でどうやって並べればよいのだろう？　フィリップが〝大丈夫、そんなに大変ではないでしょう。この前ルクセンブルグの結婚式に参列したときには、カーペットの上に名前を書いた小さなカードが貼ってありましたよ〟と言ったのを聞き、それを実行することにしました。写真撮影のため王座の間に入ってきた女王は、自分の名前が見つからないと文句を言いました。もちろん彼女の位置は真ん中ですから、名前付きのカードは用意しなかったのですが」

「ロイヤル」という彼の写真集には、女王について語ったことが記されている。

「彼女は均整がとれ、カメラテストにも忍耐強く応じ、撮影しやすい人の一人です。自分の立場をわきまえた真のプロフェッショナルであり、要望に常に快く応えてくれます。私が気に入っている写真は、バルモラルの厩舎で撮影したものです。私たちは一緒に馬で散歩に行こうとしていました。彼女が馬を点検していると、馬がお辞儀をするように傾いて頭を下げたのです。女王は馬と同じ高さに視線を合わせ、同じようにしました。その写真は実に独創的でした」

一九七一年、リッチフィールド卿は写真に写っているロイヤルファミリー全員を招いた。そしてテレビでバスター・キートンの映画を流し、皆が爆笑するたびにシャッターを切った。

長年ライバルだったもう一人の宮廷カメラマン、ノーマン・パーキンソンは、しばしばハリウッド的な手法を使った。アシスタントのティム・ジェンキンスは、「アン王女とフィリップス大尉の結婚式の後で、彼はロイヤルファミリー全員の写真を撮影しました。彼はメガホンを使い〝子どもたちはこちらですよ…〟と指示を出しました。子どもたちと言っても幼い王女と王子しかいなかったので皆笑ってしまい、特に皇太后は大笑いしていました。大尉の船の上だったので、余計リラックスしていたのでしょう」。

アンとマーク・フィリップスの記念すべき写真撮影のために、パーキンソンは大きなスタジオを用意し高価な機材を使用するのをいとわなかった。

「薄暗い日の自然光を利用すると、被写体の目や鼻の下にクマがでてしまいます。ですから私は地面に三mくらいの竹の杭四本を打ち、シートを広げその下に二人を座らせました。シートは淡いピンク色を反射して二人の表情に輝きを与え、クマも見えなくなりました」

ノーマン・パーキンソンはポーズ写真の撮影のとき、独自の方法を使っていた。

「私たちは事前に、ドレスや雰囲気、背景、演出の仕方、装飾などの内容について一緒に話し合います。アン王女に関しては何の問題もありませんでした。彼女は何も疑わず、私のすることを信じてくれました。お互いに信頼し合っていたのです。前もって理解し合っていたので、王女自身どうやって撮影するか知っていました。いつもそうなのですが、被写体とカメラマンは少しずつリラックスしていきます。初めの写真は従来通りに非常にきちんとしており、次はよりくつろいだ感じに撮れました」

アシスタントによると「彼はごく一般的なカメラしか持っていません。撮影はカメラスタンドを使わず、持ち歩いて行います。あまり多くの写真は撮らず、一枚は必ず保存していました。まずポラロイドカメラで撮影し、椅子や植物などの効果を確認してから本番の撮影に臨みます」。

ノーマン・パーキンソンはロンドンに邸宅を持っていたが、年間六〜八カ月間は、モデルだった妻と、霧のバッキンガム宮殿から遥か遠くのアンテイルのトバゴ島に滞在していた。彼は一九九〇年二月一五日に急逝した。

パパラッチ

即位直後のリサ・シェリダンやマーカス・アダムスやユアサフ・カーシュのように、レジナル・デイヴィスやティム・グレアムなどのようなカメラマンも宮廷に気に入られていたが、それ以外の人が宮殿に受け入られることはなかった。世界旅行も蓄財もできる人びとの写真撮影のため、寄生しているカメラマンたちは、あらゆる手段を講じる。彼らは最高の望遠レンズと最新式の機材を揃え、船やヘリコプターをチャーターし、ガラスの破片を並べた高い塀を躊躇せず乗り越え、時には変装も辞さない。カメラマンによる嫌がらせの舞台裏は、マルクス兄弟の風刺にも匹敵する！

パパラッチに始終追いかけ回されている王族たちの苛立ちは、理解に難くない。フリーランスのカメラレポーターは、高収入を得るスクープを取るためなら、第三次世界大戦が勃発しても構わないとばかりに、常に彼らにつきまとっているのだ！　スキャンダルなニュースには世界中で非常な高価がつくが、ショッキングな写真は信頼関係を侵害し冒涜する。

彼らの行く所、絶え間なく脅かされているフィリップは、悪質なカメラマンのリストを入手した。BBCの番組収録中、彼のリアクションを記憶している人もいるだろう。

「その汚らわしいカメラを、そんなに女王に近づけないでくれ」

彼は私生活にマスコミが侵入してくると、いつも常識的な方法で抵抗していた。

「私はカメラマンに不快感を表すと言われているのを知っていますが、事実はそうではありません。でももし彼らがドアの鍵穴から望遠レンズで狙いを定め、私生活に潜り込もうとするなら、私には闘う覚悟があります」

殿下はあえてその風評を訂正しようとはしていない。一九五〇年代、彼は公の場でイギリスプレス界の大物、ビーヴァーブルック卿と対立し、火花を散らした。ブラジルに旅行したときにはある新聞社のレポーターに目をつけ、黒い瞳の彼に近づくや否や怒鳴りつけた。

「お前の薄汚い新聞は、嘘とデマだらけのいんちきだ！」

一九六六年のカリブでは、「あなたの国には蚊がいますが、私たちの国にはマスコミがいます」と叫び、ジブラルタルの岩山のサルを見に行ったときには、カメラマンにピーナッツを投げつけた。ジョン・ピアーソンはフィリップ殿下について記述している。

「彼はマスコミに追いかけられていると感じると、我慢できなくなってしまい、王室のルールを無視して怒りを露わにする。無理もない態度なのだが、人気を得るためには大きくマスコミに依存している重要な公人としては思慮に欠ける。いつも変らぬ笑顔と優しさでカメラマンたちの人気を集めている、義理の母親の影響をもっと受けると良いかもしれない」

皇太后は常に家族のムードメーカーだった。フィリップ殿下には同じように振舞うチャンスがほとんどない。一九五九年、チェルシーの花祭りでは口論を始め、辛抱強かった二人のカメラマンが理由もわからず、頭の先から足元までずぶ濡れになる事件が発生した。自動給水機が突然作動し始めたのだ。蛇口を回したのは誰の手だったのだろうか？　すべての疑いは殿下にかかった。コルヴィン中尉は誰もが認めるように説得することなく、学生の悪戯のような出来事を国家的な事件にした。宮廷はより厳粛で、ほとんど信憑性のない反証を作成した。

「エディンバラ公はチェルシーの花祭りで、自動給水機装置のボタンを操作しなかった。彼はこの装置で芝生に水をまくことを知らなかった。他の誰かが操作したに違いない」

アン王女は大胆だ。ある日、彼女はカメラマンに尋ねた。

「私の写真は一枚いくらなの？」

「ビキニなら一〇〇〇ユーロから一万六〇〇〇ユーロ位です」

「ではあなたがそれを受け取って二人で分けましょう」

真の権力は奪われたとは言え、王国は世界に及ぶ影響力を持ち続け、イギリスのロイヤルファミリーはそれぞれの役を最大限に演じている。大衆は王室に莫大な財産、華やかさ、敬意、伝統、本物らしさ、素晴らしい環境の中での豪華な生活など、強大だったかつての君主国のあらゆる伝統的な象徴を見出している。これらは基本的に女性たちの肩の上に乗っている。人びとが彼らの生活の些細なことまで夢中になって知りたがっても、驚くことはない。この現象を〈大衆化〉と記述するのは誤りだろう。公式な肖像写真は明らかに対位法を構成していた。

王族のポートレートの中でもビートンやスノードンの作品は、極めて重要な役割を果たし、現代の歴史家たちはそれを〈伝統の創造〉と名付けた。過去においても現在も、見る側の印象は限定されている。それは我々のイギリス君主像であると同時に、王国自身が求め続け、今も与えられたいと願っている君主像である。彼らは偉大さを損なわず、より人間的なイメージを欲している。国民に近づけるような印象を与えねばならないが、距離を保ち維持し最小限の豪華さも必要である。それがなければ尊敬されなくなってしまうからだ。

第一三章　宮殿の子どもたち

バッキンガム宮殿で子ども時代を過ごすのはおとぎ話のようなものだろうか？　そこには孤独に耐えるだけの値打があるのだろうか？　エリザベスとマーガレットの養育係はこれに関連した本を一冊残し、二人の生徒たちについて雄弁に語っている。同じ方法で育てられ、双子のように同じ服を着せられ、彼女たちは守られた生活をしていた。養育係のミス・クロフォードによると、エリザベスは休暇を共に過ごすのは従兄たちで充分であり、普通は看護婦や養育係や妹と一緒にいたので、友達を欲しがることはなかった。彼女は溜息交じりに言った。

「私たちは現実社会から隔絶され、象牙の塔の中で生活していたようなものなのです。思い出してみるとそこはいつも春のようでした」

小さな女王

エリザベスの性格を把握するためには、義務の概念を理解することが必要だ。それは君主制同様、長い伝統に支えられた厳格な教育が彼女にもたらせたものだ。ミス・クロフォードは、彼女が六歳のときから君主制の歴史やロイヤルファミリーの家系、またインドや自治領の地理を教え始めた。メアリー王妃は〈公式行事の決まり〉の手ほどきをした。

あるとき祖母に付き添って集会に参加したリリベット（エリザベスのニックネーム）は、老婦人の袖を執拗に引っ張り始めたので、彼女は戻りたいのかと尋ねた。するとエリザベスは、「いいえ、おばあ様、私は終わるまで帰れません。私を見たくて外で待っている人たちのことを考えてみて！」と無邪気に答えた。メアリー王妃は孫娘が望ましくない傾向に走って、女優のように振舞いでもしないかと案じ、すぐに彼女を職員の出入口から宮殿に連れ戻した。

エリザベスの子ども時代の評判を語るエピソードはたくさんある。彼女はかなり早くから、自分が重要な存在だということに過剰な意識を持っていた。ある日彼女は、敬意の証しに同級生の一人を目の前にひざまずかせようとした。またある日の朝、ジョージ五世の宮内長官が宮殿の廊下で、彼女に優しく「おはよう、小さなレディ」と声をかけた。するとリリベットは答えた。

「私は小さなレディではありません。私はエリザベス王女です」

家庭教師の話。彼女はリリベットとマーガレットを連れてロンドン市内を散歩に出かけ、お茶を飲もうとカフェに立ち寄った。ウェイトレスはお客が有名人であることに気づかず、ティーポットをカウンターに戻さなかった年上の女の子に文句を言った。王女は間髪を開けずに答えた。

「ティーポットがいるなら、自分で探しに行きなさい！」

マーガレットは二番目に生まれたことに大変苦しんでいた。一九三七年五月一二日の戴冠式では、自分の王冠が姉のより小さいと不平を言い始めた。姉は苛だって言い放った。

「マーガレットはいつも私の持っている物は何でも欲しがるの…」

この歴史的な日の儀式の内容は、またもや彼女の機嫌を損ねた。

「寺院では皆、大きな声でリリベットのためにお祈りをしていたけれど、どうして私のためにはしてくれないの？」

姉メアリー女王の統治下にいた将来のエリザベス一世はこう言ったに違いない。

「二番目に生まれたのがどういうことか、私はわかっています…」

バッキンガム宮殿への転居は、幼い王女を当惑させた。マーガレットは家庭教師に尋ねた。

「え？　ここにずっと住むっていうことなの？」

しかし、住み始めるとすぐ彼女はバレエのレッスンや豪華な食事や水泳のクラス、スタッフの子どもたちで構成されているガールスカウトと一緒の散歩にも慣れ、宮殿での生活になじむようになった。

しかし家庭教師は、そうしたときに誰かれ構わず仲良くして良いわけではないと指摘した。

「王女たちは別世界からやってきた不思議な生き物のような他の子どもたちに、文字通り夢中になっていました。二人は気に入った子たちに、おずおずと微笑みかけ、一緒に話をしたり遊んだりしたかったのですが、それは許されてはいませんでした」

幸せではあったが、いささか孤立していた子ども時代であった。

皇太后の側近の一人が語った。

「面白いことがありました。一〇歳だったマーガレットは、バッキンガムでパントマイムを行ったある晩、その中で可愛らしい子役を演じました。一人の高官が彼女に、その衣裳を着ていると、天使のような気持ちがするかと尋ねました。彼女はその憶測に怒った様子で〝私は家族の中で怖がられている悪戯っ子なの！〃と叫んだのです」

彼女の愉快な性質がわかるだろう。四歳のときにテーブルの下で客たちの足をくすぐり、六歳では入浴中の姉にタピオカを投げつけ、父親の戴冠式中におおあくびをしたのは七歳のときだった。一一歳のときには姉が植えたダリアの花壇の中にニンジンの種をまいた。

一〇歳のときには新任の召使に向かって「ハンサムだなんてとんでもないわ！」と叫んだ。一一歳のマーガレットはウィンザーで紅茶にビスケットを浸し、誰に言うともなく「お母様はこうするのが嫌いなの、上品じゃないって言うのよ」とつぶやいた。ガールスカウトの女性隊長が漕いでいたボートの底板をはがしたのは、一二歳のときだった。隊長は気の毒な少女に、飛び込んで後から泳いでくるよう命じた。一四歳の彼女は酒蔵で晩餐会用のシャンペンの味見をし、人びとを驚かせた。一五歳のときには公式の座談会に許可なくスポーティな服装で出席し、こっそり招待客の車に乗った。

一九四一年二月一六日、マーガレットはバッキンガム宮殿の廊下で、やがて彼女の人生を翻弄することになるピーター・タウンゼント空軍大佐と初めて出会った。彼は王の侍従に任命されたばかりだった。

「彼女にはほかの一四歳の少女と違うところは何もありませんでした。辛辣な悪戯をするときだけは別でしたが。そういうとき彼女は喜びを隠さず、事の成り行きを夢中で見つめていました」

一九四五年五月八日勝利の日、マーガレットは王家の二人（一人はピーター・タウンゼント）に付き添われ、バッキンガム宮殿の柵の前で押し合いへしあいしている群衆たちの中に、初めて姉と共に紛れ込んだ。彼女は叫び唸り歓喜の歌を歌った。

「本当に素晴らしかったわ。皆が隣りの人の帽子を盗むの。誰かがワルツを踊り始め、私も踊ったわ。あんなに素敵な夜を過ごしたことはなかったわ」

彼女はミス・クロフォードに打ち明けた。

それより前の一九三九年七月二二日、一三歳だったエリザベスは、ダートマスでマウントバッテン卿の甥、フィリップに出会った。二人はもっと幼かった頃に、バッキンガムでのファミリーランチやケント公爵夫人宅での食事会、ルイ叔父宅でのバカンスなどですれ違っていたが、印象に残っていることや正確に思い出せることは何もなかった。国王と家族は、マウントバッテン卿と海軍兵学校を訪問する予定になっていた。構内の教会で準備をしていると、医者が士官候補生の二人がおたふく風邪になったと報告しに来た。世継ぎの女王たちに移すわけにはいかない。そこでリリベットとマーガレットは大尉の家に行って、電気機関車で遊びながら時間をつぶすことになった。

マウントバッテン卿は、甥と二人の従姉妹を結び付けることを暗に考えていたが、フィリップはロイヤルカップルについて行きたかったので、本当につまらなそうだった。一三歳の少女と九歳の子どもの相手をするなんて、なんて退屈なんだ！　従順な彼は二人に挨拶し、彼女たちの傍で膝をついて一緒に電車を動かして遊んだがすぐに飽きてしまい、庭でクリケットをして遊ぼうと誘った。それからテニスをしたが、彼の腕前や掛け声はパートナーたちを魅了せずにはいられなかった。

子どもたちの家庭教師は記憶している。

「テニスのゲームをしているとき、私は彼が恰好をつけ過ぎているように思えました。でも少女たちは強く印象付けられていました。彼はさりげなく振舞っていましたが、かなりハンサムですし…」

ミス・クロフォードも、長女のキラキラした瞳に気づいていた。

「見て、あんなに上手なのよ、クロフォ！　なんて体が柔らかいのかしら！　なんて高く飛べるの！」

彼女は叫び続けていた。もちろんフィリップは、子どもたちの気を引こうとしてわざとアクロバティックに演じていたわけではない。彼が意識したのはロイヤルカップルの注目だった。マウントバッテン卿は、彼を船上で昼食とディナーに招待し、その希望はさらに大きくなった。彼は二人に、良い印象を与えたいと願っていた。

翌日、ヴィクトリア・アルバート号がダートマスを出発するとき、フィリップを含めた士官候補生がボートで海までエスコートすることになった。仲間たちはUターンしてきたがフィリップは漕ぎ続け、双眼鏡で見ていたエリザベスを喜ばせた。

「なんてバカなんだ！　彼が漕ぎ続けたら、我々が後から追いかけて連れ戻さなくてはいけなくなるじゃないか」

マウントバッテン卿の威厳に満ちた声を聞き、彼は同じ方法で戻ってきた。このエピソードは長い歴史の始まりに過ぎない…。

エリザベスとフィリップがダートマスで出会った頃、戦争が迫っていた。世界は崩壊し始め、宮廷関連の予定も隅に追いやられた。エリザベスとマーガレットの子ども時代は、彼女たちのラブストーリーに出演する役者たちの登場と共に終わりを告げた。

マスコミは特に彼女たちの子どもっぽいファッションに興味を持っていた。以前王室の子どもたちの洋服は、専門の批評家の意見に従って作られ、レースや刺繍などで贅沢に飾り、人目を引く物でなければばならなかった。

ヴィクトリア女王は、赤ん坊や子どもたちを甘やかさず大人のミニチュアのように扱い、娘たちには彼女と同じ流行遅れの洋服を着せていた。彼女は子どもたちに二つの流行を伝え、それは現在も引き継がれている。キルトとセーラー服である。エリザベスとマーガレットは、スモックドレスやフリルやイギリス刺繍が好まれる〈少女趣味のデザイン〉でロマンチックな時代に生きていた。子ども時代に彼女たちがズボンを履いているのは、見たことがない。

王室の子どもたちはいつでも両親に挨拶をするが、アンはミニスカートを履いて、それから逃れていた。現在では、洗礼式や結婚式やパレードなどの特別な機会以外で〈お姫様〉のように着飾ることはほとんどない。

幼いプリンスたち

バッキンガムは子どもたちのための宮殿なのだろうか？　チャールズは四歳のときに、クラレンスハウスからバッキンガム宮殿に移った。順応しやすいように、女王はバッキンガム宮殿の新しい育児室を、クラレンスハウスと全く同じにするように頼んだ。部屋には花模様と夜用の淡いブルーのカーテンがつけられ、黄色く塗られた。王子のスケジュールは七歳までずっと同じだった。七時に起床、八時にときどき母親と一緒に入浴、八時四五分から山もりの朝食をとり、一〇時に宮殿の庭園を散歩する。昼食は一二時きっかりに始まり、一六時三〇分まで昼寝。エリザベスとティータイム、入浴、そして就寝。

チャールズは早くからウィリアムと名付けた仔馬に乗り始めた。彼の初めての遊び仲間はハービーという名の小さなウサギで、歴史学者や系図学者は、チャールズが現在同じ名前をつけているラブラドールと混同しないように気をつけなくてはならない。彼は〈王室の〉小屋を建て、大切なウサギとデヴィッドとアニーという名前の鳥二羽とハムスターのチチを飼っていた。一言で言うなら、丸い頬をした王子のための本物の動物園だ!

しかし、年が経つにつれてチャールズは、約束された将来のための教育を受けることが求められた。幸せな時は過ぎ、教育係は彼に初めて文法や歴史や地理学の概念を教えた。彼は一人でいることをやめ、気の小ささを克服し、外の世界を知るため同年齢の少年たちのように学校に通うことになった。王室の子どもたちの教育は、先人たちは特別な教師から学習していたので、それは前例のないことだった。

チャールズの子ども時代、宮廷は民主化と近代化を図っていた。彼はハロッズデパートの真後ろで宮殿から五分の所にあるヒル・ハウスに、一九五七年一月二八日、新入生として入学した。その後チアスクール、ゴードンズタウンに通い、少年はやがて青年になりケンブリッジで勉強を終えた。

三二歳までの独身生活の大半はバッキンガム宮殿の独身用の三部屋で過ごし、判で押したような単調な日々を送っていた。どちらかと言えば朝型だった彼は、一二時頃には就寝していた。バッキンガム宮殿では七時三〇分きっかりに起床し、召使の中で彼の寝姿を見る権利のある一人だけが、寝室に入ってくる。それから冷たいシャワーを浴び、ひげをそる。彼は運命を告げるような、ウッズ・オブ・ウィンザーという名のアフタシェーブローションを使っていた。その間に召使は洋服を整える。王子は朝食にはあまり時間をかけず、執務室に降りてスケジュールの詳細をチェックする。外出の予定がないときは、そこで一日のほとんどを過ごしていた。唯一入室できる訪問客は、ラブラドール犬のハービーだ。

独身男の毎日は実に孤独なものだった。バッキンガム宮殿での朝食は、個人的な手紙や朝刊を読みながらテレビの前で一人で取る。夕食もやはり大広間のテレビの前で一人で食べることもあった。プライベートに友人たちと外で夕食を食べることもあったが、それもごく少人数で事前に身元を確認できた人たちとだけだった。ロンドン市内で取る昼食もいつも王子一人だった。一方仲間たちと共に過ごすこともあり、その中の何人かは時間をかけ彼と友人になった。時折彼らは殿下の気まぐれな行動に面喰っていた。彼はふだん紅茶もコーヒーも飲まず、スタッフは前もって相手に必ずそれを伝えている。王子は時どき悪戯をして突然紅茶を頼み、皆を困らせては喜んでいる！

ダイアナとの世紀の結婚以後、夫妻は田舎のハイグローブとケンジントンパレスの八号と九号の邸宅を行ったり来たりしていたが、やもめになったチャールズはセントジェームズ宮殿に住むことにした。バッキンガム宮殿には郵便局と執務室の一部だけを残したが、彼はいずれ将来の国王として必ずそこに戻ってくると自覚していた。

アン王女は兄に続いてクラレンスハウスで誕生し、バッキンガム宮殿の音楽の間で洗礼式が行われた。四世代の王、女王、殿下、妃殿下がゆりかごの周囲を取り囲んだ。ウィンザー城から持ってきた銀製の洗礼盤は、一八四〇年にヨーク大司教が儀式を行ったとき以来ずっと使っている物だ。マウントバッテン卿は名付け親の一人だった。チャールズは客たちの間を飛び回り、立ったり座ったりしながら矢継ぎ早に質問をし、興奮を隠しきれない様子だった。

母親を見習って、エリザベスは子どもたちを長い間母乳で育てていた。アンが一歳半になった時、母親は女王になった。彼女は住み慣れた所から離れて別の邸宅に移り、クラレンスハウスからバッキンガム宮殿の育児室に変わったが、心配している様子は全く見られなかった。二年後、アンは女王や王妃たちにミプシーと呼ばれていたスコットランド人の家庭教師カトリーヌ・ピーブルスと、バッキンガム宮殿内に作った私立学校に入学した。初めの数年間、彼女はおとなしく注意深い生徒に見えたが、時どき辛辣な言葉を使い、何度も当意即妙な答えをした。外交的な性格で、父親譲りの不機嫌で傲慢な態度をすることもあった。音楽はその気質を和らげ、ハイダ・ブーアにピアノを習い、週に一回バレエのレッスンを受けていた。

シャーリー・テンプルに似ているとも言われていた。六歳のときに甘やかされたこの子どもは、藁ぶき屋根と家具付きの素晴らしいドールハウスをもらった。どんなにたくさんのプレゼントをもらっても、アンは兄が羨ましくて仕方なかった。多くの子どもたちのように平等でありたがったのだ。フィリップはチャールズに宮殿のプールで水泳を教えていたが、彼女は教えてもらえず文句を言っていた。養育係は兄の活動を嫉妬する彼女に〈社交的になる必要性〉を説いた。

宮殿で彼女と一緒に勉強していたのは、ウィンザー家最長老の娘、キャロライン・ハミルトンだった。ある夏、バルモラルでランチの時間に、ビビアン・ド・ルージュー嬢は彼女にフランス語を教えた。翌年、ロンドンのフランス語学校の教師スザンヌ・ジョスロンがやってきて、毎週勉強の手助けをした。さらに、驚いたのは父親が宮殿の敷地内で古いミニ・オースチンを使い、九歳の彼女に車の運転を教えたことだ。一七歳で初めて運転免許を取ったとき、アンは長年の経験が役立ったと喜んだ。

彼女は第二課程で勉強をやめ、乗馬に集中しマーク・フィリップスと出会った。結婚後二児をもうけたが三九歳で離婚した。ティム・ロレンスは二番目の夫である。この結婚も破たんしたが、彼女は至って幸福そうに見える。

アンは田舎で暮らしているが、バッキンガム宮殿には良く足を運んでいる。彼女には秘書一名と郵便物を管理する担当者二名と女官二名を雇用できる権利がある。女官の一人はロンドンで秘書に指示を与え、もう一人は旅行や公式行事の際、彼女に伴う。現在彼女の執務を取り仕切っているのは、一人の軍人である。

ある種のパラドクス。ダイアナ妃がおとぎ話のお姫様役を演じることを運命づけられていた一方で、アンは常にその役を拒絶していた。彼女は血筋を守りたいと願う気持ちと自由に生きたいと願う気持ちの間で、うまくバランスを取ることができず、いつも不機嫌でいる羽目になった。まとわりつく間違った評判にもかかわらず、いくらかの人気も得るようになった。現在、ロイヤルファミリーの中で年間最も多数の公式な仕事をこなしているのは彼女である。しかしいまだに、イギリス社会の暗黙のルールに違反したことを責める人たちもいる。過ぎたるはなお、及ばざるがごとし。

アンドリューは宮殿ではいつも恐るべき子どもだった。一九六〇年二月、王室は赤ん坊の誕生を待ちわびていた。マスコミやヤジ馬たちは冬のロンドンの寒さに震えながら、バッキンガム宮殿の柵に群がっていた。アスコットのように誕生する子どもの性別を当てる賭けをする馬券屋もいた。フィリップ殿下は多くの公式行事に妻に代わって出席し、ロンドン市長主催の晩餐会で「女王は別の約束があって失礼させて頂きました」と言って、周囲を驚かせた。

エリザベスはすでにアンドリューの人生設計を立てていた。

「この子は王位継承の心配なく育てたいのです。ただ幸せになることだけを願っています」

ここから三番目の子どもはお気に入りにしたい、という伝説が始まった。事実女王は母性を楯にして、アンドリューを公的な責任から遠ざけ一緒に楽しんでいた。アンの誕生から数年経ていたので、アンドリューは運よく、新しい考え方を持った母に育てられたのだ。即位後八年以上の年月が立ち、彼女は息子の育児を悔いなく行いたいという思いを募らせていた。例えば養育係の不在中は好都合の言い訳ができ、一緒に入浴し産着を着せて添い寝をした。彼女はできるだけ頻繁に育児室を訪れ、息子の様子を注意深く見つめていた。

彼の教育を担当したのは、看護婦のメイベル・アンダーソンだった。ロイヤルファミリーのメンバーは彼女を〈私たちのメイベル〉と呼び、宮殿の広報担当官はロールスロイスに例えていた。子どもたちの看護婦は、常に家族の中心で特権的な役割を務め、公式行事に付き添って参加することもある。アンドリューの育児に関しては、メイベル・アンダーソンが他の子どもたちのとき以上に権限を持ち、バッキンガム宮殿の三階にある育児室を仕切っていた。エリザベス女王はこのメアリー・ポピンズのいつも機嫌が良く勇敢な性格を高く評価していた。

荒々しい性格のアンドリューは陽気で大胆で自発的で、誕生日などに公務出張中の両親がいなくても嘆くことはなかった。三歳になるとエリザベスは仔馬に馴れさせようとし、まずオーキリーという名のシェトランドポニーに乗せた。それからミスターディンカム、ザムバと名づけたポロ用のポニーが続いた。父親は宮殿のプライベートプールで、従兄のディヴィッドと一緒に早くから水泳を教えた。ある日アンドリューは泡風呂の水をバケツでプールに注いで楽しんでいた。女王の兵隊たちの編上げ靴の紐を結んだり、国旗でリボン作ったり、晩餐会のテーブルから銀食器を盗んだり、バッキンガム中の警報ブザーを押したり、サンドリンガムの火災報知機を鳴らしたり…。道化者の彼がした悪戯にはきりがない。、宮殿の召使はこう言った。

「彼は王室の子どもたちの中で一番のトラブルメーカーで、すぐに面倒やパニックを引き起こす才能がありました。絶えず人や物を叩き、育児室のコーギー犬もかわいそうに犠牲になっていました…。ある日一人の召使が彼に抵抗し、一発食らわせましたが、彼は何も非難しませんでした」

四歳になるとアンドリューはキスの習慣にも慣れ、母親や叔母や祖母に会うたびに実行していたが、スタッフは彼の失敬な態度を昔も今も見逃していない。

「彼から〝ありがとう〟とか〝お願いします〟と言う言葉はほとんど聞いたことがありません」

アンドリュー・モートンは象徴的な出来事を語った。クラレンスハウスで祖母との昼食を終えたアンドリューは、廊下で長く務めている一人の召使とすれ違い、悪戯のつもりで彼の頭をくしゃくしゃにした。驚いた彼は王子に同じことをした。するとアンドリューはふざけた様子もなく叫んだ。

「お前はこんなことをしてはいけない！　僕はおばあ様に髪を直してもらったばかりなんだぞ」

使用人は眉をひそめて言い返した。

「態度も直してもらえなくて残念だったね…」

アンドリューは四歳で、エリザベスが子どもたちのために建てた学校に入学した。先生は男子二名女子二名の四名を担当した。八歳半のとき、エリザベスは再び習慣を破り、彼をウィンザー城近くの小学校に転校させた。チャールズはイギリス王位継承者の筆頭として、宮殿の家庭教師ではなく家から離れた学校で教育を受け、アンドリューも後に従ったのだ。彼は他の子たちのようにグレイの制服を着て赤い帽子をかぶり、六人の仲間と寝室を共有し、週末だけ両親に会う生活を夢見ていた。

彼の外交的で激しく個人主義的な性格は、後継ぎの長兄の影を早々と追い払い、自分の道を見出すのに役立った。青年らしい容姿でフォークランド戦争に登場し、クー・スタークや人気女優の卵たちと浮名を流した彼は、エネルギッシュで疲れを知らない誘惑者のイメージを作り上げた。彼の男らしく横柄な態度には、自信と屈託のなさがあり傲慢にも見られかねないが、あるイギリス女性の心をとらえた。しかし、元気の良いセーラとの結婚は、やがて影を落としていった。ヨーク公爵はウィンザー城の近くに公邸を持ち、元妻と二人の娘たちと一緒に暮らしている。

一九六〇年代に目立った特徴の一つは、エドワードを取り巻く秘密厳守だった。エリザベスは三八歳で彼を出産し、肩に乗る国家的役割も重くなく、子どもとリラックスして過ごそうとしていた。エドワードは聡明で問題もなくブロンドの可愛らしい子どもだった。他の子たちと同じように三歳から乗馬の練習を始め、現在ではアンと共に馬に情熱を燃やし、週末をガトコンブ公園の彼女の家で過ごすことも多い。優しく賢いエドワードは、ストイックな一面を見せることもあった。五歳でチャールズのヴァイオリンの弦を切って顔中を殴られたときも、彼は涙をこらえた。

女王は末っ子を、バッキンガム宮殿の中心にある学校に入学させた。クラスの仲間はセーラ、ヘレン・ウインザー、ジェームズ・オグリヴィなど従兄の従姉妹たち。先生は、彼はおとなしく見えるが自分の意思を持っていることを見抜いていた。彼は興味のあることは非常に早く学んだが、そうでないことは学ぶのを拒否した。やがてギブスカレッジに入学し、英語、フランス語、数学、地理、歴史、音楽、美術を勉強した。そこでの彼は頑固なほど決然としていて、抵抗してくる人や物には耐えがたく思われていたが、同時に非常に繊細で優しさに満ち、臆病で内向的な夢想家でもあった。

この末っ子は完璧な教育を受け、優しく親切に近づいてくる人びとの心を征服していった。彼はチャールズとアンとは微笑ましいほど仲が良かったが、アンドリューとはあまりうまくいかなかった。エドワードの悩みの一つは、権力にも屈せず活力があり、利己主義でからかい好きの厄介者の兄に端を発する。今も尚、二人の関係は不十分であり、アンドリューは相変わらず彼に苛立っている。彼の人格形成に役立ったのは、ケンブリッジと短い軍隊生活だった。彼は趣味を生かして、ミュージカルのアングロサクソン系スターの一人、アンドリュー・ロイド・ウェーバーの製作会社で働きながら芝居や音楽を勉強し、自分のテレビ番組製作会社を設立した。王子というプロフィールを持ち、青い瞳をしたウィンザー家のエドワードの結婚は遅かったが、一九九九年ソフィ・リス・ジョーンズとの結婚でゲイの噂を払拭した。

エドワードとの結婚により、ソフィ・リス・ジョーンズはウェセックスの伯爵夫人になり、バッキンガム宮殿のメロドラマの主役になったように見えた。その愛の歴史は王国の紋章に金メッキをし、エリザベスの心を慰めた。とりわけダイアナの代わりにマスコミに登場するときには！　彼女はイギリス人たちの愛を受け、新たな心のプリンセスになれたかもしれなかったのに！

ソフィ・リス・ジョーンズはその役にぴったりだった。ダイアナと瓜二つの容姿には衝撃を受けた。ソフィは中流階級の出身で、ダイアナと同じレッスンを受けた。髪型もダイアナのようなショートカットにし、同じように振舞い、上品さと大胆さがほど良く調和した洋服を着ているソフィは、亡くなった皇太子妃の完璧な生き映しに見え、さらにそのイメージに磨きをかける術を心得ていた。彼女は価値ある女性のコピーとして、いつでも活動できるように備えていた。彼女の何気ない自然な仕草や現代的で気取らない姿、また公衆の面前での大笑いや人道的な活動は、イギリス人たちを魅了した。報道関係者にはダイアナの後を安全に進んで行くだろうと思われていた。

しかしこのPR作戦は、二〇〇一年春のスキャンダルによって終わりを告げた。ある日ロイヤルファミリーや政界の重鎮たちとの交友関係を見せびらかすことに〈全力投球の〉ウェセックスの伯爵夫人は、上品なレストランでサウジアラビアの族長と夕食を共にしていた。シャンペンをちびちび飲みながら、ソフィは楽しそうに首相と夫の悪口を言い始めた。

「あのうぬぼれ男は首相気取りでいます。それに奥さんときたら本当にひどいものです。どうしようもなく恐ろしくて話になりません」

ソフィはとめどなく話し続け、女王のことを気取って〈親愛なるあの老婦人〉と呼び、チャールズ皇太子と並べてすさまじい勢いでこき下ろした。そして「彼の再婚は、いつかあの老婦人がこの世からいなくなってからになるでしょう…」と言った。

ソフィはそのサウジアラビアの族長がジャーナリストで、会話を隠しマイクで録音していたのを知らなかったのだ。スキャンダルはフロントページを飾り、殿下は役職を辞任。ソフィは低姿勢になり、エドワードは業界の中で王家の立場を今後一切利用しないと約束した。彼の製作会社が、王家の映画を作ることもないだろう。

皮肉なことに、一九九九年六月一九日に小市民を代表してソフィがエドワードと結婚したときには、バッキンガム宮殿はまるで救世主のように彼女を歓迎した。しかし、彼女が手にする遺産はわずかなものになってしまうだろう。神よ、女王を救い給え！

第一四章　皇太后と女王の夫君

もし皇太后がいなかったら、ロイヤルファミリーは全く違っていただろう。四代にわたり彼女は王室全体の祖母役を務めてきた。皇太后としてだけではなく、国王の妻役も易々とこなし、母皇は一〇二歳になった今も軽やかに駆け回り、花の展覧会や音楽祭の除幕を行い続けている。温かな性格で積極的に活動し、色盲の治療に役立ちそうなカラフルな装いで、反君主派の人たちをも楽しませている。愛情をこめ、〝クイーン　マム〟と呼ばれ、誰も彼女を批判できない。そんなことをしたら、本当に不敬罪だ！

母皇〝クイーン　マム〟

初孫のプリンス・オブ・ウェールズは、彼女のファン一号である。

「彼女は愉快で陽気で温かく、一緒にいると限りなくほっとし、たくさんの素敵な趣味を持っています。私には最も素晴らしい手本で、どんなに昔のことでも思い出せます」と彼は言った。

お互いロンドンを離れているときも、二人は頻繁に連絡を取り合い、チャールズはしょっちゅうクラレンスハウスに招かれ、祖母と肩を寄せて夕食を共にしている。彼は祖母の生き方を高く評価し、自分の居場所をどこでも〈落ち着いて快適で神聖な場所〉に変えてしまうことに感心していた。

彼女はロイヤルファミリーの中心的な存在であり、プライベートな問題を解決しなければならない時には、皆助言を求めて彼女の所にやってくる。チャールズが強調しているように、寛大さと優しさの象徴なのだ。

「私は完璧に彼女の影響を受け、献身的に立場を支持しています。彼女には手を触れるものをすべて黄金に変えてしまう、信じられないような才能があるのです」

しかし、ロイヤルファミリーに近い人の中には、彼女のある種の貪欲さやウィンザー公爵夫人に対する厳しい態度を批判する者もいる。ストラスモア伯爵とキングホーンの九番目の子どもは、エネルギッシュで本物のスコットランド人だからだ。ビロードの手袋に包まれた鉄の拳。確かに彼女は数多くの経験を乗り越えねばならなかった。すべては一九二三年四月二六日、ヨーク公と結婚し、ロイヤルファミリーの一員になったときに始まった。

白いサテンのロングドレスを着たエリザベスは、イギリスのキャンディのように見えた！　彼女は小柄だったが、巧妙に七センチのハイヒールを履いていた。血色の良い顔に淡いブルーの瞳と赤褐色の髪。それは祝典の花形だった。ジョージ六世が王位継承するまでの一三年間で、彼女は厳しい礼儀作法や新しい環境を受け入れていった。若き公爵夫人は、時どきは古臭いと批判されながらも公務を果たしていた。

タイムズ誌は「彼女は金銀の横縞模様が入り、裾に毛皮のついた黒いビロードのおかしなドレスを着て、カウボーイのような帽子をかぶっていた」と記述している。髪をアップにし、ボーイッシュなヘアスタイルが好きで、一九二〇年代の流行を取り入れると垢抜けて見えるようになった。

公式旅行に行くと、ヨーク公爵夫人の性格のお陰ですべてがスムーズに運んだ。彼女はユーモアのセンスを発揮して、緊張している人たちの気持ちを楽にさせ、舞踏会では踊りの苦手な相手に「頑張って！　とても上手よ！　私の王冠は落ちていないもの。少なくとも今のところはまだ！」と言って励ました。彼女は全部の指に指輪をはめ、ネックレスにペンダント、王冠、ブローチと数えきれないほどの宝石を身につけ、嫌な顔一つせず公務をこなしていた。

彼女は基本的なスタンスを築き、午後を過ごす快適な方法を見つけた。夫君は彼女の自然でゆったりした性格を羨ましく思っていた。彼が苦しんでいた吃音は、非常に重たいハンディキャップだった。幸いエリザベスとマーガレットは愛らしい子どもたちだった。一九三六年一二月一〇日、兄のヨーク公エドワード八世が退位し、一言も正しく発音できない弟と妻の運命を激変させた。一二月一四日、新しい王としての初めての公務は、妻にガーター勲章を授与することだった。

儀式の演説で彼は強調した。

「横にいる妻と彼女の助けなしには、私に課せられた重責を果たすことはできないでしょう」

国王の妻と呼ばれた彼女はこのとき三六歳だった。戦時中に存分に才能を発揮した彼女を、チャーチルは〈第二次世界大戦で最も勇敢だった女性〉と称して敬意を表した。

チャーチルも指摘しているように、彼女はイギリス国民に勇気を与えた。首都が爆撃を受けると、女王は襲撃された地域を絶え間なく訪れ、人びとを励ました。荒廃した場所にも足を運び、手袋をはめ帽子をかぶって、ロンドン市民に言葉をかけた。戦争が最も激化していた一九四〇年九月一三日、バッキンガム宮殿の礼拝堂が空襲を受けた。そのときの女王の態度は伝説になっている。「襲撃されて嬉しく思います。東の端に住む人たちを直接まじかに見られるようになりましたから」

一九四五年から五〇年まで、疲れ知らずの彼女は病にむしばまれていた夫を支え続けた。娘が女王に即位すると、ジョージ六世の未亡人は皇太后というデリケートな地位で、責任を負うことになった。やがてはスコットランドに閉じこもってしまうだろうと想像していた人びとは、力を甦らせた彼女に驚いた。年を追うごとに彼女は引退を考えたが、それどころでなく、女王の不在中は政府にアドバイスを与え、引き続き大使との会見や叙勲を行った。常に三〇〇以上の公共機関を後援し、世界中で王室の大使役を務め続けた。一九八四年にはヴェニスで息抜きし、毎年訪れるフランスでは、フォシニー・ルサンジュ王子（フランスの遊び人をあるとき皇太后がからかってそう呼んだ）が念入りに予定を練って彼女を迎えた。

このにこやかな皇太后の何よりのお気に入りは夕食のシャンペンカクテルで、ソースのかかった料理やチョコレートのデザートを好み、ゴム製の上着と長靴を身につけて川でサケを釣るのも好きだった。彼女は実にエネルギッシュで、信じがたいほどバイタリティに満ちた王妃だった。人生を愛し自由な精神を持ち趣味を楽しむ。恰好の良い車も好きで、現在もロールスロイス数台、ジャガー一台、ダイムラー一台を所有し、時どき運転手にスピードを上げるよう指示している。

彼女の生き方は快楽主義のようにも見える。毎朝、朝食はベッドまで運ばせ、邸宅を出発するのは一一時過ぎである。朝は少食で、紅茶とピンクグレープフルーツを半分とジャム付きのトーストがメニューだ。昼食も抜くことがある。しかし飲物でカバーする！　彼女の酒量は伝説的だった。夕食前にはジン三杯とワイン三分の二ボトルを飲むが、全く酔った様子はなかった。お気に入りのカクテル？　それはジンを倍の量のデュボネで割った〈ピンクジン〉だ。

突拍子もなく風変わりなこともする。彼女のベッドの横には石膏の天使が二つ置かれ、きちんと洋服を着ている。その洋服は一カ月に一度洗濯する。振り子時計にも情熱を燃やし、非常に時間に厳しく邸宅中の時計をグリニッジの時間どおりに合わせるよう指示している。彼女のライフスタイルは論争の対象になり、二〇〇〇年三月、イギリスのマスコミは六〇〇万ユーロの過剰支出を指摘した。

午後に公務がなく、ガーター勲章の叙勲などで忙殺されないとき、皇太后は友人たちと過ごしている。彼女には大勢の友人がいる。元侍従の一人が語った。

「初めて皇太后に会った人は、彼女の小ささやふくよかさには気づきません。すぐに彼女が漂わせている温かさや威厳に、目がいってしまうのです。会った人は自分に関心を持たれているように感じ、ほとんど知り合いだったような印象を持ちます。笑うと青い瞳も微笑みをたたえ、彼女は笑うのが大好きでした」

友人たちはよくお茶を飲みにやってくるが、皇太后が欠かさずに見ている競馬の結果が出るときだけは、無理やり話を遮られた。夜はコーギー犬に囲まれ、時にはベランダで夕食をとり、クラレンスハウスの心地よい屋敷で幸せな時を過ごす。コーギー犬はイギリス風に念入りにおめかしさせられている。毎年のクリスマスに、クイーン　マムはスタッフ全員に四五ユーロで買える物をプレゼントし、お返しにミントチョコレートをもらい大喜びする。

理想的な祖母のイメージはあるが、皇太后には昔風の生き方に執着する面もある。一九九二年、娘のエリザベスが税金を支払わされているのを知ったときにはショックを受けていた！　ダイアナの無分別な行動にも全く理解を示さず、孫のエドワードの結婚のときには、伝統にこだわり一人だけ帽子をかぶっていた。彼女の人生にはいつも伝統の影がつきまとっていた。

タウンゼントの一件ではマーガレットの恋人に対する愛情の深さに気づき、妥協しない態度を遺憾に思った。自身でも「苦しみは利己的で窮屈なものだ」と記している。エリザベス・アンジェラ・マルグリット・バウズライアンは太陽と人生と幸福を選択した。彼女はイギリス王室の大御所の一人であり、有名なタイムズ誌の社説を裏づけた。

「彼女は一般的な生活の良い面を特別な暮らしの中でも活かし、次世代のために君主国をより親しみやすく、自然で厳格でないものにした」

（※皇太后は二〇〇二年三月三〇日、一〇一歳の長寿を全うし、逝去。）

因習打破主義的な王子

王室のもう一人の主人公は、大英帝国及び北アイルランドのフィリップ・エディンバラ殿下である。ゲルマン人らしい粗暴さと毒のある辛辣なユーモアと率直さで本当に愛されているフィリップは、評価以上にいつもイギリスと大義名分のために務めている。

彼の人生は辛い思いの連続だったかもしれない。この実に〈男性的な〉人は、妻である女王に主役の座を譲らねばならず、多かれ少なかれ恨みを抑圧され、年が経つにつれてそれを行動に表わすようになった！　何よりも女王に献身的な夫君ではあったが、彼は受動的ではなく、好奇心旺盛で現代的な考えを持つオープンな性格であり、自分の立場を利用して積極的に行動している。海軍にいた方が良かったという人もいるが、全員の意見ではない。

「彼は海軍に残らず、エディンバラ公になって人間として洗練されました」

環境学の分野における公爵の実績を、高く評価していたバクストン卿は断言した。

女王の目にフィリップ殿下は、因習打破主義的で厄介な人物に映っているのだろうか？　彼は女王が唯一人愛した男性である。彼と結婚するのは宿命だった。彼らは二人とも〈ヨーロッパの祖母〉と呼ばれたヴィクトリア女王の子孫だった。エリザベスは父方、フィリップは母方で、ヴィクトリアの末っ子の孫アリス・ド・バッテンブルグの息子だった。しかし遠戚であることを除いては、あらゆる観点から見て、二人の子ども時代や成長の仕方や性格は異なっていた。

エリザベスは一三歳でフィリップに出会い、一目で恋に落ち九年後に結婚した。彼女のために彼は海軍を離れることになる。一九五一年の夏、エディンバラ公は海軍兵を断念せざるを得なくなり、無期限の休暇を取ってロンドンに戻った。ジョージ六世が肺癌に侵され、深刻な病状だったためだ。

女王に付き添いカナダやアメリカへ公式旅行をすると、彼の格式にとらわれないユーモアは場の空気を和らげ、その手腕や妻への気遣いは人びとに賞賛された。晩餐会やパレードでもジョークや適切な指摘を連発し、彼女を巧みに勇気づけた。ロンドンに戻った一一月の半ば、ジョージ六世は感謝の意を表して彼を個人顧問に任命し、一九五一年一二月四日に宣誓を行った。国王の病状は小康状態を保ち、静けさを取り戻した。フィリップは家庭生活に慣れ、海軍のことは忘れたように見えた。

しかし、驚くようなことは終わらなかった。ロンドンの通りでスピード違反をし、彼は逮捕した警官につっけんどんに言い放った。「私はカンタベリー大司教との約束に遅れそうなのです」

一九五一年サンドリンガムでクリスマス休暇中のある雨の日の午後、彼は田舎を散歩しようと提案した。しかし、エリザベスに断わられ、その返事を召使が聞いていた。

「そう！　それなら君はここに残っていれば、可愛いおバカさん…」

スピーチが始まる前に音響装置が繋がっているのを知らずに、妻を励まそうとしてささやいているのも聞かれてしまった。「寂しそうにしないでね、おでぶちゃん」

フィリップは常に自主的に振舞い、決して弁解しようとはしなかった。礼儀正しい行動の陰に、彼は突発的で妥協しない性格を隠していた。しかしその気質も旺盛なエネルギーも魅力の一部で、エリザベスは彼を愛し、二人は明らかに正反対だが結婚は気持ちを和ませ、彼も彼女を愛していた。だがいつも良い雰囲気とは限らず、激しい口論の場に居合わせた使用人は数多くいる。フィリップは世渡り上手ではなく、時折威圧的に見えるが、エリザベスは彼の立場の守り方を心得ていた。

アルバート殿下を夫であると同時に個人秘書にしたヴィクトリア女王とは反対に、エリザベスは夫に政治的な役割を与えたいと望んだことはなかった。フィリップも女王の夫君という肩書を、公的に持とうとしたことはない。彼は女王の独占的な分野である政治関連の書類には手を伸ばそうとせず、一九五七年に与えられたイギリス連合王国の殿下という肩書に満足している。

フィリップが先祖の夫君と唯一共有している使命は、科学技術の保護である。彼は科学の普及に寄与するイギリス協会の会長を務めている。ヴィクトリアを待ちながら、メンデルスゾーンのソナタをオルガンで演奏したり、農業用の肥料散布問題の研究をしたり、建築のデッサンをして時間を過ごしていたアルバート殿下の広範な文化への意欲とは程遠いことをフィリップは認め、「恐らく戦争のせいで、私の世代はその時代より洗練されておらず、教養もあまりないのでしょう」と言った。

フィリップが個人的な野心を露わにしたことはこれっぽっちもなかった。〈ナンバー2〉でいる辛さを嘆いたこともなく、元の侍従も証言している。

「彼がいつも何よりもまず女王を助け奉仕することを心がけていたのを、私は知っています。それは全く変わらず、決してやめることもありませんでした」

一九五二年以来一二〇カ国を巡って八〇回の公式訪問を成し遂げ、その間、彼が手を抜いた場面は一度も見たことがない。フィリップはアカプルコ、ベルファスト、ブリッジタウン、バルバドス、カーディフ、シカゴ、エディンバラ、グラスゴー、グリニッジ、ロンドン、ロサンゼルス、メルボルン、モンテビデオ、ナイロビの各都市の名誉市民になり、二二個の勲章を受け二〇校以上の大学から名誉博士号を授与された。また一〇冊以上の本を出版し、一七のゴルフクラブと七二のヨットクラブを後援し、一〇〇ほどの協会の長を務めている。協会はヨット、航空学、砲兵隊、釣り、赤十字、自動車クラブ、エベレスト登山、自然保護など多岐に及んでいる。自然保護に関しては、何種類もの生物が絶滅に危機に瀕しているのを憂いていた二〇世紀の君主たちに感化されたと言われている。

彼が代表を務めている組織のリストを見ると、めまいがする。最低年に一回は集会に出席しなくてはならない。フィリップは怒涛のように押し寄せる活動に、二つの気持ちで臨んでいる。一つは義務感であり、もう一つは妻の仕事を軽くしようという意志である。彼は強調している。

「誰もが彼女に話しかけます。彼女が女王だからです。もし王と女王がいたら、女王には一般的なことしか尋ねないでしょう。でも、女王が君主である場合は、皆彼女に訴えるのです。人びとは彼女にできる以上のことを要求します。私は彼らに女王の邪魔をさせないよう説得するために非常な苦労をしていますが、そうすると今度は私を探しに来るのです」

大食漢で疲れ知らずの大使という役割の後ろから、過剰なまでに配偶者を擁護し、君主国の威信が損なわれないよう注意を払っている夫君の姿が、くっきり浮かび上がってきた。エディンバラ公の最も興味深い特徴はスピーチの仕方だった。招かれた食事の席で、最後に挨拶をするのは幸せなことで、ロバート・レイシーによると、フィリップ殿下は毎年一〇〇回くらいスピーチを行い、原稿は必ず自分で書き、極上のジョークを加えて話を面白くしている。スピーチが大嫌いなエリザベスは出番が減るのを喜ぶ。こういう機会に彼は、ポロや弁論術、政治や官僚に対する一般人の憤りなど、興味のあるテーマについて話を繰り広げる。

フィリップは社会的地位の力を借りて自立に成功した。君主は何の意見も持たないと思われ、彼は女王の代わりに彼女の地位を守るために活動していたつもりだが、時には制度を脅かす危険性もあった。ユーモアは役に立ち、一九六九年女王の王室費値上げに際しての発言は、非常に有効だった。彼はフランクな口調で臆せず自分のことを「何の特権も名誉もない不人気なバルカン諸国の王子」と称し、「私はいつも自分に関係ないことに首を突っ込みます」と言った。ある社会学者に〈社会的影響を及ぼす因習打破主義者〉と呼ばれている彼は、失言したり、外交的手腕を欠くこともあるが、決してそれを楽しんでいるわけではない。

確かに時どき悪趣味と言える行動をする。カイマン諸島の住民には親しげに、「あなたたちはほとんど皆、海賊の子孫なんでしょ?」と話しかけた。スコットランドの自動車教習所の指導教官には「免許を渡すときに、飲酒をやめるようにどうやって説得するのですか?」。ジブラルタルの岩に報道陣たちと登ったときには、足を骨折したカメラマンの真似をして、同情したように「首の骨を折ればよかったのに!」と言った。彼の八〇歳の誕生日に、お祝いに集まった五〇〇名の招待客から温かな言葉を受け、お返しに言った言葉は、「この年になると、このような祝いの席に出るのが何より辛いです」だった。

年齢と共に彼は穏やかになっていったが、「私は妻の影でいること以外に何も望んでいない」と表明していた先祖の夫君アルバートとは正反対だった。ギリシャ生まれのフィリップは、今では完璧なイギリス紳士のように思われている。テオドア・ゼルディンは「人は生まれではなく、行動によって紳士になる」と繰り返し記述している。

一九五〇年代、礼儀正しく〈ミスター・クリーン〉と呼ばれたこの改革者は、君主国の輝かしい権威を損なわないように留意していた。彼は格式ばった儀典にはうんざりし、セレモニーの大半は不要だと感じていたが、公的な役割を理解し、スピーチを聴き、晩餐会や慈善事業を仕切り、コヴェントガーデンやアスコット競馬のロイヤルボックスを風格ある容貌で飾り、多くのフラッシュを浴びるのに耐える術《すべ》を知っている。フィリップは現代的な感覚と伝統に抱く気持ちを両立させている。秩序を守る毅然たる態度や意志の強さもある。

彼は同時に二つの人格を持ち、公的な生活では終始女王の影となり、私的な生活では一家の長として自己主張する。入口を通る瞬間に、求められている役割の人格に変わるのだ。ウィンザー家の門が閉ざされているときは、フィリップが支配する。彼の人生の一部は、妻の少し後から歩くことを義務づけられているが、王座の陰で権力を持っているのは彼なのである。エリザベスは常に公的な生活と私生活を分けたいと願っており、夫を信頼しているからだ。夫妻の関係は大半の家庭同様、古典的な形態のままである。エリザベスは始終傍にいて、せっかちで突拍子ないが毅然としている配偶者に守られている。彼女は夫が公衆の面前でも非常に親切にしてみせたかと思うと、言葉を失うほど激怒したりするのを知っている。彼は時には自信家だが時にはそうではなく、社交的なときもあれば孤独なときもある。エネルギッシュで活気に満ち、〈ドンキホーテ的〉であり、つまり彼を枠の中に収めることは不可能なのである。

フィリップは衝動的でスポーツマンタイプで、観客より俳優であるが、エリザベスはあるがままの彼を受け入れている。エディンバラ公も自身の最大の長所と欠点を自覚している。

「確固たる存在感と自分に対する忠誠心は評価できます。少々不誠実な人や無作法な人にも腹を立てることはありません。当然と思っていることをきちんと行ってもらえば、何でも許そうとしています」

第一五章　プリンス・オブ・ウェールズ

長い間、チャールズ皇太子は国民に、外交的で屈託がなく幾分時代遅れな人と見られていた。稀に思いやりがあり傷つきやすく古典的な雰囲気を持った人と思われることもある。チャールズ・フィリップ・アーサー・ジョージ、プリンス・オブ・ウェールズ、チェスター伯爵コーンウォール及びロスシイ公爵、キャリック伯爵、レンフルー男爵、スコットランド諸島の幹事長、ガーター勲章のナイト、大英帝国第四四代王位継承者。彼は英国紳士を堅苦しく、同時に楽しげに演じている。どんな肩書であれ、チャールズ皇太子は、仰々しく悪名高く退屈な公務でがんじがらめの青春時代を送った。群衆に追われてはいたが、ウィンザー家の多くの男性たち同様、常に母親や妻に影を薄くされていた。彼を満足させるような役割は何もなかった。

王位継承者

彼は、伝説の大叔父と庇護者の母と〈ランボー〉のような父の影でおどおどと生き、〈だまされ〉、まばゆい妻によって精彩を失った。そしてカミラとの五時の情事でさらし者にされ、イギリス国民の目には常軌を逸した教養人に映った。チャールズには脇役を演じる気はなく、世界中で最も華やかな宮廷の男性は、再び魅力的で力強いプリンスになりたいと願っていた。この王位継承者は少しずつ軸を立て直し、表面を取り繕うことを覚え出し、最早疑いと優柔不断に苦しみ、王位継承をぐずぐずと待ち続けている男ではなくなった。チャールズは人生の意味を見出したように見えた。彼は偉大な祖国に貢献し、肩書にふさわしい役を演じたいと願っていた。プリンス・オブ・ウェールズは、コンサート、建築、環境学、医学、教育、異文化など、関心ある分野における自分の使命は何かを模索し、社会的活動や環境学の分野の騎手になった。この件に関する世論調査によると、国民の九〇％近くは声なき多数派である。狂牛病の危機では、イギリスの農業界を守れる唯一の人間は、女王の息子に他ならないことを明らかにした。

庭仕事に熱を入れ、水彩画が上手で、オペラが大好きなヒューマニストの王子は、若者たちを中心に英国民と歩調を合わせられるようになり、時に批評家や皮肉屋たちも彼の実績を評価した。彼の成功は、かつてヨーロッパに存在した理想的な王子のイメージを再現しているようで、ある種の賭けにも見えた。若くして死んだ王たちはスケールが大きく、感受性や正義感を持った永遠の若者として今でも影響を及ぼす。ロマン主義はチャールズが重視している価値観の一つで、壮大で華麗な君主国に値する役を演じたいと願っている。

チャールズ自身が目覚めたのは一九八〇年代だった。ダイアナとの結婚によるメディア的なインパクトは途方もなく大きく、むろん大部分はダイアナが果たしたものだったが、人気にも影響した。スピーチなどの公務が大きな心配の種になり、王室のブランドイメージを重荷に感じるようになった。世論では彼の責任だと言われているダイアナとの結婚の失敗は、今でも彼の急所である。

同世代の人びとは、彼のウィンザー家的な体質を歯に衣着せず批判した。チャールズ王子の伝記を書いたペニー・ジュノーは「彼はなで肩でお尻が大きく足が短い」と書いている。ピンと突き出した耳のことまで持ち出し、「彼は扉を閉め忘れたフォルクスワーゲンのようだ」といった意地悪な肖像画家もいた。確かに子どもの頃の彼は、小柄でずんぐりした体格で、サン・ガルミエのボトルのような肩をし、上半身は細く骨盤は広くふくらはぎは細かった。現在はたゆまぬトレーニングの成果でほとんど脂肪分がない体型をしている。食べ物は比較的質素で人工添加物は取り除いている。彼の外見についての不安は、心理学の専門用語ではディモルフォフォビーと言い、醜悪さに悩む恒常的な恐怖感を意味している。確かに皇太子の耳はとんがり、鉤のように曲がった鼻は美しいギリシャ彫刻のルールからは外れている。しかし、表情豊かな顔や温かな笑顔は見事に合格するだろう。

チャールズは満たされていないのか？　それはマスコミがずっと取り上げていたテーマだった。ライフ誌の中で、アントニー・ホールデンは彼のソフトな握手の仕方に注目し、彼の癖や落着きの無さ、加速する人間嫌い、失敗への強迫観念、ダイアナに対するコンプレックスなどについて詳述している。ホールデンによれば、彼はバカ者扱いしたマスコミのキャンペーンによって〈絶望〉した。失墜したと思いこみ、非常に悲劇的な状況に置かれた。勇気は失っていなかったが、評判は下がる一方で、苛酷な状況は世界中で分析された。しかし、ペニー・ジュノーは寛容だった。

「チャールズはユーモアと魅力にあふれ、知的で感受性が鋭くおおらかな男性です。しかし社交性と自信に欠け、傷つきやすいのです。彼は全人生を義務に捧げています」

「皇太子は政治にはタッチしていません。憲法的にも政治にかかわるのは適当でなく、それを変える意志もありません。純粋に人間的な分野を選択し、それについては才能があります。自分を過小評価し、周辺の人びとにもあまり評価されていないのが残念です」

チャールズに世界の先端技術の知識があるのは明らかである。「彼は問題を抱え、逡巡している王子だ」と嘲笑する人もいる。〈責任感の強い〉プリンスは他人のことでも大げさに話す。つまり彼は誠実であり、それは退屈な男という意味ではない。彼のユーモアや真面目さや熟考力には疑う余地はない。彼に同意し怒りを理解している人は、その自信のなさに首をかしげる。ある私設秘書はチャールズ皇太子がすすり泣いている声を何度も耳にしたと言った。スタッフは彼のあらゆる面を見ているのである。

チャールズは早起きが好きだ。スタッフはスケジュールを変更しないように心がけている。彼は細心の注意を払い、家を（古風に）指揮している。彼の指示は短いメモでまとめられ、イニシャルのCとだけサインしてある。使用人たちとはほとんど接触しない。彼らは配管の音に敏感で、暑すぎる部屋を嫌う主人を心得ていて、主要な部屋の温度調整は彼自身が行う。一九八四年まで私設秘書を務めたマイケル・カルバンは、時どき内気な性格のチャールズに気分転換させようと心を砕いていた。マウントバッテン卿は以前、考え込み苦しんでいるチャールズに驚き、マイケルにこう言って励ましたことがあった。

「我慢して下さいね、マイケル。彼の問題はあなたに対する個人的なものではないけれど、彼はストレスを解消しなければならず、不機嫌さをぶつけられるのはあなただけなのです。名誉なことだと思って受け止めて欲しいのです、彼にはあなたが必要なのですから」

皇太子はスタッフが内輪話を宣伝材料にしないように警戒している。口の軽い秘書が、ひと悶着起こしたことがあった。マイケル・バーニーは王子の外交的な一面を描いている。

「私はチャールズ皇太子の性格の奥にはパラドクスがあると思います。ある面では孤独を意識し、他人と親しい関係を結ぶことを禁じて、一線を画した立場を自覚しているように見えます。同時に自分の仲間たちにとても満足している面もあります。釣りは彼の好きな気晴らしの一つですが、それも性格の現れなのでしょうか？　彼は常に積極的で、できるだけ争いやもめ事を避けようとしています。責任から逃れているのではなく、その反対です。もしストレスを感じず、緊張を和らげる方法が見つかれば、順調に事がはかどるようになるでしょう」

エコロジストの皇太子

彼の元広報アドバイザー、ディッキー・アービターは詳述している。

「チャールズは決して世捨て人ではなく、友人たちと一緒の夕食や家族や従兄たちと過ごすリラックスしたパーティーをいつも楽しんでいます。ポロや猟犬を使って騎馬でする狩りなどの団体競技も好きです。進んで田舎の人たちとおしゃべりし、誰と会ってどんな話をしたか正確に記憶しています」

つまりディッキー・アービターによれば、皇太子はどんな領域でも王族的なのだ。

バークスピアレージ誌の有名な編集長ハロルド・ブックスベーカーは、皇太子のことになると夢中になって話し始めた。

「彼は数百年の間にロイヤルファミリーに誕生した人の中で、最も建設的で聡明で良心的な男性です」

一九七八年の夏、慈善団体の団長がバッキンガム宮殿を訪れた。委員会に出席する前に王子に挨拶しようと探したが、殿下の姿はどこにもなかった。ようやく一人の召使が、チャールズ王子が庭園の木の下でスピーチ原稿を書いていたと言いに来た。団長が辛抱強く待ち続けていると宮殿の長い廊下の端の扉が閉まる音が聞こえた。彼の方に近づいてきたチャールズは心配そうにつぶやいていた。

「彼はどんな立場の人なんだろう？　その青年に何をすればよいのだろう？」

一三年後、彼は社会学的な分析を発表した。

「皇太子は非常に大衆的で、自分の知らない環境にも興味を持ち、その人たちの功績や才能は、生まれや肌の色より価値があると考えている」

チャールズはいつか現代的な王になりたいとの願いを、端的に語っている。

「私は王国の遥か昔の古臭いイメージを変えようと努めています」

「均衡のとれた地球」というタイトルの番組制作にあたり、皇太子を手伝ったＢＢＣのリチャード・リンゼイは語った。

「チャールズは我々が一年間で会うより多くの人びとに一週間で会い、握手を交わしていますが、恐らく友人の数は我々より少ないでしょう。皇太子は何があっても、当然のこととして孤独に耐えています。彼は秘密厳守を厳しく命じられており、皆さんを楽しませてくれる人ではありません。王子は芸術家であり感受性と責任感が強く、同時に天涯孤独なのです」

別の伝記作家アラン・ハミルトンは指摘している。

「彼は一見年齢より上に見えますが、冗談好きの面を積極的に前面に出して、それを補おうとしていました。ヘブリディズに旅行したときには、サロペットを着てジャガイモを植え、炭を集め、羊の見張りをしました。新聞はチャールズが明らかに変わっていると書きました。これに対し王室サイドは、公務の荷は重いので時どき息抜きするのは当然のことであり、エコロジーはブームでもあるので、庭仕事を楽しんでも何も不思議ではないと解釈したのです！　チャールズは国王になるとできなくなってしまうので、皇太子のうちならまだ余暇や自由を楽しめると推測したに違いありません。彼は自然を愛し、それを隠そうとしませんでした」

ペニー・ジュノーは書いている。

「ロンドンにいると、チャールズは息が詰まりそうになります。彼に一番合っているのは、スコットランドのハイランドでの暮らしです。そこで好きな物に囲まれ、羊以外の誰にも邪魔されず何時間も散歩するのです。イギリスで一番きれいな川の一つでサケを釣ることもでき、近距離で鹿狩りもできます。鹿はすぐに見つかり、挑戦する機会がたくさんある方法です。バルモラルなどに趣味の合う友人たちを招いての交友もしています」

そして、もちろんカミラはこのような非常にイギリス的な生き方をしていた。

ミリアム・ルイザ・ロスチャイルド博士は月刊誌カントリー・リビングの中で、友人であるチャールズのエコロジストとしての一面を詳しく紹介している。

「年々皇太子は、土を身近に感じるようになってきました。彼は一連の植え込み作業や花選びにどれほど夢中になっているかを隠そうともせず、ハイグローブでの庭仕事に熱心に取り組んでいます。定期的に雑草を取り除き、少し前にハイグローブ付近の数ヘクタールの農場を買い取り、それをとても誇りに思っています」

チャールズを子ども時代から知っているバッキンガムマニアは告白した。

「彼は内面に問題を解決できる非常な強さを持っています。彼は若い頃の内気と発音上の僅かな問題を完全に克服し、ＢＢＣのインタビューを受けるときも再度収録する必要がなくなりました。父親と同じように彼は何でも自分でするのが好きで、すべてのスピーチ原稿を書き、人にはあまり影響されない方だと思います」

エゴイストで落ち着きがなく無作法な人？　ＢＢＣの王室担当レポーター、ブライアン・ホイは打ち明けた。

「女王が冷ややかな一瞥で不躾な振る舞いをとめようとしても、チャールズはジャーナリストをからかい続け、的を得た一言で相手の機嫌を損ねてしまいます。以前の彼はとても愛想が良かったのですが、今は相手に王室の冷たさを感じさせてしまうこともあります」

企業の社長以上に多忙なチャールズは、非常な緊張感を持って生きているが、宮殿に縛られている必要はないと感じている。外交的というより内向的な彼は、家庭に安らぎを感じ、それで充分幸福なのである。彼は女王とジョージ六世の気質を受け継いでいる。王も義務感と首尾よく務めを果たすことに駆り立てられており、彼からは優しさや親切さを継承した。女王のことは進んで「優れたユーモアのセンスがあり、大変繊細で思慮深い人です」と語り、彼女からは人間性と具体的で実質的な方向性を学んだ。

宮殿で母親と会うときでさえ、皇太子は予約をしなければならない。しかし訪問客や高官たちは絶え間なく押し寄せてくるので、腹立たしいことに面会の途中で遮られてしまうこともある。ロイヤルファミリーのメンバーは前もって、互いのスケジュール調整を相談する必要がある。家族全員が同じ時間に家に揃うのは稀なので、夕食を共にするためには、最低一、二週間前の予告を余儀なくされる。チャールズは母親がどれだけ働き、務めを敬虔に果たしているか、また古いスカートを履き犬や馬たちと自宅や田舎で過ごす方がずっと好きだということを、誰よりもよく知っている。

チャールズ皇太子の名門再興

現在のチャールズはエリザベスが描いていたような皇太子だろうか？　恐らく…ある時期女王は、彼をやや行き過ぎた〈革新派〉と判断していた。しかしその後、チャールズは鳴りを潜めて物分かりの良い良識人になり、慣習的でない意見も堂々と主張するようになった。彼は保守派と言うより自由主義であり、女王はそれを受け容れたのだ！　彼は完璧に現代的な国王になる、女王はそう確信した。

地獄のような長い下り坂が続いていたが、ようやくイギリス人たちの信頼を回復できたのは彼には幸いだった。チャールズは再興の仕方を心得ていたのだろうか？　一貫したコミュニケーション戦略が功を奏し、彼は以前より魅力的で現代的になった。セントジェームズ宮殿にはマーク・ボランのような優秀なアドバイザーと共に、報道関係専門のスタッフがいた。現在もダイアナのイメージは輝きを失わず、チャールズ皇太子は王国のために懸命に働くことを求められている。

アイルランドのオーマ襲撃の直後、犠牲者たちを慰めに行き言葉をかけた。狂牛病の危機の際は、ヨーロッパの有名シェフたちを週末に招き、イギリスの牛肉の品質を納得させた。彼は体を張って働き、紋切り型の表現は使わずに自分の言葉で語り、イギリスの畜産家たちは、こぞって彼を賞賛した。

一方、彼が長年情熱をかけてきたことも軌道に乗り、批判や罵りを受けることはなくなった。自分たちの企業を立ち上げようとする失業者や若者たちを承認する〈皇太子基金〉は満場一致を得、個人や団体のプロジェクトに数千の奨学金を与えている。順調だ！　失業者たちは王子の活動を真摯にたたえている。

トニー・ブレアは社会主義者というより中道派にみえるが、チャールズの社会的なスタンスは誠実に見える。建築やエコロジーへの姿勢は、彼の良識の証である。圧力団体も王子には影響を及ぼさない。チャールズが生活環境や都市部での暴力問題、都市の非人間化、環境破壊、社会組織の崩壊等について語ると、人びとは君主国に選挙第一主義でない新たな波が来たことを実感する。

チャールズはオゾン層問題やOGMの反対キャンペーンでは、最前線で戦った。またホメオパシー(同種療法)のための交互医療の周知に努め、無公害の医療や農業生物学や環境保護を奨励している。一〇年前まで王子のエコロジーは嘲笑されていたが、現在では消費社会の功罪や消極的な政府に立ち向かう態度が称賛されている。

彼は人間的になり、ダイアナを真似て癌やエイズの医療センターを訪問し、イメージを若返らせた。チャールズは人びとを慰め人間らしく振舞う。その姿はとても自然だった。チャールズがあのようにリラックスして微笑み、温かく楽しそうに、一言でいえば魅力的な表情を見せたことはなかった。南アフリカの村では、打楽器の即興演奏をし、五〇歳の誕生日パーティーで多くのポップスターと仲良くなり、スパイスガールズのキスを受けた。ダイアナが彼の人生に大きな影響を与えたことが分かる。

カミラに対する愛も彼に役立ち始めていた。一途にすべてを愛のために犠牲にした彼は、しまいには敬われるようになったのだ。忍耐強く人としての思いを貫いたチャールズを見て、人びとは彼らの長い関係を認め、二人の愛はついに実を結んだ。ハイグローブやセントジェームズ宮殿で、チャールズとカミラは結婚した夫婦のように暮らしている。今は恋人同士のようだが、イギリス人たちは心の中でいつの日か彼らの結婚を許そうとしている。チャールズの性格が、国民の気持ちを変えさせたのだ。彼は忍耐強く、社交的で勇気があり、愛に誠実だった。

父と息子

世間の目には、彼はウィリアムとヘンリーの愛情深く優しい父親であり保護者として戻ってきた。ダイアナが生きていた頃の皇太子は、距離があり貴族的でほとんど愛情を感じられなかった。彼女の死後、チャールズは二人の〈母を亡くした子〉ウィリアムとヘンリーに真剣に向かい合い、責任を果たそうとしているように見える。彼は一体どのように変わったのか？

〈心から子どもたちを愛し、世話をし、守っている親〉である彼は、息子たちを連れてサッカーのワールドカップを見に行き、休暇を一緒に過ごすようになった。また、ウィリアムが運転免許を取れるよう手助けした。ポロを楽しむ二人の息子たちとの写真は、数え切れないほどマスコミに登場した。彼は二人をからかい、一緒に遊んでいた！　つまりチャールズはほとんど〈過保護のパパ〉になったのだ！　とにかく彼は二人を守っている。マスコミはかつてチャールズに普通の生活をさせてくれなかったが、彼らにその二の舞をさせるなんてとんでもない！　その意見は認めてもらうしかない！

イギリスの伝統とは反対に、彼はウィリアムとヘンリーに抱いている愛情をストレートに表す。一九九七年一一月南アフリカにヘンリーを連れて行ったとき、父親と息子には暗黙の強い絆が感じられた。彼は映画のプレミア試写会にも時どき子どもを連れていく。彼はスパイスガールズと一緒にポーズをとって息子たちを喜ばせた。ダイアナがよくしていたようなことだ。

ウィリアムとヘンリーにとって父親は皇太子でも王位継承者でもなく、他の人と変わらない一人の男性である。彼らは、父親の堅苦しい話し方や洋服の着方、少々乱暴な態度を時どきからかったりしながら、趣味に没頭する。接した人たちは、さまざまなことが起きてから、三人がバランスをよく保っている様子に目を見張る。それはチャールズに起きた一つの奇跡である。

チャールズと息子たちを仲違いさせるのは、時どき皇太子とウィリアムを対抗させようとするマスコミの仕業である。年老いたチャールズと若きウィリアム！　チャールズ三世かウィリアム五世か？

エディプス王に出てくる父親と息子の闘い…。

ウィリアムはダイアナの遺児であり、イギリス国民のお気に入りだ。イギリス人たちは彼を、君主国を現代化させ、エリザベス二世の後に続いて王国を維持していける唯一の人物とみている。彼は六〇〇〇万ユーロに上るダイアナの財産を相続した。君主国の存続のための頼みの綱である将来の国王は、王冠と共に重荷も継承する。しかし、チャールズの権利放棄は、現時点では全く話題になっていない。長寿の皇太后を考えると、エリザベス二世はまだ二〇年位在位できるだろう。すると後を継ぐのは、チャールズ三世かウィリアム五世のどちらかということになる。

第一六章　ダイアナ

一九九七年八月三一日、悲劇的な事故でダイアナ妃が死亡したとき、世界中の人びとが心の女王であり、象徴であり友人だった女性を失ったように見えた。英王国は涙したが、バッキンガム宮殿は動揺しなかった。

女王が国民との間に大きなずれが生じ、王室の決まりから抜け出して、何らかの手を打たねばならないと理解したのは事故の五日後だった。既に遅れを取っていた。バッキンガム宮殿の前には群衆が溢れ、テレビでは追悼のスピーチが流れ、数々の礼儀に則った言葉や動きが、国民の声にならない怒りを和らげていた。エリザベス二世は痛みを覚えていなかった。女王陛下に休暇でスコットランドに行くのを断念させるには、新聞と数千通の手紙と数千個の花束では足りなかったのだろうか？

他界したダイアナを拒絶したのはウィンザー家最大の誤りで、彼らの冷たさは厳しく批判された。皇太子妃は一連の行動の中で既存のルールを破ったが、それは良心と人間らしさを証明することになった。女王陛下が国民たちの前に姿を見せ、彼らに話しかけ、時折目に涙を浮かべながら花束を受け取ったのは、〈ダイアナ革命〉とも言うべき人気に、心底圧倒されたためであった。バッキンガム宮殿の支柱に英国の国旗を半旗にして掲げる事を命じたのも、葬儀を家族的なやり方で行い、ダイアナの棺が通過するときバッキンガム宮殿の柵の前にいる人たちに気を配るよう注意を与えたのも、殺到した批判にこたえるためだった。

しかしダイアナは、明らかにイギリスの女王を容赦していなかった。死においても、元義理の娘は女王に挑み、彼女を引っ張り出し、民衆の前で悲しみをさらし、故皇太子妃に異例の名誉を与えることを余儀なくさせたのだ。死後の美しき復讐。

無垢のままに

不思議なことにウィンザー家と過ごした一五年間、常にエリザベス二世に挑み続けた人は、イギリス貴族の出身で、最も穏やかだった子ども時代からロイヤルファミリーのメンバーとは面識があった。母方の祖母ファーモイ夫人は皇太后の女官を務め、彼女の友人であり親友でもあった。二人とも未亡人になってしまったが、少女時代には多くの時間を共に過ごし、共通の思い出がたくさんある。結婚後も、たとえ短時間でも頻繁に行き来していた。女王になったエリザベスは、ファーモイにサンドリンガム城の領地内にある広大な邸宅パークハウスを自由に使わせた。そうして両家の子どもたちや孫たちは、すぐに隣接した家で育ったのだ。

年が離れ、やや内気なアンドリューは、ダイアナの最良の遊び友達だった。六歳年上の姉セーラの名付け親は皇太后である。二番目の姉ジェーンの名付け親はケント公であり、末っ子のチャールズ・スペンサーはエリザベス女王が命名した。皮肉なことに家族の中でダイアナだけ、名付け親がロイヤルファミリーのメンバーではなく、長くアレクサンドラ王女の女官を務めたメアリー・コールマン夫人だった。

ダイアナは父のエドワード・ジョン・オールソップ卿によって、ウィンザー家とも繋がっている。彼は実の父の死後、スペンサー卿になった。彼は王国の貴族に属し、一九五四年まで女王の侍従を務めていた。母親のフランス・ラス・バーク・ロックは一九三六年、名家に生まれた。ダイアナの両親は一九五三年四月に、皇太后が出席していた舞踏会で出会った。彼は三二歳、彼女はまだ一八歳になったばかりだった。二人の結婚式は数カ月後にウエストミンスター寺院で行われ、女王、皇太后、フィリップ殿下、マーガレット王女も列席して祝福した。夫妻は子どもを失うなど多くの問題に見舞われ、一九六八年一二月に正式に離婚した。スペンサー公は一九七六年に裕福な小説家バーバラ・カートランドの娘で、ダートマス伯爵の元夫人だったレイン・カートランドと再婚した。〈無垢そのもの〉このおしゃべりな老婦人は皇太子妃のことをそう言った。ダイアナの実母は、壁紙で財をなしたスコットランドの実業家ピーター・シャンド・キドと、一九六七年から人生を再開していた。

ダイアナが王位継承者の妻の候補者になれたのは、もちろん母親ではなく父方のスペンサー伯爵の血筋によるものだ。スペンサー家は一五〇六年から有名で、一族は王国最高の公爵家に属している。ダイアナは、チャールズ二世の私生児の直系子孫である。

ダイアナの両親の初めての子どもセーラは一九五五年三月に誕生し、一九五七年にジェーンが生まれた。二年後に後継ぎの男児ジョンを出産したが、すぐに世を去ってしまった。母親は落胆し暗く沈んでいたが、翌年再び子どもを授かった。一九六一年七月一日土曜日一九時四五分、パークハウスの自宅で、輝くような女の赤ちゃんが誕生した。お産は順調でダイアナと命名された。出産の瞬間まで男児の誕生を期待していた両親は、女の子の名前を考えていなかった。ダイアナの名前は一九六一年八月三〇日にサンドリンガムの教会で洗礼式を行ったとき、初めて公式になった。フィレンツェの大理石でできている洗礼盤は、エドワード七世からの贈り物だった。

生後数年間、少女はパークハウスで、養育係と共に歩み始めたのである。八〇九四haの領地には、森林と公園内にあるパークハウスの二階にある育児室で育てられた。広大なサンドリンガムの領地庭園がある。時どき乗馬をしている女王とすれ違う。すると女王陛下は馬をとめて、オールソップのレディとおしゃべりをするのだった。一九六四年五月ダイアナにチャールズという名の弟が生まれ、女王列席の元、ウエストミンスター寺院で洗礼式を行った。

スペンサー家は毎年一一月五日に大規模な晩餐会を開き、花火大会を行っていたが、一九六七年の秋が最後になってしまった。ダイアナの両親は性格の不一致により、花火大会の直後に離婚を決意したからだ。両親の結婚生活の破綻は、幼かった少女の心に深い傷を負わせた。スペンサー夫人は別の男性と恋に落ち、すぐに夫と子どもたちを見捨てた。まだわずか六歳だったダイアナは、その後数カ月も続いた法的争いに巻き込まれ動揺した。一九六八年一二月母親は、夫の虐待を理由に正式な離婚を要求した。夫は一九六七年春から始まったピーター・シャンド・キドとの関係を告発して応酬した。結局オールソップ夫人は訴訟に負け、子どもたちの養育権を失い、実の母親にも見捨てられ数年間口を聞いてもらえなかった。離婚訴訟は夫人と恋人の親密度を露呈させ、マスコミにセンセーションを巻き起こした。キングスリンの学校に通っていたダイアナは、クラスメイトから心ないあざけりを受けていた。

オールソップ家の近親者が語った。

「当時ダイアナはまだ八歳でしたが、辛い経験をし、消し去ることのできない傷跡を残しました。両親の離婚はほとんどの子どもたちには負い目になり、いろいろな影響を及ぼします。ダイアナはしっかりした性格になりました」

彼は父親に近い人だったが、母親とも連絡を取り続けていた。彼女は毎年夏のバカンスを、絵のように美しいスコットランドの小さなシル島で仲間たちと過ごした。


彼女の勉強はあまりぱっとしなかった。まずシルフィールドスクールのキングスリン学校に通い、その後ノーフォークのリドルズワース・ホールに一二〇名の少女たちと共に入学した。一九七〇年の秋にはハロッズで制服を購入した。ダイアナは学業では平均的だったが、水泳や音楽や絵画は得意だった。一九七二年の終わりにスペンサー伯爵夫人だった祖母が他界し、セントジェームズ寺院で行われた葬儀には、皇太后、マーガレット王女、グロスター公爵夫人が参列し彼女に慰めのキスをした。

一九七三年九月、二人の姉に続いて彼女はシックな全寮制のウエストヒース学校に入学した。そこで彼女は、主要科目の他に詩やデッサンや機織りを学んだ。全寮制だったため、ダイアナはすぐに友達ができ、何人かとは卒業後も交際を続けた。生徒たちは大体のんびりしていた。

「自由時間のほとんどは、女性向きの本を読んで過ごしました。宿題をする代わりに探偵小説や大衆小説や少女小説を読みあさり、ダイアナはバーバラ・カートランドの小説が大好きでした」

当時彼女は何不自由ない寄宿制度になじめず、たゆまぬ努力をする意欲もなく、渋々勉強していた。

だから試験にも失敗し、イギリス全校共通の基礎第二段階の試験では、一つも○レベルを取れなかった。一九七七年六月には英語と英文学と美術と地理の試験を受け、また落第したが、秋に再び姿を見せ補習授業を受け、またもや失敗。

このお嬢様学校で四年間勉強した後も、彼女の評価は全く芳しくなく、外国語にも全然興味がなかった。聞き取りも苦手で、フランス語も人並みだった。一八歳の彼女はまだイギリスから一歩も出たことがなかった。有名なピアニストだった祖母のファーモイ夫人が音楽祭を開催したときに、彼女は遅ればせながらピアノを習い始めたが熱心ではなかった。バレエの方がずっと魅力的だった。学校が企画する校外学習の中で、夢中で観たのはバレエだけだった。彼女は『白鳥の湖』を五回、『ジゼル』を四回観て、コロシアムやサドラーズウエルズに『コッペリア』や『眠れる森の美女』を観に行った。後にコヴェントガーデンのガラコンサートの終了後、ルドルフ・ヌレエフにバレリーナになりたかったのだが長身なためどうすることもできなかった、と打ち明けたことがあった。

ダイアナの将来？　結婚して家族を作ること以外に何ができるだろう？　父親は彼女をアルペンヴァデマネット学院入学のため、スイスに行かせようと決心した。そこでは料理、裁縫、エチケット、フランス語など家庭に入る女性に役に立つことは何でも学べる。一九七七年一二月、ダイアナは一年間の海外生活に耐えるつもりで生まれて初めて飛行機に乗った。しかし、生徒たちにフランス語で話すことを強制するこの学校に、彼女はすぐ落胆してしまった。幸い一人のイギリス人と仲良くなりスキーを習い始めるが、三カ月後に失敗してすっかり落ち込み、家族の元に帰る決心をした。甘やかされて育った子どもは、父親の雷から身を守るため、とりあえず母親の所に行った。

一方、一九七五年六月九日の父親の逝去に伴い、八代目のスペンサー伯爵になったオールソップ卿は、家庭内の問題を抱えていた。彼はノザンプトン付近の豪華なオールソップ城に移った後、レイン・カートランドと再婚した。パークハウスや、アンドリュー王子やエドワード王子やリンリー卿やセーラ夫人が時どき泳ぎに来ていたプールに別れを告げて！　バーバラ・カートランドの娘はダートマス伯爵との二八年間の結婚生活を解消し、スペンサー伯爵との再婚を決意したのだ。彼女は四六歳で四人の子どもがいた。小説家の母は娘の感動的な様子を語った。

「ママ、わたしはママの小説のヒロインみたいに恋をしたの。だから私に力を貸して、私を理解してね」

全く理解できなかったのは、セーラとジェーンとダイアナとチャールズだった。一九七六年七月一四日の父親の再婚には、気の毒なことにロイヤルファミリーからは誰も出席しなかった。

彼らはまるで新しい義理の母親に敵意を持っているかのようだった。そこにレイン・カークランドの四人の子どもたち、ウィリアム、ルパート、シャーロット、ヘンリーが加わった。セーラとジェーンは侵入者を冷遇しようと決め、あらゆる決まり事を無視して辛い生活を強いた。二人よりおとなしいダイアナは、一四歳のシャーロットと八歳のヘンリーと協定を組み、仲良くしようと努め、次第に新しいオールソップ夫人とも協力するようになった。デイリーエクスプレス誌のインタビューの中で夫人は打ち明けた。

「それは本当に不愉快でした。世間の人は私を、まるでドラキュラの母のように見たがりました。結婚当初は殊に悲惨でした。セーラは私がテーブルに着こうとしているときでさえ無視しました。彼女は使用人たちに私の意見も聞かず指示を与えていました。ジェーンは二年間、廊下ですれ違っても私に話しかけようとはしませんでした。ダイアナだけは優しく、最善を尽くしてくれました」

気の毒なレインはダイアナの結婚式に列席はできたが、ロイヤルファミリーの正面の家族席ではなく補助席に座っていた。

スイスから帰国すると、ダイアナはすぐに家族の邸宅には長く住めないだろうと理解した。義理の母親は家の模様替えをし、週に何日間か一般公開していた。ジーパンをはきカジュアルな服装が好きなダイアナは、一家の新しい女主人のために、夕食に出かけるときドレスを着なくてはならないのが、次第に重荷になってきた。

やがてセーラがマスコミを刺激するようになった。一九七七年のアスコット競馬にチャールズと並んで登場して以来、彼女は将来の皇太子妃として見られるようになった。ボーグ誌の記者をしていたもう一人の姉ジェーンは、一九七八年四月に女王の私設秘書ロバート・フェローズと結婚して、周囲を驚かせた。偶然にも彼はサンドリンガムの侍従ウイリアム・フェローズ卿の息子だった。ダイアナは結婚式のブライズメイド役を務め、列席していた大勢のロイヤルファミリーと挨拶を交わした。女王は特別な計らいで夫妻にケンジントンパレスの邸宅を与えた。

ダイアナはハンプシャーの家で、フルタイムでベビーシッターをするようになった。その後ロンドンに戻り、保母のアルバイトを斡旋する事務所に登録した。一九七八年九月、彼女は三カ月間、ウインブルドンで有名な料理家エリザベス・ラッセルのクラスを受けた。毎朝彼女は母の元から徒歩で出発し、皆と同じように地下鉄に乗り、学校でジュレやタルトやプディングの作り方を習った。彼女はとても料理上手で、あっという間に才能を開花させた。秋には父親が重い脳出血を起こし、翌年の一月まで病院から出られなかったが、ほとんど奇跡的にわずかな後遺症が残っただけで済んだ。

征服

一九七九年一月のある週末、女王がサンドリンガムの狩りに招待した客の中に、セーラとダイアナもいた。一家との出会いは一九七七年一一月にさかのぼる。そのときがチャールズとダイアナの長い歴史の始まりだった。マスコミの予測に反し、セーラとチャールズは良き友人の枠を出なかった。

チャールズは末っ子に関心を持ち、狩りの後の数カ月の間に、何度もダイアナと会う機会を設け、夕食や観劇に誘ったり、邸宅での映画鑑賞に招いたりした。二人は互いに一目惚れではなく、単なる仲良しだった。彼女は一七歳でチャールズは一二歳年上だった。ダイアナは全くときめきを覚えることもなく、ボーイフレンドとも言えなかった。開放的で微笑みを絶やさない彼女は落ち着いて見え、非の打ちどころのない私生活を送っているように思えた。赤毛混じりのブロンドの髪で青い目をし長身の女性は、煙草も吸わず、ほとんど化粧もせず実に新鮮で、ロマンチックな性格に見えた。かなり前から王位継承者である長男の結婚を願ってきたエリザベスは、ダイアナに驚きを覚え、その姿に目を見張った。数々の名前が妃候補のリストに上り、ゴシップの種をばらまいてきたチャールズは、そろそろ年貢を納める必要に迫られていた。もうすぐ三〇歳に手が届く彼は、エゴイストの独身男のままではいたくなかったのだ。

一九七九年七月一日、ダイアナは一八歳になった。彼女は祖母が残した莫大な遺産を相続し、ロンドンの高級住宅街サウスケンジントンとアールズコートの間に位置するコールハーンコート六〇番地に四部屋の邸宅を購入した。家具はハビタットで買い、友人のソフィー・キンブル、フィリッパ・コーカー、ヴァージニア・ピットマンにルームメイトになってくれないかと誘った。ルームシェアはロンドンの若者たちの間では良く見られる便利な方法だ。ダイアナは品の良い託児所でアシスタントを務める、慎ましい仕事を見つけた。ピムリコのセントジョージスクエアにあるヤング・イングランド保育園には、名家の子どもたちがたくさん通っていた。ダイアナは地下鉄で職場に通い、時どきナイトブリッジの優雅な店に立ち寄り、シンプルだがきちんとした服装をしていた。洋服はフィオルッチ、セーターはベネトン、ブラウスはリバティでよく買っていた。サウスウエスタン銀行に口座を持ち、家族の財産のお陰で多額の預金をしていた。彼女は貧しく、部屋を共有にしてなんとかやりくりし、保育園で働くのを余儀なくされていた、という伝説もあるが、事実無根である。

ダイアナは時どき夜外出し、バレエやミュージカルを観に行っていた。祖母のファーモイ夫人はいつも初日の招待券を山のようにもらっており、それを可愛い孫のために役立てていた。ダイアナはサウスケンジントンの美容室ヘッドラインのケヴィン・シャンリーを気に入り、結婚式の日のセットも彼に依頼した。

一九八〇年六月、少女はカウドレイ公園でポロの試合に出場したチャールズの姿に感嘆した。彼女はグッドウッドボールで彼と踊り、ヨットのブリタニア号で数日過ごし、女王から招待を受けスコットランドのバルモラル城で、親しい人たち数名とのどかな週末を分かち合った。チャールズが、領地に流れているディ川のサケが常に釣れる状態にあるかチェックしに行くことと、ダイアナが同行することの許可を母親に求めたときが、二人のロマンスの公式な第一ページだったとされている。

九月七日日刊誌サンは秘密を漏らした。「彼は再び恋をした！　チャールズの新しい恋人、レディ・ダイ」。世界中のジャーナリストたちが、情け容赦なくすぐに彼を追いかけ回し始め、気の毒にダイアナにもつきまとうようになった。マスコミの猛攻に合った彼女は、大きな不安を抱えていた。結婚を想定してもまだ決心はできず、非常にデリケートな心理状態だったためだ。しかし、外出するたびにパパラッチに追われるようになり、彼女は有名人になるトレーニングをしていた。カメラマンたちは、セントジョージスクエアで彼女を逆光で撮影し、脚の長さとペチコートを身につけていないことを証明した、とスクープ記事を書いた。なかには家宅侵入を試みる人たちもいた。電話は絶え間なく鳴り続けたが、ダイアナは落ち着いていた。冷静さを装っていると、非常に強い性格ではないかと疑われる。騒動の中でも、チャールズとダイアナは、どうにかこうにか定期的に会っていた。二人は一〇月の数日間をバークホールや皇太后の家で過ごし、一一月四日にはリッツで開かれたマーガレットの五〇歳の誕生パーティーに出席した。

二日後サンデー・ミラー誌に〈王室列車事件〉という記事が載った。チャールズ皇太子がイギリス西部での公式訪問を終えて帰って来る途中、王室列車がウイルトシアの田舎町に停車した。するとダイアナにそっくりの若い女性が乗車して一夜を過ごした、という内容だった。バッキンガム宮殿はこの話を否定したが、雑誌社は誤認を認めなかった。

公務を利用して浮気をしたと責められたチャールズは、インドへの長期滞在に旅立った。結婚を望んだときには別々になる期間を設ける、という王室の伝統でもあるのだろうか？　メロドラマのように、相手が目の前からいなくなると、会いたい気持ちは確かに募るものだ。イギリスに帰国すると彼はウィンザーで家族とクリスマスを祝い、一月二日はサンドリンガムで過ごした。しかし何も起きなかった！　行動開始予定日は二月三日だった。その日の夜、皇太子はバッキンガムの邸宅で、ダイアナと二人だけで夕食をした。彼は両親には結婚の意思を告げていたが、まだ彼女の気持ちを確かめていなかった。ニュースが公式に発表されたのは、ほぼ三週間後だった。二月二一日タイムズ誌は謎のように「王子の婚約は本日発表されるだろう」と書いた。一一時には世界中のメディアに情報が流れ、経済破綻で暗く沈んでいたイギリス国民は朗報に沸き立ち、レディ・ダイの魅力に脱帽した。現代的でチャーミングなニューフェイスは、イギリスの貴族社会に新風を送るだろう。

このときカミラは、王子の恋人のチェスボードの上に、愛人として乗っていたが、ダイアナには理解できなかった。彼女は純粋で、チャールズが真に愛情だけで彼女と結婚すると信じていた。二人は舞踏会を開いて婚約を祝った。皇太子は祖母の皇太后に腕を貸し、ダイアナは祖母のファーモイ夫人の傍を離れなかった。二人の老婦人は結婚の推進者だったことを包み隠さず自慢し合った。彼女たちは秘かに、実に効果的に影で働き、孫たちのために大衆の好奇の目から逃れ、静かな時間を提供していた。皇太后はダイアナに婚約期間中の五カ月を、クラレンスハウスの彼女の家で過ごすように提案した。招待を受けてから四日後に、彼女は姉の家に滞在しながら結婚の準備を進める方がより自由にできると告げた。

「ロイヤルファミリーが新しい王妃を窒息させるような、恐ろしいことは絶対ありません。逆に彼女は控えめですが、前向きで確固たる態度と厳しい見方で王室に影響を与えていくでしょう」

ダイアナは自主的で決断力があり自分に自信を持っており、すでにその兆候は表れていた。まずウエディングドレスは、伝統的に王室御用達の有名デザイナーの物を着て欲しい、という要望を断った。この発言は皆を驚かせたが、彼女はデヴィッド&エリザベス・エマニュエルというほとんど無名のデザイナー夫妻にドレスを注文した。

しきたりに従わず、ダイアナは愛情をオープンに表現しようと決めた。公式写真には、ヴィクトリア時代に想像もできなかった愛情に満ちた場面が採用された。三月末チャールズはオーストラリアとニュージーランドに五週間行くことになり、ロンドンの空港に見送りに行った彼女は、恥ずかしがりもせず彼にキスをした。儀典の担当者は、彼女にしてはならないことを書いたリストを渡していた。車を運転すること、荷物を開けること、買い物かごを持つこと、一人でレストランに行くこと、ボディガードなしで外出すること、人前でたばこを吸うことなど。しかしダイアナは気にしていなかった。些細な事件は何件か起きた。三カ月間毎日脅迫状のような手紙が送られてきて、ダイアナ嬢を七月二九日前に処刑すると書かれていた。また、たくさんの熊が結婚式に際し新調される、近衛兵の帽子の毛皮用に犠牲になる、というニュースに対する熾烈な抗議もあった。オーストラリア滞在中のチャールズとダイアナが交わした、驚くような電話の会話もあった。何と言ってもダイアナは人気絶頂だった。ペニー・ジュノーによれば、彼女はマスコミやイギリス国民に、誰も予想もしなかったような効果を与えている。

バッキンガムはダイアナとのバラ色の人生を夢見ていたのだろうか?

皇太后は絶えず彼女の〈衝動的で粗野な〉性格をコントロールしようと説得を試みていた。ダイアナが結婚直前に、巨大な邸宅をセカンドハウスのようにし始めたとき、バッキンガムの廊下では、人びとが眉を吊り上げて不満を漏らした。公園に面した右側のウイングにある小さな私室に突然入ってきて、フィアンセを驚かせることもしばしばあった。ある朝、女王がチャールズに会いに上がっていくと、ウォークマンを頭につけたダイアナが、そしらぬ素振りで言葉も掛けず目の前を通り過ぎた。宮殿の神聖な廊下では、前代未聞の出来事だった。エリザベス二世は礼儀作法にはとても口うるさいのだが、彼女と同世代の若者たちが、耳から聴こえてくるポップミュージックのリズムに合わせて鼻歌を歌っていることも知っていて、ダイアナの様子に苦笑するだけだった。

しかし、女王の忍耐力にも限界がある。エリザベス二世はダイアナの無頓着ぶりや儀式的な決まりを軽視することに、ためらうことなく何度も繰り返し公然と注意を与えた。礼儀に関する未解決の問題は、チャールズの母親の心に大きくのしかかっていた。彼女は見習いの王妃でしかない義理の娘を、何とか打ち負かそうとしていた。彼女は大衆と接するとき、チャールズより前に出る傾向があり、群衆の中で旧友や見知らぬ人たちに話しかけ、その間、王子を待たせてしまうことさえある。彼らの評価はあっという間に落ちて行く。

ダイアナ妃は数週間、バッキンガム宮殿で皇太子と暮らした。彼女は宮殿の中で大広間のようないくつかの公式な部屋を〈現代風に〉変える必要があると感じた。相談を持ちかけられた女王は憤慨し、すべてを元通りにするように断固として厳しく命じた。

「なんて乱暴なの！　一体どうするつもりなのですか？　ここは私たちの家で、あなたの考えは私の趣味には合いません」

プリンセスは赤面し、文句は言わなかった。

世紀の結婚

一九八一年七月二九日、結婚式が行われ、世界中で七億五〇〇〇万人の人たちがテレビ画面の前に釘づけになった。ニュージーランドのソプラノ歌手キリ・テ・カナワが、セントポール寺院でバッハとヘンデルを歌った。現代のシンデレラ、ダイアナはガラスの馬車に乗り、全体に刺繍のある絹とタフタのロマンチックなドレスで身を包み、非常に苦労しながら教会に入ってきた。七m半もトレンを引くドレスは、ブライズメイドのチーフを務めるセーラ夫人には悪夢だった。

カンタベリー大司教の前で二人が「はい」と言うべきとき、感激のあまりかリハーサル不足のためか、トラブルが起きた。ダイアナはチャールズの名前を言うときに途方に暮れ、チャールズはまるで前兆のように、宣誓の途中で言葉に詰まったのだ。幸いすべてはバッキンガム宮殿のバルコニーで首尾よく幕を閉じた。そこで皇太子は、ロイヤルデビューを果たした妻に長いキスをした。その様子を女王は少し驚いたまなざしで見ていた。二人はワーテルロー駅を一七時に発って、二七六名の親しい人たちと合流し、王家のヨットで二日間の地中海横断の船旅を共に過ごした。

帰ってくるとダイアナと国民との密月時代が始まった。しかしダイアナの様子は、ヘアスタイルや宝石や服装、笑顔や振舞い、体重の変化やスカートの丈、帽子の色などを見たがる国民の気持ちに応え、少しずつ変化していった。前例のないこの現象を、社会学者のC．ブライトはこう解釈した。「どの階層に属していても、人は王室やスターのゴシップやスキャンダルが大好きで、ダイアナはどんなスターや女性より人気があります。彼女は計算ずくめでないところがスターたちとの違いです」

身長一m七八㎝、体重五五㎏の体型はプロのモデル並みだ。バッキンガム宮殿の広報担当官はこう決めつけた。

「マスコミは国際的なカバーガールのように扱い、恐らく彼女はその評判を裏切ってはならないと感じているのでしょう」

彼女は大きなレースの襟や裾飾りやフリル付きのブラウスやヴェールを愛用し、上品なイギリススタイルを表現していた。

間もなく彼女の浪費は批判されるようになリ、国民は彼女の気まぐれと無駄を責めた。しかし、彼女の人気は変わらなかった。皇太子妃にはオーラと溌剌としたきらめくようなスタイルと決断力があり、やがて開花していった。女主人は伝統と私生活の一新をあらゆる方向から図り、全権を享受しているように見えた。チャールズにグロスターシアのハイグローブにある邸宅の所有をやめさせようとしたのはダイアナだった。マウントバッテン卿の婿で、バッキンガム宮殿内にあるチャールズの邸宅の装飾を担当したデヴィッド・ヒックスに声をかけるのを断り、ケンジントン宮殿の四階にある彼らの部屋の装飾を監督したのも彼女だった。

彼女は取り巻きたちと争う覚悟で、与えられた役を完璧に演じていた。ある意味ではケンジントン宮殿は地雷原になってしまった。二〇名程の人が職場を去り、なかには王子に長く仕えた使用人たちもいた。優しいダイアナの中に、気骨のある性質が隠れているのだろうか？　退職者が相継ぐ中、世論の中で怒号が湧き上がり、バッキンガム宮殿はこの件に関し迅速な対応を求められ、スポークスマンを登場させた。

「宮殿の人事の採用や退職勧告は王妃が行っているのではありません。王族は誰もその権利を持っていません」

しかし、以前の使用人は、ダイアナが夫の使用人たちに敵意を持っていたことを打ち明けた。

「彼女は結婚前にチャールズの世話をしていた人たちとは、決して対等に向かい合おうとしませんでした。スタッフの入れ替わりはチャールズを悲しませ、王妃の怒りはさらにひどくなりました」

気まぐれで気難しいという噂は彼女を責め立てた。不愉快な態度には多くの証言がある。

「私は使用人たちに接しているところを見ました。彼女は彼らを上から見下ろし、実に不愉快やり方で扱い、それは非常に屈辱的とも言えました」

最低一つは、皇太子妃が非難されない仕事が残っている。母親役だ。初めての息子ウィリアムは一九八二年六月二一日に誕生し、二六カ月後の一九八四年九月一五日弟が生まれ、ヘンリーと命名された。チャールズとアンドリューに起こったこととは対照的に、ウィリアムと〈ハリー〉は年齢も近く一緒に成長した。ダイアナは育児室で何時間も過ごしていた。

ウェールズの囚人

しかし彼女のバラ色の人生はすぐに色褪せていった。夫妻のハーモニーは見せかけでしかなかった。チャールズの身の回りにいた多くの人たちが、王家のデュオが不協和音を奏で始めていることに気づいていた。チャールズもすぐに、彼女は自分が求め、これから先五〇年間人生を共にしてくれる人ではないとわかった。彼らはそういう話をしたことがなかった。彼は歴史や文学が好きだが、彼女は全く興味がなかった。チャールズは馬を可愛がっていたが、ダイアナは子どもたちしか愛していなかった。王子はクラシック音楽を愛し、王妃はポップミュージックの方が好きでオペラには退屈していた。

彼らの結婚は初めから失敗だった。結婚式の直前、最終的な準備に追われていたダイアナは、チャールズの私設秘書が了承しなかったのにもかかわらず、彼宛ての小さな小包を開けてしまった。あら素敵！　中身はブレスレットだった。次の瞬間、唖然として言葉を失った。内側に彫られていたのは将来の妻のイニシャルではなく、カミラのイニシャルだったのだ。彼女はよろめいた。世界が崩壊した。大人になってからダイアナが願っていたのは二つだけだった。チャールズと結婚することと皇太子妃になること。しかし、婚約者たちに恐ろしい事件が起き、彼女は何かの間違いか宛先違いだと信じようとした。そうだとしたら、すぐに忘れようと。しかし現実は、初めて彼女の夢を打ち砕いた。皇太子のスケジュール帳の間から、数枚のカミラの写真が落ちた。チャールズは動揺も見せず、結婚とパーカー・ボウルズ夫人とは何の関係もないと告げた。そして権威の証しにセントポール寺院のセレモニーの直後に、公衆の面前でカミラにブレスレットを贈った。

新婚旅行の翌日から、ダイアナは予想もしていなかった孤独との闘いが始まった。頑固なほど自立した性格で、公務に忙殺されている夫が彼女のそばにいるのは、晩餐会にエスコートするときだけだった。彼女は義理のロイヤルファミリーの中に、逃げ込む場も安らぐ場も見い出せなかった。重責を負い、子どもたちに君主制を永遠に継承していくことを口うるさく言っていたエリザベス二世には、ウィンザー家の一員になった人の精神状態を問題にする時間がほとんどなかった。女王の目には、たとえ人知れず苦しんでいようが、それも名誉に値することとして納得しているように映っていたのだ！

結婚後の数年間、とにかくダイアナは死ぬほど退屈していた。彼女は寄木作りの床の上で判で押したような生活をしながら、無為を紛らわしていた。文字通り息が詰まり、しまいに執務室の職員に助けを求めた。

「皇太子殿下に家に戻るようにご忠告申し上げましょう。殿下の居場所はここにはありませんから」

執務室長はきっぱりと答えた。海外のマスコミは、皇太子妃が公式行事で代表的な役割を積極的に務めることを歓迎していた。病院や竣工式や除幕式などで、王室の若き女性が挨拶をしたりはにかんだような微笑を浮かべるたびに、群衆は夢中になった。しかし、運転手がジャガーの扉を閉めた途端、ダイアナの表情は硬くこわばった。晩餐会の心地よい椅子に腰かけていても、ケンジントンでの辛い孤独が頭をよぎっていたのだろうか？　チャールズはスピーチを準備しやすくするためにハイグローブに移ったのだろうか？　夫婦の崩壊は避けられなかった。ハリーが生まれてから、二人は寝室を別にし、宮殿も別々になった！　絶え間ない衝突は少しずつ王妃の心身をむしばんでいった。彼女は極端な食欲不振と過食を繰り返すようになったが、チャールズは彼女がどんな体調でもテーブルに着くように命じ、ダイアナは勇気を振り絞って公務をこなし続けていかねばならなかった。王室での日々に順応していなかった彼女は、時どき夜に親友のキャロリン・バーソロミューや女官のアン・ベックウィス・スミスの家を訪れて気晴らしをするようになった。彼女たちの家では、王妃は自分自身に戻れた。そうして宮殿に戻り、黄金の檻が張り巡らされた牢獄に閉じ込められた囚人になるのだった。

一九八一年から彼女には〈ウェールズの囚人〉というニックネームがつけられていた。彼女にとり宮殿は〈死ぬほどのエネルギー〉を消耗する場所だった。思いやりのあるチャールズの友人たちは、皇太子妃は病気で不安定になっており、最良の方法は特別な家に転居させることだと忠告した。鬱状態は何年も続き、その間自分が役立たずで無意味な存在だと感じていた。目が覚めても、すぐにまた眠りたがった。つまり何もかも失敗したと思いこんでいたのだ。

一九八六年から九一年までの間、彼女は颯爽とした王室の近衛兵隊長ジェームズ・ヒューイットに、心惹かれていた。その一方、ダイアナは人生に別の意味を見出そうとし、人道主義がそれをかなえてくれた。彼女はマザー・テレサを手本にして、エイズ撲滅運動や対人地雷の撤去推進を先頭に立って積極的に行った。恵まれない人びとには笑顔で温かく接し、誠意を伝えた。バッキンガム宮殿とも闘い続け、女王陛下に数年間のすれ違いの対価を払わせた。離婚は避けられない状況であり、世界有数の金持ちの一人である義理の母のチップには満足していなかったからだ。一九九六年、カミカゼダイアナは、名誉のために闘おうとし、離婚に際し法外な条件をふっかけた。弁護士たちは女王から提示された〈会計報告中の未払い金として〉二三〇〇万ユーロ近い金額を一括で支払う、という申し出を却下した。「もう少し多額でないと、私は了承できません」若き女性は皮肉った。サザビーズやクリスティーズで目に見えて左右される値を換算し、ダイアナは三五〇〇万ユーロを主張した。事態をできるだけ早く収拾したいと願っていた女王は、その中間の金額で妥協することを受け入れた。自由のために支払われた金額は、すぐにギネスブックに認定された！

カメラの前でずっと被害者を演じ続けながら、バッキンガム宮殿に最終通告を投げつけ、女王を抑え込んだ戦略で、彼女は反感を買ってしまった。王家のチェスボードの上で、彼女の味方はもはや誰もいなかった。わずかな友人たちも次第に足が遠のき、軽蔑され操られ疲れてしまった仲間たちも門戸を閉ざすようになった。王妃はほとんど外出しなくなった。通い慣れていた所へも出向かず、昔からの友人たちも寄り付かず、彼女はひっそりと静まり返ったケンジントン宮殿に閉じこもっていた。混乱し敗走を前にして、王妃はグラミス城の人けのない長い廊下をさ迷うマクベス夫人のようだった。三五歳の若き女性は、普通の女性にも戻れず、本当の王妃にもなれないことを理解していた。ウィンザー家の人びとが、彼女を皇太子妃殿下の座から何としても突き落とそうとしているのをよく知っていたからだ。人びとは彼女の行動を近辺から見張って不安定にさせ、何か役に立つことはないかと情報収集を行っていた。

　離婚一〇カ月後、三六歳になったダイアナは、自由になって初めての夏を過ごそうとしていた。サントロペでは、ウィリアムとハリーと一緒に一〇日間船旅した以外は、何もせずのんびりしたいと思っていた。彼女はパリのリッツホテルやロンドンのハロッズを所有しているエジプトの富豪、モハメド・アル・ファイドの邸宅に滞在していた。地中海の船旅では、子どもたちと億万長者の友人たちとくつろいでいる彼女の姿が見られた。その中にモハメドの息子で、実業家兼映画プロデューサーのドディ・アル・ファイドがいた。ダイアナと彼はずっと以前から知り合いだった。初めて出会ったのは一〇年近く前、ポロの試合でイギリスのチャールズ皇太子と対戦したときで、以来社交界でたびたび偶然にすれ違っていた。しかしなぜこのとき、彼女はこのプレイボーイを違う目で見たのだろう？バッキンガムの厳しい戒律に縛られていたダイアナは、裕福なジェット族たちの生き方に渇きを癒され、歓びを見出したのかもしれない。

やがてマスコミは二人のキスシーンを撮影した。イギリスの皇太子妃としての公務中に時折見せていた、厳粛で寂しげな表情は終わりを告げた。彼女はついに幸運を手に入れ、将来のバラ色の人生を夢見た。予定のないプライベートジェットでの旅やジョニカル号でのクルーズなど、ドディと一緒の人生は実に楽しいものだった。コートダジュール、コルシカ島、イタリア、サルデーニャ…恋人たちは毎週、ティーンエイジャーのように泳いだりキスをしたりしながら夏を過ごし、そのバカンスが永遠に続くように感じていた。

八月三〇日、ダイアナとドディはサルディーニャからパリに向かい、フランスの首都は恋人たちの旅で最も心踊るステップになるはずだった。それが彼らにとり最後の短い滞在になるとは、誰も予想していなかった。一九九七年八月三一日〇時、黒いメルセデス二八〇Sはリッツを出発し、アルマトンネルの一三番目の柱で悲劇の幕を閉じた。サルペトリエール病院に運ばれたダイアナが、息を吹き返すことはなかった。プリンセス・オブ・ウェールズは肺出血を起こして死亡した。

彼女の死に対し、ウィンザー家は対応にもたつき、一方では途方もない悲しみが巻き起こった。それは皇太子妃が死後に獲得した勝利だった。彼女の死は、確かに信じがたいほどの献身的な人気を物語り、エリザベス二世は極限状態で不可能と思えた使命を果たし、ダイアナの葬儀を行った。とてつもない一週間の間に、彼女は全力を尽くした。しかし、女王と国民の間の明らかな溝はダイアナの死によって酷なほど浮き彫りになり、ウィンザー家の態度は距離がありすぎ、格式ばっていると判断された。

人として魅力とオーラがあった彼女は、王室に一服の新鮮な風を運び、ウィンザー家と衝突し革命を起こした。皇太子妃は冷淡で傲慢で儀礼的な規則と習慣にがんじがらめになっている王室に対し、時代に即していく確かな可能性を遺産として残した。カリスマ性と王族らしさを失わずに、ハンセン病やエイズの患者と握手し手にキスができたのはダイアナだけだった。

多くの人びとがダイアナの死によって君主国が埋もれてしまったと感じた。あまり野心的でなく〈やや地味だが堅苦しくなく大陸的でカジュアルな雰囲気の〉スカンジナビアの王室を称賛している人たちもおり、トニー・ブレアも見習うことを奨励している。

豪華さや神話は終わりにして、人間的で簡素にしよう。それでこそ、真の王室革命だ！

第一七章　カミラの一件

それは未曾有の驚きの告白だった。一九九四年六月二九日、ほとんど呆気にとられている数千人の将来の臣下を前に、皇太子は秘めていた大恋愛を打ち明けた。カミラ・パーカー＝ボウルズは、小さな扉から歴史の中に侵入してきた。もうすぐ五〇歳になろうとしている彼女にはユーモアのセンスがあり、未来のイギリス国王が夢中になってから既に…二四年！

秘められた恋物語

一八七〇年代、カミラの母方の祖母アリス・ケッペルは、チャールズの曽祖父エドワード七世の愛人だった。彼女は国王に非常に近しく、崩御の際には枕元でアレクサンドラ王妃と並ぶことを許された。チャールズとカミラの思いがけぬ恋は、まるで古の王室に冗談めいてウインクしたようだ。秘められた恋には暗黙のルールがあった。友人の一人が解説する。

「カミラは完璧には程遠い女性です。毎日下着を取り換えているかも確かではありません。美容院に足を踏み入れたこともないかもしれません。でも彼は会った途端、彼女に恋をしたのです」

彼らの出会いは一九七〇年のある雨の日にさかのぼる。チャールズはまだ経験の少ない青年だった。

「誰にでも言える話ではないのですが、ベッドでのカミラは素晴らしかったのです。一九六〇年代には彼女のように開けっ広げで、シーツの上でも奔放な女性は滅多にいませんでした」

一九七二年、虜になった皇太子はプロポーズしたが、国家の決まりで受諾されなかった。将来国王となるチャールズの結婚相手はバージンでなければならないのだ。彼女は全くバージンには見えず、バッキンガムは彼女を愛人にしておくように勧告した。

言うが早いか、それは実行に移された。カミラは翌年アンドリュー・ポーカー＝ボウルズと結婚し、チャールズとレディ・ダイアナ・スペンサーは一九八一年七月二九日に結婚した。しかし二人の関係は変わらず、皇太子が独身最後の夜を過ごしたのも、ずっと以前からの愛人のベッドの中だった。ハネムーンの真っ最中にヨットブリタニア号から電話をかけ、結婚後初の告白をしたのも彼女だった。入浴中でも友人の家でも公式旅行中でも、王子は毎日会話をせずにはいられなかった。

「彼女は率直に話ができ、助言を求められる唯一の女性でした」と、側近は語った。

結婚後数年間、彼らの裏街道のラブストーリーは鳴りを潜めていた。

チャールズとダイアナ

話は急展開する。一九八四年九月一六日の朝、パディントン病院の前で、チャールズとダイアナは群衆に二人めの子どもを披露していた。その写真は雑誌という雑誌の表紙を飾り、イギリス国民は喜びに沸きたち、未来の女王は実に魅力的で、ロイヤルファミリーはこれから絶頂期を迎えるだろうと胸を躍らせた。九月一六日の午後、一人になったチャールズは、結婚を断念したがどうしても愛するのをやめられなかった人、カミラ・パーカー＝ボウルズに電話をかけた。ダイアナは若さと美しさに溢れ、カミラは五〇歳近かったが、チャールズが燃えるような情熱と貪欲な欲望を感じるのはカミラだった。三日後彼女は再び愛人に戻り、ロイヤルファミリーは何も気づかぬうちに、地獄に落ちていく長い道を歩み始めていた。恋人たちはハイグローブのチャールズとダイアナの結婚はまやかしでしかなく、皇太子はカミラなしではいられなかった。チャールズ夫妻のベッドの中でじゃれあった。

「私は泣きわめき、どうして彼女を連れ込んだのかとなじらずにはいられませんでした。彼が私たちのベッドでそのあばずれ女と寝た、確かな証拠があったのです」

後日ダイアナは親友に告白した。ウィンザー家の長男の方は、妻の冷たさと性生活の欠如に不満を感じていた。カミラとの関係は肉体的な面だけではなく、二五年近く前から皇太子は彼女を誠実に愛していると感じていた。「彼は彼女なしでは生きていけませんでした」秘書の一人が語った。

しかし、皇太子妃殿下は闘おうとしていた。初めから！　ライバルの存在は、チャールズとダイアナの最初の喧嘩の原因だった。結婚式の前日に、彼女はチャールズに招待者のリストから〈あの女〉を外して欲しいと頼んだ。チャールズは反対したが彼女は負けず、結局カミラは、翌日女王が主催する公式朝食会にだけ出席することになった。それはささやかな勝利であり、彼女が後に繰り広げる反逆の合図だった。当初ダイアナは若さと美貌と愛情で、チャールズのその女性への気持ちを追いやることができると考えていた。しかしそれは間違いだった。一九八三年から八六年までの間、彼女は次第にテレビ画面の前で一人で夕食を取り、耳につけたウォークマンでお気に入りのロックバンドの曲を聴きながらバッキンガムの長い廊下をふらふらすることが増えた。

ダイアナはロンドンのナイトクラブで大騒ぎし、ファッションのブティックで散在した。公式な外出にはまだ応じていたが、写真に映っているチャールズはあらぬ方を見ている。

有名なＢＢＣのインタビューで、

「私は心から結婚したいと願っていました。私のように親が離婚している場合、両親以上に努力し結婚生活を成功させたいと強く願うものです。でも私たちの結婚生活にはいつも三人の人がいました。多すぎますよね」

ダイアナは危うい皮肉を交ぜながら、しかしはっきりと言った。

一九九二年、チャールズが関係修復のために外務省にアレンジさせた韓国旅行は悲惨だった。ソウル空港で飛行機から降り立った二人には、冷たい距離があった。この〈関係強固の旅行〉の間、二人は一度も視線を合わせることも、挨拶を交わすこともなかった。イギリスのジョン・メイヤー首相は、下院の議会で皇太子夫妻の離婚を発表し、愛の歴史に終止符が打たれた。

カミラ作戦

カミラは勝ったと思ったが、勝利の苦い代償を恐れていた。一九九六年八月二八日に正式に発表された二人の離婚は、一九九五年一月一九日に告げられたパーカー・ボウルズ夫妻の離婚のこだまのように響き渡った。アンドリュー・パーカー・ボウルズは直後にロズマリー・ピットマンと再婚し、それ以後カミラは一人で運命に対峙することになった。

彼女はメディアに対して、表向きには勝利感をあからさまにすることもなく低姿勢で、伝説的な慎ましさを保っていた。訴訟をほのめかす人もいたが、何も起こさなかった。イギリスのトランプの新たなカードは、腕に花束を抱えた不幸な庭師のチャールズ皇太子を筆頭に、ロイヤルファミリー一族郎党を食いつぶすのだ。カミラはジョーカー役だ。彼女はすべてのツキを手にしているように見えた。同時に探偵小説「カミラを陥れる計略」が浮上した。バッキンガムの検察官は、狩りの仲間の中で、彼女を殺そうとしているのは誰かを探っていた！　弁護士は何も申し立てなかった。狩りをしにブロクンボロに行ったとき、パパラッチたちを前にした彼女は、自慢の軍馬の上から高らかにユーモアのセンスを発揮した。

「もう私の写真はたくさん持っているでしょう？」

彼女は経済的な問題も一人で仕切っていた。アンドリューとの離婚には犠牲を払った。彼女はチャールズが頻繁に訪れた小さなコテージを、ニック・マンソンに九一万五〇〇〇ユーロで売り、ハイグローブに近いウイルトシアのラコックに家を買った。

ウイルトシアに建築したスイートホーム、レイ・ミル・ハウスで、元パーカー＝ボウルズ夫人は、自分の時代がやって来ることに期待していた。数年前に実施した調査では、イギリス人たちはチャールズとダイアナのおとぎ話のような結婚を破綻させた責任を、彼らは取るべきだと考えていた。カミラは大英帝国で最も嫌われ、年をとり過ぎ、洋服も着こなせないなどと酷評されていた。チャールズの好感度は調査されていないが、一九九七年にはイギリス人の七九％が女王になって欲しくないと断言している。マスコミは〈カミラは一〇〇歳になってもなお、ライバルのダイアナ妃のように国民を魅了する方法を学ぶには時間が足りないだろう〉と強調した。しかしチャールズは諦めず、世間の人びとに、彼らの長い関係を正式な結婚に向けて認めてもらおうと、忍耐強く働きかけ始めた。

醜いアヒルの子を美しい白鳥に変身させる〈カミラ作戦〉は一九九七年の夏に計画され、メディアに愛されていないシンデレラを〈新生カミラ〉にしなければならなかった。イギリスの古い王室はついに軟化するのだろうか？

一九九七年七月一八日、カミラの五〇歳の誕生パーティーがハイグローブで開かれ、新たな可能性に向けて青信号が灯ったように見えた。しかしダイアナの突然の死は、恋人たちの幻想に不吉な前兆を鳴らした。チャールズの愛人は五三歳になるまで、再びブレーキをかけなくてはならなくなった。チャールズは世論で酷評され、両親の亀裂と離婚に加担した女性を、母を失った子どもたちの義理に母に選ぶようなことがあれば、ダイアナの思い出への裏切り行為になると見なされていた。レイ・ミル・ハウスに移ったカミラは、一九九七年九月六日土曜日、ＢＢＣの特別番組でダイアナの葬儀の様子を見つめていた。彼女はひっきりなしに煙草を吸い続け、すべての希望が煙のように消え去っていくように感じた。常に低姿勢でいることを余儀なくされていた彼女は、新しい広報担当者アマンダ・マクマヌスが役立たずに思え解雇した。骨粗鬆症協会のためのチャリティパーティー開催はおろか、ガラ公演への出席や公式写真撮影どころではなかった。〈カミラ作戦〉は無期延期にされた。

チャールズの愛人は、〈心の〉友シェルバーン伯爵夫妻に、ダイアナの死によって急変した状況下で、動揺し落胆していると打ち明けた。カミラは二匹の犬ジャック・ラッセル・フレディとトスカと一緒に〈冬眠〉し、二人の子どもたちトムとローラの訪問を受け、チャールズの別荘ハイグローブにできるだけ目立たぬように会いに行っていた。

カメラマンたちから逃れ、ボーフォード家に滞在して猟犬を使って騎馬でする狩りをしたり、ラムジー夫妻と外出することもあった。カミラは、これからチャールズはやもめと模範的な父親を〈演じて〉いかねばならないとわかっていた。ダイアナは死んでもなお、彼の人生に毒を盛り続けるのだ！

しかし、時は偉大な作家である。ダイアナの支配力は次第に弱まり、恋人たちは作戦を練るようになった。第一段階はPRキャンペーンの再開だった。カミラの誘惑作戦は、知っての通り功を奏さなかった。彼女は新しいイメージ作りを任せていたPR担当者もやめさせてしまった。マスコミに年齢やごわごわの髪や流行遅れの装いを容赦なく嘲笑され、疲れ果てていたカミラは、アラン・キルケーニに新たなイメージチェンジを依頼した。広報担当官は、チャールズとカミラが近い将来再婚できるよう性急に事を運ぼうとじりじりしていた。彼は厄介で緊迫した危うい事態を、機転を効かせてうまく切り抜けることができなかった。彼はチャールズに女王を苛立たせてしまったことを率直に話し、女王の愛人に対する不快感も伝えた。結局、あまりに仕事熱心だったこの広報担当者は解雇された。

そのカップルにとり、勝負はまだ勝利には程遠かった。結婚にこぎつける道程には、まだいくつかの計略が仕掛けられていた。一七七二年に制定された王室の結婚に関する法律により、チャールズは母親である女王陛下の同意を得なくてはならない。それからカンタベリー大司教の許可が必要になる。基本的に教会が離婚後の婚姻を受け付けるのは、非常に例外的なケースである。チャールズにとって頼みの綱は、女王が教会と国家が分離しそうな不穏な空気を感じて、申し出を具体化させてくれることだった。首相の承認は得られそうに見えたが、それは常に厳しい質問を投げかけてくる国民たちの賛同を得ることが条件だった！　上流社会の農婦カミラは王室から最も厳しく非難され、〈みっともない身なりをし、良心の呵責もなく家庭を崩壊した人〉とか〈妖精のように善良なダイアナに打ち克った不吉な魔女〉のように見られていた。

二人のための唯一の解決策。それは身分違いの結婚の場合で、一般民の妻は宗教上では認められるが、いかなる身分も王室の特権も与えられない。イギリス史上には、ジョージ四世が従妹と結婚した後、ブライトンで未亡人のフィツェバートと再婚した前例がある。カミラにはチャールズの身分違いの妻役に甘んじなければならないリスクがあった。

一方、カミラを考慮した公式な活動は増えていった。チャールズは母親の好意で彼女をサンドリンガム城に招いていた。公式な外出の機会も増え、二人は至って自然に現れ、二〇〇一年の夏には公衆の面前で軽いキスまで交わした。まるで誓いのようなキス。

実は皇太后を除きロイヤルファミリーのほとんどのメンバーはカミラに好意的だった。年齢のため彼女はあまりに長い間、抵抗する危険は冒さない！　ウィンザー家の離婚経験者は、道徳的な判断をしっかり持ち続けている。ダイアナは離婚後孤立し、元義理の家族とは、ケンジントン宮殿の隣に住んでいる人とさえ親しくつきあわなかった。伝説になるほど地味なカミラは、いつも目立たぬように影にいて、ロイヤルファミリーのメンバーを圧倒することは決してなかった。やや皮肉っぽいユーモアのセンスや、ウィンザーののどかな生活の中で、犬や馬や狩り等を愛する点では気が合っていた。

忍耐…忍耐。二〇〇二年の春に皇太后が逝去し、残されていた精神的な障害が取り除かれた。チャールズ皇太子は五六歳にして、ようやく愛する女性との結婚の許可を得た。それはさまざまな困難を根気よく乗り越え、義務を果たしてつかんだ勝利だった。二〇〇五年二月ヴァレンタインデーの前日に、皇太子は中世の騎士のようにひざまずいてプロポーズした。彼女ははっきり「はい」と答えた。しかし、このニュースに多くのイギリス国民は憤慨した。怒りを収めるため、エリザベス二世は息子の二番目の妻に、王冠もプリンセス・オブ・ウェールズとしての地位も与えないと命じた。二〇〇五年四月八日、チャールズとカミラは神聖な婚姻関係を結んだ。五七歳のカミラは美容に力を入れ、晩年になってから、妃殿下とコーンウォール公爵夫人の肩書を得た。ウィンザーのセントジョージ教会の中央で、カミラは涙をこらえるのに苦労した。そのときから彼女は、自分を待ち受けている困難や反逆を覚悟している。

チャールズ皇太子は彼女を宝石で覆い、ロイヤルファミリーの一員にふさわしい水準に達するよう、外見を美しく変える専門家チームを作り、自由にコミュニケーションを取らせている。カミラはまずシェイプアップし、歯を白くした。それから額のしわにボトックス注射を打ち、かかとや口の周りにピーリングのトリートメントをした。洋服はサイズダウンし、タバコをやめ、魅力的なデザイナーのロビンソン・ヴァレンタインにドレスを注文している。帽子はフィリップ・トレイシーの作品でチュールやストローなどを巧みに使い、とても上品なブリティッシュスタイルだ！　彼女はクラレンスハウスの新しい邸宅を精一杯彼女らしくしつらえている。しかし、世論の感触は芳しくない。人びとはカミラを〈受け入れた〉が、それ以上ではない。ダイアナの思い出をひっそりと誠実に守り続けている人たちの人気を集めることはあり得ないだろう。

彼女は人生に幻滅を感じ始めた。レイ・ミル・ハウスの邸宅で一人で過ごすことも次第に多くなってきた。欠席が続くと結婚生活を危ぶむ噂が流れ出す。人びとは勝手に話を作り上げ、井戸端会議のゴシップが広まっていく。日常生活に疲れ果て、過ぎゆく時に裏切られる。カミラの親友たちは、王室のパフォーマンスが彼女にとっては酷な仕事だと非難する。彼女は立場に付随した仕事も、家族の集まりもあまり好きでない。夫が国王になったときに何が待ち受けているか少々おびえていると打ち明けると、チャールズはカミラに理解してもらえていないと感じ苛立った。

彼女はプライベートな面を充実させたいと強く願い、庭仕事や料理やテレビドラマを楽しみ、五人の孫の世話をするような〈以前の〉生活で気分転換を図りたいと思っている。

カミラは個人的な願いと君臨する王朝に関わる義務との間で、また優しい祖母としての自分と、皇太子の無条件の支援者としての自分との板挟みになって悩み、人生の十字路に立たされている。夫に永遠に仕えると誓った彼女は今、心から欲し、愛によって受け入れた運命の現実に直面しているのだ。

第一八章　ウィリアムとヘンリー

良き〈パパ〉チャールズは、二人の息子たち、ウィリアムと通称〈ハリー〉のヘンリーとともとても仲良くなった。初めての息子ウィリアムは、一九八二年六月二一日二一時三分にパディントンのセントメアリー病院で誕生した。体重三・二一七kg。二六カ月後の一九八四年九月一五日一六時二〇分三・一〇〇kgの弟が生まれた。両親は前もって長男を〈ビリー〉とか〈ウィリー〉とか呼ばないで欲しいと言い、それを聞いたバッキンガムは大真面目に公式発表した。

「新生児はご存知の通りウィリアム王子と命名され、申し上げるまでもなく愛称などはありません」

とは言えヴィクトリア時代からロイヤルファミリーには、愛情のしるしとして〈ニックネーム〉がある。両親にとっては先祖代々の権威ある名前を継承する代わりに、新生児に本当のアイデンティティーを与える方法である。子どもにとっては、好きな人たちに親しみを覚えてもらい仲良くなる手段である。エリザベス二世はごく親しい人たちには〈リリベット〉と呼ばれ、妹のマーガレットはセカンドネームのローズから一時期〈バド〉と呼ばれていた。フィリップ殿下やアンやアンドリューやエドワードの愛称は聞いたことがない。チャールズだけは子どもの頃、ごく身内では〈プラムプディング〉と呼ばれていた。ふざけて名付けたのはフィリップ殿下で、王家の人たちは皆、喜んでニックネームで呼んだが、当人は大嫌いだった。

現代の教育

ダイアナは宮殿では出産していない。血族で国王直系の後継者である二人の王子たちは、壁の外で生まれた。二人ともロンドンで最も有名な病院からリンドウイングの世界にやってきた。パディントンのセントメアリー病院は上品なクリニックであるだけでなく、王室の産婦人科医ジョージ・ピンカー医師が勤務している。ピンカー医師は称号を持たず伝統と決別した。ハーレー街にある彼のクリニックにはキーキー音がするエレベーターで上がっていく。彼は王室の子どもたちは病院で産むべきだと主張し、王室での出産に関する話に耳を貸そうとしなかった。宮殿は出産にふさわしくない環境だと判断していたからだ。女王は伝統を尊重すべきだと考えていたので、王室には感情的な波紋が広がった。しかしピンカー医師は全く問題にせず、全面的に彼を信頼していたダイアナも同意見だった。

ケンジントン宮殿の育児室は、バッキンガム宮殿の育児室とは全然違う。チャールズとダイアナの邸宅は、パステルカラーで覆われていた。ダイアナはカーテンや羽根布団や天蓋などの生地にピンクの花柄のクルトン更紗を選び、白い家具は青い子ウサギとひなぎくの模様がついていた。幼い王子の椅子には飾り房がついていた。毛布もカーペットもふかふかで、肘掛椅子も看護婦用に一面花模様で覆われていた。

一九八〇年初頭、チャールズは子どもたちの教育に関する悩みを打ち明けた。彼は子どもたちに後継ぎを強要するような教育はしたくないと思っていた。自分自身、父親が選んだスコットランドの厳しい学校ゴードンストウンで辛い思いを経験していた。幼い少年にとって小学校時代は、長く苦しい日々の連続だった。子どもたちにも同じような試練を与えようというのか？

王室の子どもたちの教育は、チャールズの祖父ジョージ六世時代から変わった。彼は〈バーティー〉と呼ばれ、大酒飲みでX脚だったため脚を鋼の添え木で支えていた。彼が両親のそばにいると子守はやきもちをやき、彼の腕を捻じ曲げて広間に押し込んだ。彼はいつも泣きながらそこに入った。それが彼の吃音の原因だったとはただ驚くばかりである。

ヘンリーとウィリアムはすべての難から逃れた。チャールズは息子たちを正直で思慮深くきちんと育てたいと願い、ダイアナは二人の幸せを願っていた。ヘンリー王子の誕生の少し前から王妃の私設秘書補佐を務めていたヴィクター・チャップマンはこう語った。

「王妃はとても献身的な母親で、ウィリアム王子のために多くの時間を割いていました。彼女がいない日中に何をして、何を話し、どんな遊びをしたかを尋ね、いつも足りないところを補おうとしていました」

チャールズ皇太子の妻は子どもたちと離れたがらず、初めての公式な旅行でオーストラリアとニュージーランドを訪問するときも、ウィリアムを置いて行こうとは思わなかった。チャールズとダイアナは九カ月の息子を連れていったばかりか、通常王族たちは別々にするのだが、三人で同じ飛行機に乗った。それは真の王室革命だった！　この強固な決意をさせた一番の理由とは？　彼らはいずれ国王になる息子に、心から安心感を与えたかったのだ。ダイアナは、ウィリアムを長期の旅行に一緒に連れていくことを強く主張した。

「彼女にはいつも彼女のやり方がありました。チャールズはそれを認めようとしていたのだと思います」。スペンサー伯爵は娘についてそう語った。息子に関してはダイアナが統治する君主であり、チャールズは〈従順なパートナー〉だった。

ダイアナは育児室で何時間も子どもたちと過ごしていた。自分の乳母に辛い思い出がある彼女は、子どもたちの乳母選びを人任せにしなかった。この件について夫と衝突したと言われている。選ばれたバーバラ・バーンズはマーガレットの推薦で、女官の家で働いていた女性だった。バーバラはある記者に自分のルールを語った。

「子どもたちと仲良くする秘訣？　それは大人のように接し、責任感を持たせることです。彼らを刺激し、したいと思っていることは励まさなくてはなりません」

彼女はダイアナも傾倒していた心理学者マリア・モンテッソーリの理論を実践していた。子どもに自分で考えて行動させるようにし、両親が過干渉になったり、放任したりしないように注意すること。

彼らの行動や態度に細心の注意を払っていたダイアナは、育児に詳しい雑誌も購読していた。ウィリアムとヘンリーにふさわしい、柔らかなカシミアや繊細な刺繍入りの洋服も、大体ロンドンで一番シックな子ども服の店〈ザ・ホワイトハウス〉で見たてて買っていた。子ども時代、両親の離婚のために、孤独に苦しんできた皇太子妃はとても育児熱心な母親だった。子どもたちの食事も自分で作り、チャールズに入浴のさせ方を教えた。毎日長時間を子どものために充て、一九八五年の秋、長男に付き添ってノッティングヒルの幼稚園に行った。彼らの教育はすべて順調に進んでいるように見えた。

「長男は活発で全く気後れするようなことはなく、しっかり自立しています。生まれつき指導者的な気質なので、それは後になって役立つでしょう。学校に入学した日には自分で洋服を選びました。自分の好きなようにしたいのです。もしかしたらヘンリーはもっと穏やかでおとなしいかもしれません。次第に兄に似てくるでしょうか？　私にはわかりません。二人は全然違う性格です」

二人は確かに成長していった。性格は違っても二人の兄弟は大変仲が良く、お互いに離れたがらなかった。家族に愛情をこめて〈ウィルス〉と呼ばれていたウィリアムの方が気性は激しく、〈ハリー〉は彼のしかけたいたずらに、すぐひっかかった。写真でもいつでも目立つのはウィリアムで、ヘンリーは無表情で少しおどおどして見える。ウィリアムはいつでも微笑み、社交的で温かく活発な一方、ヘンリーは静かで内気で自分に自信がなく、母親にくっついていた。ダイアナはそれぞれに必要な愛情を与えようと努め、二人の違いを認めて各々に役立つことを探そうとしていた。

しかし、ダイアナは行き過ぎてしまった。従来の王室の教育に学ぶべきものは何もないと、自分の希望通りに子どもたちを育てようとするダイアナに、チャールズは苛立っていた。ウィリアムは邸宅と育児室を行ったり来たりしていた。ダイアナは昼夜を問わず育児室に入ってきた。彼女はいつも捨て台詞を吐き、辛くあたることもあり、バーンズ夫人は時どき涙をこぼしていた。

この乳母の解任は本当に〈事件〉だった。

当初二人の女性のハーモニーは完璧だった。ウィリアムは〈ババ〉を慕っていた。乳母はリベラルな教育が役立つと確信し、平手打ちをしたり叫び声をあげることを厳しく禁じ、レディ・ダイも同意していた。チャールズは自分の経験から、伝統的な教育の長所を奨励していたが、じきに諦めてしまった。彼の乳母メイベル・アンダーソンは、古いイギリス的な家庭教育を受けた、厳格でいかめしいスコットランドの女性だった。

　年が経つにつれ、陽気なバーバラは王族たちの間でも人気者になり、ダイアナは苛立ち始めた。王妃は彼女が立場を利用して、マーガレット王女や息子のリンリー子爵をはじめ何人かのロイヤルファミリーメンバーと親しくなった、と言って責めた。

「彼女はうぬぼれています」。ある日、ダイアナは乳母の陰口を言った。若い母親は、乳母と幼いウィリアムが仲のよいことも不服だったかもしれない。彼らはいつも一緒だった。ごく自然に王子は、実の母親より乳母の言うことをよく聞くようになった。夫婦の友人が説明した。

「バーバラは少し神経質な若い母親に仕えていました。彼女は妻として、公人として、母として、その立場を必死でこなそうとしていたのです」

　当初は協調的だったチャールズがついに介入することになった。ウィリアムは一言でいえば、普通の子ではない。いずれ国王になる子なのだ。バーバラ・バーンズは、本当の母親に対し、あまりにもウィリアムの肩を持ちすぎた。そしてチャールズは息子に、願わくば時代遅れな考え方をする〈古風な〉乳母を求めていた。人気のありすぎる乳母は放り出してしまおう！

　ウィリアムは明らかに落ち着かなくなった。彼がトラブルメーカーの一面を見せ始めたのは一五カ月の頃だった。既に一人で歩けた彼は、父親の靴を洗面所に投げ込んだ。次に母親の靴を投げ、しまいに自分のも投げた。理由は神のみぞ知るだが、子どもは靴を脱ぎたがる。彼はやんちゃぶりを発揮し、七カ月の弟ヘンリーにぬいぐるみのウサギにかみつくように強いた。

　ウィリアムは保育園でも恐るべき存在で、友達とも喧嘩が絶えなかった。アンドリューとファギーの結婚式のときには、ずっと付き添いの人に舌を出して喜んでいた。本格的な悪戯デビューは華々しく、バルモラル城の警報機を始動させて鳴らした。

チャールズとダイアナの関係に亀裂が生じ、別々の城で過ごすことが増すにつれ、マスコミではウィリアムの教育についてさまざまな論争が巻き起こった。気配りはするが教育熱心なわけではないチャールズは、近寄りがたく見えた。子どもたちのしつけに対するダイアナと女王の考え方にもずれがあった。女王陛下はウィリアムにもう少し厳しく向かい合いたい、という気持ちを隠さなかった。

長男が将来通う大学の選択については本格的な論争になった。ダイアナは子どもたちを遠くの学校に行かせたくなかった。しかし、ウィリアムは一九九〇年からバークシャーのラドグローブ学校に入学し寄宿生になった。王子は八歳で親元から離れて生活することを学び、週末しか戻ってこなかった。ダイアナは子どもたちのスケジュールに合わせて自分の予定を立てた。ダイアナの手帳には、学校の休暇、コーラスのコンサート、スポーツの試合や子どもたちとの外出予定が優先的に記入された。

チャールズは疎遠になりがちだった。一九九一年六月、殴られたウィリアムがロンドンの病院で手当を受けたときも、ダイアナはずっと一人で枕元に付き添っていた。チャールズはオペラのガラコンサートを観に行く方を選んだ。翌日、心理学者と憤慨した母親たちが群れをなして、皇太子の行動を責めた。責任ある父親に見せるため、チャールズはイメージチェンジを試み、子どもたちと馬に乗ったり、自転車をこいだりしている写真を撮影した。ダイアナには夫が恥ずべき偽善者に見えた。過保護な彼女は、二人の子どもたちに愛と優しさを惜しまず与えていた。

一九九二年一二月、二人の離婚は避けられないと報じられ、ダイアナは何よりも息子たちのことを考えた。彼女は二人を無条件に愛していた。すべての努力はたった一つの目標に向かっていた。彼らが自分のような辛い子ども時代を送らずに済むこと！　青年になり始めたウィリアムは、父親のように狩りや釣りをし、父と後継ぎが暗黙の了解をしている様子は次第に歴然としてきた。式典の場で父と息子が仲良く喋ったり笑ったりしている姿も、よく見られるようになった。一九九五年の夏、チャールズが借りたヨットで、親子は豪華なギリシャの船旅をし、二人の関係はさらに密になった。

ウィリアムがイートンに入学したのは一九九五年の秋だった。彼はこの有名校で、非常に厳しい監視を受けながら暮らした。王族の特権なのだが、彼には個人用の洗面所付きの部屋が与えられた。傍には彼の安全を近距離で保障するため、個人警備員専用の部屋があった。用心のためウィリアムは、内蔵されている電子システムで移動の様子がわかるジェームズ・ボンド並みの超高性能なダイバー・ウオッチを持たされていた。

イートンは五世紀以上前から優れた人材を輩出し、分別ある学校であるのは明白だが、日常生活は至ってシンプルだ。七時三〇分に起床、八時に朝食、授業の開始前に必ず教会に寄る。一三時に昼食、一七時ティータイム、夕食は二〇時、その三〇分後に夜のお祈り。これがウィンザーに近いイートンカレッジの一日の概略だ。最終学年にあたる〈第六学年〉までの初めの三年間は、テレビもラジオも許されていない。彼がスーツケースに隠していたトランジスタラジオのことを言っているのではないが！　ウィリアムは身分に関係なく、入学したときには〈新入生〉として扱われた。彼はその大学が一四四〇年にイギリスのヘンリー四世によって設立され、七〇名の苦学生を入学させているという歴史を暗唱していた。

大学の卒業生には首相になった学生が一九名もいて、ウエリントン卿や経済学者ケインズ、小説家のジョージ・オーウェルなども在学していた。生徒総数は一二六七名、一人あたりの年間の授業料は約一万五〇〇〇ユーロである。四歳から〈リスト作成担当者〉に子どもを預けることはできるが、あまり希望は持てない。入学できるのは一〇人に一人の難関だ。ウェイティングリストは既に数年先までいっぱいになっている。

旧態依然とした教育方針？　確かにいくつかの規則は古臭く感じるかもしれないが、イートン校の力を知れば昔風とは思わないだろう。例えばイートン校で語学を専門に勉強すれば、数年後にその学生は世界中どこでも通用するようになる。教育のフリーメーソンのようでもある。もし、イートン校を訪問する機会に恵まれたら、無敵艦隊から復帰したような卒業生全員の名前が彫られている木を見ることができる。それは古くからの伝統だ。将来の国王ウィリアムの名も彫られることだろう。

ウィリアムより年下のヘンリーにとり両親の離婚は、さらに心を引き裂かれる思いだった。チャールズは〈ティギー〉という切り札を使った。一九九三年八月三日、アレクサンドラ・レグーバーグ通称ティギーがウィリアムとヘンリーの養育係になった。アレクサンドラはダイアナと同年齢で、同じ社会階級の出身であり、母親はアン王女の知り合いだった。彼女は若き王子たちのために家庭を立て直すことを目指し、総合的な作戦を考えた。父親と一緒にいる息子たちはどことなくぎこちなかった。

小学校の先生をしていた賑やかなひょうきん者は、外出を計画して二人を買い物に連れていき気晴らしさせた。彼女はチャールズの友人で、競馬場の所有者で大富豪のヒュー・ヴァン・カットセムや、妻のエミリーとも親しくなり、彼らはチャールズの不在中、両親役を務めてくれるようになった。ウィリアムとヘンリーはノーフォークの領地で定期的に休暇を過ごした。

ダイアナは怒りを抑えながら事の成り行きを見守っていた。彼女は車の後部席でティギーの膝の上に腰かけているヘンリーの写真を雑誌で見て眉をひそめ、彼女が子どもたちを〈私の大切な子どもたち〉と呼んでいると知って震えあがり、バルモラルに滞在中、秘書が彼らを父親の誕生日のプレゼントを買いに連れていったと聞くと顔をしかめた。

溌剌として愉快で楽しく、まるで〈メアリーポピンズ〉のようなティギーは、子どもたちから離れられなくなった。父親の家で過ごす週末やバカンスで、彼女は茂みの中から現れる妖精のようだった。「子どもたちは彼女を年の離れた姉のように思っていました」とチャールズの側近は語った。しかし、ダイアナは決してティギーを受け入れず、息子たちの心に入り込んだこの若い女性にライバル意識を燃やしていた。

離婚後、ウィリアムとヘンリーはかわるがわる両親に会っていた。チャールズはスコットランドで彼らと一緒に過ごし、ダイアナは太陽の光溢れるバカンスを提供した。チャールズは彼らに身分に伴う任務や役割を教え込み、華やかなダイアナはどちらかというとリラックスさせる役を演じて、彼らを楽しませた。彼女は息子たちに、普通の青年たちと同じように生きて欲しいと願っていた。サントロペで過ごした最後の夏、彼女はハリーの後ろでジェットスキーに乗り、夜には小さなナイトクラブを借りて楽しんでいた。

王子たちは一見、同年代の騒々しい高校生たちと変わらないように見えた。彼らはゴーカートレースをし、自転車に乗り、ビデオゲームをする。

「彼らはどこから見ても全く普通の子どもたちで、友達とも仲良くし、同年齢の他の子たちと同じものが好きでした」

ゴーカート仲間の一人ガレス・ハウエルが語った。彼らにだけは市民警察官がつき、毎週日曜日に校長室から母親に電話する許可が与えられ、食品戸棚に鍵がかけられていたことを除いては。二人は同級生たちに〈敵に内緒の〉手紙をとっておいてもらうように頼んでいた。

赤毛のハリーは優しい子どもだ。ダイアナは〈本物の小さな天使〉と言っていた。いずれウィリアムの王位継承後、ハリーが二の次にされないかと懸念しているダイアナは、兄弟を強い団結力で結ぶためにあらゆる努力をしていた。彼女はいつもハリーが将来国王になる兄を嫉妬せず、最も信頼できる味方になるように励ましていた。

しかし、ダイアナの悲劇的な死は、当時一三歳だったハリーを不安定にさせた。愛情に満ちた慰めの手紙が一万通も送られてきたが、彼は悲しみに沈んだ様子だった。オーストリアのレヒで冬のバカンスを楽しんでいたとき、母親を撮影しようとしたカメラマンに雪玉をぶつけていた小さな王子は、微笑を失ってしまった。ニンジンのような髪の少年はこの〈些細な出来事〉について一切口をきかなかった。しかしハリーは、深い悲しみに包まれた父親を目で追いながら航海し始めた。多くのイギリス人たちがそれを待ち望んでいた。

一九九七年九月一〇日、彼はイギリスの生徒の詰襟の制服に身を包み、父親に付き添われてラドグローブの学校に姿を現した。先生たちはイートンに入学する前に、もう一年間授業を受けねばならないと判断した。彼は兄を恋しく思った。同級生たちには再会したが、信頼しあえる年齢ではなった。そして、週末になっても彼を迎えに学校の門の前まで来る母親はもういなかった。

週末はチャールズのハイグローブの私宅で、誠実なティギーと一緒に過ごした。女王と皇太后は、以前と変わらずウィンザーに彼を招き、バッキンガムでティータイムを過ごし、バルモラルで釣りを楽しみ、サンドリンガムで乗馬をし…、そうやって年月を重ねるうちに成長し、いつか忘れられるときが来ると願いながら…。

パパ、チャールズ

幸いチャールズ皇太子は、息子たちの悲嘆と心痛を誰よりもよく理解していた。彼はセントジェームズの邸宅に彼らの寝室を増設し、ケンジントン宮殿で母親と暮らしていたウィリアムとヘンリーは、週末と休暇中は家庭の温もりを取り戻せるようになった。しかし、息子たちが些細な問題を起こすようになったので、チャールズは王室支配人に個人的にコンタクトを取ってもらうように依頼した。特にハリーの様子は心配だった。兄よりもろく繊細な彼は、悲しみに打ちひしがれ、黙ってふさぎこむことが多かった。

ハリーと呼ばれている赤毛のヘンリーは、冷淡な父親のチャールズより、むしろスペンサーに似ている。写真を見て、ダイアナの元恋人だったヒューイット副官の子どもだと主張する人たちもいる。右利きのハリーはビデオゲームが得意で、一家の作家でもある。チャールズは末っ子からもらった手紙の巧みさに強く印象づけられた。読書は彼のお気に入りの趣味で、特に冒険小説が好きだった。アクション映画も好きで雌のラブラドール犬を飼い、ウィンザー家の人たち同様、馬も愛している。兄の影で厳重に守られて育ち、穏やかな子ども時代を送った。

サッカーファンで、ごひいきのチーム〈アーセナル〉の試合を時どき身分を隠して観に行く。兄より若干背が低いが、二人ともスポーツマンだ。ダイアナの姉、ジェーン・フェローズ夫人とも親しい。ダイアナが生きている頃は、ハイドパークの中でボディーガードに伴われて時どき自転車をこいでいた。カート・ラッセルやゴールディー・ホーンの牧場で母親と休暇を過ごしたこともあった。トム・クルーズと一緒にランチをし、ロサンゼルスのレストランでブラッド・ピットを見かけたときにはサインを求めた。ウィンザー家らしからぬ行動だが！　スパイスガールズのエマのファンで、悲劇が起こる前までは青春をエンジョイしていた。

チャールズは、ようやくハリーとの距離を縮めるようになった。一緒に南アフリカに旅行し、スパイスガールズの思い出が末っ子に微笑を取り戻させた。一緒にスキーをし、カナダに公式訪問し、レンズで行われたワールドカップの試合を父と観戦した。チャールズはウィリアムとハリーに、非常にウィンザー家らしい教育をしていた。一方、ダイアナは息子たちが、王室の教育にできる限り拘束されないようにしていた。彼女はバカンス中テーマパークに連れて行き、週末はジーパンとスニーカーでヨットやアメリカ映画を楽しませ、自由で民主的なアメリカ的な教育を受けさせようとしていた。カリブ海やコートダジュールでスターや億万長者たちとバカンスを過ごすこともあった。

チャールズが教育の主導権を握るようになってから、子どもたちはより伝統的なイギリス紳士の型にはめられ、週末はハイグローブで過ごし、休暇はスコットランドで釣りや狩りや馬術をするようになった。すべては身分にふさわしく、礼儀作法に則り、より上品で王室らしい。バカンスと趣味は贅沢な物になった。ウィンザー家らしい習慣でチャールズが好んでいるのは、王家の田舎の森に連れて行ってライチョウを撃ったり、サケを釣ったりして、自然な生活のシンプルな喜びを味わうことだ。

スーパースター、ウィリアム

イギリスのスター、それはウィリアムである。彼は母親譲りのまばゆいブロンドで、時にはにかむような微笑みを浮かべ、輝くような肌をし、スマートで人の心をつかむ魅力がある。つまりこの新たな人気者は、将来のチャーミング王子にぴったりなのだ。しかし、一九九七年夏、ダイアナが急逝し、ウィリアムはその肩に重い荷を負うことになった。彼は必然的に将来国王になる運命を背負い、好むと好まざるとに関わらず、それに向き合って子ども時代を過ごしてきたが、さらに大きな使命を与えられた。もしものときには、王室を永続させるための頼みの綱になることである。ダイアナ自身もインタビューに答えていた。

「彼は物事をとてもよく考える子どもです」

思慮深いのである。彼は母親を心から崇拝していたので、急逝の精神的な影響が心配された。チャールズとダイアナの長男であるウィリアムには、王家を継承する宿命があり王国中のターゲットである。またすべてのティーンエイジャーが憧れるパパラッチの標的ナンバーワンでもある。彼はティーンエイジャーのアイドルランキングで、多くのロックスターたちを抑え、第一六位に浮上した！　メディアのプレッシャーが過熱する一方で、イートンカレッジはますます塹壕《ざんごう》を巡らせた陣地さながらになった。両親の離婚で精神的に不安定になっていたのに加え、彼はさらに生き辛い状況に追い込まれていった。ウィリアムは、ダイアナが全幅の信頼を寄せていた五〇歳の心理学者、スージー・オーバックのセラピーを受けることになった。彼はあらゆる方面から脅迫も受けていた。王子を脅していたのは、アイルランド共和国軍隊のＩＲＡだけではない。父親のキツネ狩りに同行したときも脅迫状を受け取った。過激な動物保護者がカミソリの刃をつけてネズミ捕りを送ってきたこともある。

言うまでもなく彼は孤独だった。一五歳の若きプリンスはロンドンのエキノックスクラブで開かれたダンスパーティーに初めて参加し、ボディガードに伴われ、オレンジジュースを片手に、きしんだダンスホールの中をうろうろしていた。そして所在無げに、愛想笑いをしながら二言三言当り障りのない会話を交わした後、一人で姿を消した！　この世にガールフレンドは一人もいない。

一九九七年九月三日はイートンの始業日だったが、喪に服していたウィリアムは出席しなかった。予期せぬ異常事態の中で、イートンの宿舎に戻るのは、精神的なバランスを維持するにはあまり良くないとも考えられた。イートンだけが疑いなく救いの場になりうることは忘れられていたのだ。そこにいれば彼はパパラッチからも守られ、規則的な生活を送らざるを得ない。おそらく学生の間は憂いている時間もないだろう。

バッキンガム宮殿は報道関係者に、ウィリアムを煩わせず静観していて欲しいと頼んだ。イートンの校長は、マスコミと話した生徒は全員退学させると警告した。

「イートンは公人としての将来をきちんと見据えて、彼を扱っていました。彼は他ならぬ自分自身として存在せねばならず、名前やタイトルや財産に頼らず、尊敬される人間にならねばなりません」とイートン出身の作家ポール・ワトキンスは書いている。

ウィリアムは父親のサポートも期待していた。父親と息子の間には確かな意志の疎通があり、共にサンドリンガムで多くの時間を過ごした。公園には獲物が溢れ、彼は父親の狩り好きを受け継いだ。皇太子は息子と男同士の付き合いをし始めたいと願っていた。彼はカミラとの関係を明かし、少年は時どき彼女に遭遇していた。父親と行動を共にするのは、将来の国王としての務めを学ぶことでもある。ウィリアムは父親の公務の務め方や、議会の開幕式や葬儀や慈善事業等でのスピーチや軍隊パレードでの態度を観察した。彼はやがて自分の番が廻って来ると知っている。

また、女王からもかけがえのない教えを受けていた。イートンはウィンザーに近く、日曜日になるとウィリアムは、頻繁に女王陛下とお茶を飲んだ。車が迎えに来て、二人は二時間くらい一緒に過ごす。ダイアナは去り、ウィリアムはますますウィンザー家の方を向くようになった。優しかったダイアナの影響力も日に日に薄れていった。しかし、彼女は息子に、他人を助けたいという気持ちや本物であることの大切さ、違う意見に耳を傾けることの大きな価値を言い残していた。彼女は亡き後も、将来の国王に恩恵を与えたのだ。

二〇〇〇年六月二一日、ウィリアムの一八歳の誕生日に、宮殿の使用人たちはその日から彼を〈殿下〉と呼ぶように言われた。彼は報道陣に、一日に七六〇ユーロまで引き出せる銀行のキャッシュカードを作ったことや、アールグレイやラプサン・プーチョンなどのハーブティーが好きでフォトナム&メーソンで注文することや、ビッグマックも好きだがバランスの良い食事を好み、パスタ作りが大好きなことなどを話した。

二〇〇〇年九月に一六歳になったハリーは、スノードン卿のカメラの前で父親とポーズを取った。父親を追い越し、身長は一m七六㎝になり、チャールズとポロ競技をしたり、ピザ屋の前でガールフレンドと親しげにキスを交わした場面が目撃されたりした。一世代前のイギリス人たちには甘えん坊のイメージがあったハリーは、溌剌とした悪戯っ子ぶりを発揮し、スイスのアルプスのホテルで料理の勉強をしたいと言って周囲を驚かせた。

ウィリアムはスコットランドの大学に入学する前の、休暇年度の一年間、南米やアフリカで研修を行った。その間カミラ・パーカー＝ボウルズの姪のエマとの仲が噂の種になり、その他にも真偽のほどは定かではないが、リチャード・ブランソンの娘ホリー、アナリス・アスビョルセン、エリザベス・ジャガー、パーマー・トムキンソン、イザベラ・アンストラサー、ゴフ・カルソープ、ナタリー・ヒックスロベックスなどと浮名を流した。さらにブリットニー・スピアーズとの情事は本人が明かした。こうして彼は最も華やかな社交界の一員になり、誰よりもマスコミに追いかけられるようになった。

気さくで魅力的なチャールズとダイアナの息子たちは、イギリスの宮廷に若々しい風を吹き込んだ。彼らはダイアナが失敗した場所で成功を収め、君主国を改革していくことだろう！

二〇〇一年から一一年の間、ダイアナの二人の息子たちの道のりは険しく、同時に人びとを熱狂させた。この一〇年間で二人は成長し、男性になった。彼らの道には数々の落とし穴が点在し、抑鬱状態にも陥り、宮廷の策略や陰口やスキャンダルに見舞われ、恋愛遍歴は執拗なマスコミの容赦ない視線に追われた。また、若き王子たちは、両親を引き裂いた義理の母カミラに歩み寄り、受け入れることを学んだ。

バッドボーイ、ハリー

末っ子は王室での生活に苦労していた。イートンではコカインを過剰に使用し、ナイトクラブでは酔っぱらって羽目を外した。特にスキャンダルを巻き起こしたのは、ナチの扮装をしたハリーだった。二〇〇五年〈アフリカと植民地〉をテーマにした仮装大会で、赤毛の王子は軍曹の制服にナチスの卍の腕章をつけて現れたのだ。チャールズが彼に、サンドハーストで軍事訓練を受けさせた理由がよくわかった。一一カ月に及ぶ特訓は、二〇〇六年四月一二日、女王の前で行ったパレードで終了し、末っ子は士官になった。

心の面では、この生意気なガールハンターは金髪のチェルシー・デイヴィーに夢中になった。チェルシーはジンバブエ出身で、元ミス・ローデシアと裕福な野生動物保護区の共同所有者の娘である。彼女は法律を学び、燦々と注ぐアフリカの太陽を浴びてすくすく育ち、細身のジーパンが似合い、女らしいプロポーションをした抜群に美しい女性である。全くロイヤルファミリー向きではないが！

しかし、ハリーは彼女に御執心だった。彼は彼女を〈チェッダ〉と呼び、彼女は彼を〈ハズ〉とか〈スパイク〉と呼んでいた。王家の人びとは〈恐るべき恋人たち〉がすねたり、喧嘩したり、仲直りしたり、ジェットコースターのように激しい起伏を見ていた。女王の孫は、ガールフレンドの自立した面を何より愛していた。頑固だが心の優しいハリーは、チェルシーと並んで席に着くことになるのだろうか？

ウィリアムとケイト

ウィリアムとケイト・ミドルトンは二〇〇二年セントアンドリュース大学のキャンパスで出会った。二年目にウィリアムと彼女はルームメイトになり、ヴィクトリア調の家で二人の友人と四人で一緒に暮らすようになった。彼はこの茶色の髪と淡褐色の瞳をした女性に惹かれていたのだろうか？　大学のファッションショーで、彼女がシースルーのレースのドレスの下に黒いスリップとブラジャーだけをつけて登場したとき、ウィリアムは最前列にいた。二人はすぐに恋人同士になり、ラブストーリーの噂はキャンパス中に広がった。

ケイト・ミドルトンは明らかに一般人ではあるが、裕福である。両親は通信販売で財をなした。彼らの会社、それは子どもたちが集まるときに使う〈パーティーグッズ〉を取り扱っている。ケイトは幼い頃、イギリス中に送られる前にお姫様のドレスを着たり、にせ物のダイアモンドがついた王冠をかぶったりしていた。三人兄弟の長女で優しいケイトは小学校でも人気があり、マルボローカレッジでの成績も優秀だった。しかし、彼女流にお高くとまっている面もあり、気軽にキスをしたりボーイフレンドを作るようなタイプではなかった。

ミドルトン家はロンドンのチェルシーに豪華な邸宅を持ち、バークシャーのバックルベリーに広大な土地を所有している。キャロル・ミドルトン夫人は成り上がりで、セントアンドリュースの学部も下心で選んだと口さがなく言っている人たちもいる。ケイトは恐るべきゴールドギガーなのだろうか？　アングロサクソンで良く言われる表現で、私利私欲で動く金銭ずくの人のことを〈黄金を掘る人〉と言う。だが、ケイトに関するスキャンダルは何もないのも事実だ。

ウィリアムは、若年の癌患者やエイズの感染者たちと一緒に過ごしたり、ホームレスの人たちと路上で一晩一緒に寝たこともあった。ダイアナの意志の継承である。

ケイトはウィリアムの気持ちにかなり自信があった。彼に抱きついてくる女性たちも無視してくれると信じ、王子の前にひざまずいてプロポーズする少女を見ても気にせずに楽しんでいた。週末やバカンスでバルモラルを訪れたときも、ケイトはいつもウィリアムの影にひっそりとたたずんでいた。〈ウェイティケイティ〉は自分の時代が来るのを待っていた！

七年間近く考えた末、ついにプリンスチャーミングは彼女の手を取ったのである。ウィリアムは何年間も彼女を待たせていたことを知っている。ケイトは二八歳になり、成熟し、人生と危険な障害物を理解する女性になった。この数年間彼女は自分を磨き、特に服装に関しては王室の伝統に添うようになった。学生がエレガントな若い女性になったのだ。常に控えめで慎ましい女性に。彼女の声を聞いた人はほとんどいない！

我慢したのは正しい選択だったのだろうか？　二〇〇五年六月二三日、ウィリアムがセントアンドリュースで学位を受けたとき、彼の五列前には長い式服の下に黒いミニスカートを着てピンヒールの靴をはいたケイトがいた。女王は彼女にすれ違い微笑みかけた。しかし、結婚を急ぐことは考えていなかった。女王は、チャールズとアンドリューが出会って間もなく結婚し、結果はご承知の通りだが、少その嵐のような人生を見て教訓を得ていた。それ以来女王陛下は、ロイヤルファミリーの結婚は、少なくても五年間は交際してから決めるべきだと考えるようになった。だからケイトは時の経つのを待たねばならなかったのだ。

二〇〇七年五月、状況が変わり、二人に亀裂が生じた。「あんな奴はやめておけ、ケイト！」それがデイリーミラーのタイトルだった。一方マスコミは見せかけの報道だと騒ぎたてた。ボディーガードもいなくなり、ケイトは一人でパパラッチにつけ狙われるようになった。彼女はマスコミには何も話さず、自尊心を持って困難を切り抜けた。独占インタビューもなく、公衆の面前で涙を浮かべることもせず、何も間違ったことをしなかった。結局、ウィリアムは彼女の元に戻り、再び彼女の愛を取り戻した。

王子が迷っていた長い間、耐えてくれたことに感謝し、ウィリアムは彼女をイビザやマーガレット王女の封土ムースティク島に連れていった。ウィリアムとケイトはそこで本当の夫婦のように振舞っていた。将来の国王としての役割に備え、彼は海軍と王室空軍での訓練を完了し、ケイトはセントジェームズ宮殿の邸宅で床を共にした。側近は彼女についてごくわずかしか知らない。彼女が好きなものは写真、ピーチメルバ、パズル、ブラックチョコレート、バレエ、メアリー・ヒギンス・クラークの小説、そして馬…王室に入るにはなくてはならない条件である。

長年結婚を待たせ、引き延ばしてきた末に、ウィリアムは二〇一〇年の夏にウェイティ・ケイティにプロポーズし、父親が婚約のときに母親に贈った素晴らしいサファイヤの指輪を彼女に捧げた。

二〇一〇年一一月一六日婚約を公式発表し、婚約者たちはにこやかにロンドンのクラレンスハウスに現れた。ＢＢＣは、ケイトと呼ぶのはあまりに親しげと判断し、ウィリアムとキャサリンと報道した。結婚式は二〇一一年四月二九日ウエストミンスター寺院で行われる。二人は自動車で到着するが、バッキンガムには馬車で戻ってくる。

キャサリン皇太子妃殿下は、二億人の視聴者がテレビの前で見守る中で「誓います」と言うだろう。新しい王妃は恐らく緊張していると思うが、性格を失ってはいまい。出身地のバークシャーでは、彼女は陽気で愉快で自然で快活で愛想のよい人と評価されている。「彼女を家族に迎えるウィンザー家は幸運だ」と断言する人たちもいる。彼女自身もイギリスの王家に嫁ぐ自分を運が良いと思っているだろう。

ウィリアムとキャサリンと共に歴史が繰り返されるかどうか、それは最悪ではなく最高になると二人が証明してくれるだろう。ダイアナが望んでいたように…。

ダイアナ妃が案じていたように、ウィリアムとハリーは彼女の死後すぐに〈ウィンザー化〉し、ポロやキツネ狩りや乗馬など、王族になじみ深い活動にねじ込まれた。にもかかわらず、彼らは母親の精神には忠実であり続けられた。

ハンサムでカリスマ性のあるダイアナの息子たちは、国民に接近しながら数百年に及ぶ君主国の伝統を永続化し、両極端の世界の最良の点を継承した。

第一九章　名声と大衆性

王位継承後、エリザベス二世はスピーチの中で「現在の君主国の機構と環境は、昔からの名残を無意味な形で作り上げることになりかねません」と語った。議員たちは永続性のシンボルである君主国には、ストーンヘッジの巨石のように揺るがなかった数世紀に挑む義務がある、と主張している。しかし、効果を上げるためには、黄金の杖とガーター勲章に満足してはいられない。国民の生活に緊密に結びついた、現在でも通用する習慣は残しておく必要がある。宮殿の重要性は政治的というより社会的な影響力にある。通常、宮廷には一風変わった面白さと大衆を楽しませる方法がある。

大英帝国の国王も、気質においては国民たちと変わらない。彼らと同じような長所と短所を持った、平均的なイギリス人の典型である。すべての人が王に英国らしさの継承を求めている。王は他の英国民のように冷静沈着で、礼儀正しく、ポーカーフェイスで適当に運動ができ、地味でオーソドックスな服装をし、目立ちすぎず風格があり、ユーモアに長けていなければならず、できたら何食わぬ顔で皮肉を言う人であって欲しい。ウィンザー家の人びとの性格は多彩であり、国民の心をつかむ魅力も増している。イギリス人たちはそれぞれ王室の誰かに自分を重ね合わせている。

意識していようがいまいが、国民たちの心の中には王室に対する憧れが隠されている。彼らが趣味や活動の場でそれに応えるのは都合が良い。彼らの振舞いや生き方には、特権階級と一般的な家族生活と田舎の生活、という英国最高の三点の価値を反映しなければならない。

イギリス国内のみならず、ヨーロッパ諸国また世界的な動揺の中で、君主国はしばしば再構築というより、むしろ分解しているように見える。党派同士の抗争を超えて、エリザベス女王は統一国家の象徴である。彼女は異なる世代間の鎖の環を繋ぐ役目を果たし、壊してはならない永続性を体現している。いつかエリザベス二世が息子のチャールズに地位を譲るかもしれない、と考えている人びとはイギリス王国の基盤を理解していない。

国王は性格的に威厳ある人が務める。その名声と尊厳と永続性は、伝統を守り続けてきた長い経験の上に成り立つ。王国の存在によってイギリスは不滅で優れた国と感じるのだ。さじを投げてしまえば王室の果たす務めの価値は下がり、君主国はヨーロッパの小国のランクまで落ちる。王位も六〇歳になったら退職して年金を受け取る、普通の仕事と変わらなくなってしまうのだ！　一九三六年以降バッキンガム宮殿を震撼とさせるのは、退位という言葉だけである。

平均的なイギリス人は英国の優位は疑う余地がない、という確信に基づく概念の下で、生き続けている。輝ける過去の残骸の中に、国家は素晴らしい資産と栄光の断片を維持し、美しい装飾の数々が王制の姿を留めている。ずっと以前から英国は、類まれな不滅の世界を築いた、という印象を与えるために骨を折り、英国人は独特の民族から成っていると確信している。国際人的な感覚を持ち、現代的な影響を受けても、その揺るぎない考えは変わらない。

夢を製造する機械になった王室は、世界中で放送されている連続もののドラマのように、なくてはならないものに見える。マウントバッテン―ウィンザー王家の最高の遺産は、メディアを使ってイメージを恒久化する術《すべ》を知っていたことだ。一九五二年エリザベス二世の即位以降、君主国は大きく変貌した。それは〈大衆化〉に見えたかもしれないが、彼女は財産や独自性や人気や魅力を増した。

力強い風貌を保ちながら、彼女は二世紀にわたって国民たちに歩み寄っていった。彼女は社会的憧れの象徴である。別の見方をすると、大半の英国人たちは国家の偉大さを反映して、王族たちには仰々しい贅沢な生活をする権利があると考えている。

エリザベス二世は順応性の高さを発揮して、王室のブランドイメージに変化を受け入れた。即位にあたっては君主国が受けた予期せぬ改革をすべて理解し、それらを誠実に尊重しながら基礎を維持することができた。エリザベスは彼女を徹底的に傷つける二つの危険な障害物を突き止めた。それは論争と薄汚いスキャンダルで、常に避けては通れなかった。

イギリス王室は時どき〈王室公演〉を開催する。実際彼らの話は、エピソードが予測できるメロドラマより内容が豊富でずっと面白い。装飾は本物で、公式行事の振付は比類なく華麗、登場人物たちは個性溢れ、王室物語は夢のような壮大なスケールで繰り広げられる。

幾人かの社会学者は、進化した王族たちの姿をテレビで見ているため、彼らをイメージ通りの行動をする、親しみやすい人に感じるようになったと指摘している。彼らに対する大衆の好奇心は飽くことがない。知れば知るほどさらに知りたがる。一人ひとりが話の展開を尊重しながら、最適の役を演じているように見える。マーガレットは可哀そうな王女を演じ、アンはカラボス役、フィリップはゲストスターだ。親戚のバーバラ・カートランドが書いたベストセラーから抜け出てきたダイアナは、共演者たちをしのぐスーパースターだった。

人びとの要求に刺激され、メディアは詳細なリサーチをし、情報を収集して、帽子や情事やアバンチュールや大いに物議を醸す仏頂面まで、どんなに些細なことでも報告する。過剰な取材が批判やからかいの的になっても、女王だけは難を逃れているように見える。女王の臣下たる国民は、王族たちも自分たちと同じような喜びや苦労を抱えていると知ると喜ぶ。ロイヤルファミリーの非神聖化は名声を高めることではなく、人気の上昇に繋がった。

「人気、それは一体何の役に立つのでしょうか？」サンデーディスパッチ誌は問いかけた。

「あなたは女王がロンドンのスーパーマーケットの行列に並んでいる姿や、フィリップ殿下がラッシュアワーの地下鉄でもみくちゃになっている所を本当に見たいですか？　女王や家族が、今のように少し遠い存在であるのは良くないと、本気で思っていますか？」

王国は国民の愛着や敬意なしには存続できないことは確かである。敬意を持続するためには距離と礼儀作法と最小限の華やかさを保ちながらも、国民に親近感を覚えさせる両面が必要である。しかし今日、マスコミによる攻撃で、この成功は打ち砕かれようとしている。彼らの生活に侵入したかのようなロイヤルファミリーの暴露話は後を絶たない。彼らは自己防衛しているが、民衆の前に立った途端、どんな些細な振舞いや言葉でも不利な材料に使われかねない。

新生王室を目指して

嵐のようなスキャンダルは時折宮廷の調和を乱すが、女王と相談役たちは大騒動を引き起こすことなく収束したマーガレットの不運な出来事から教訓を得ていた。不愉快なエピソードには事欠かない。かつて秘密厳守のために、ヴィクトリア女王がしていた簡潔な方法は、「決して不平不満を言わず、何も説明しない」ことだった。それは時として非常に功を奏す。現在でも不都合なことが暴露されたり、噂になったときにはこの手法で対応している。

ヴィクトリアとは反対に、エリザベス二世はロイヤルファミリーのメンバーを同じ鋳型にはめ込もうと望んだことはなかった。彼女は王室の力は多様性に負うところが多いと理解し、それぞれが自分を発揮できるように励まし寛容だった。残念ながら魔法はかけられなかったが！

一九九〇年代、イギリス王国は事件が相次いだ。セーラのスキャンダルやダイアナ―チャールズの連続物語、カミラの登場は、ウィンザー家の名声にかつてないほどの大きな傷をつけた。マスコミは不安を増長させた。嫌悪感を示す調査や苛酷な社説…、女王の〈ひどい年〉は一〇年に達した。激震に見舞われたウィンザー王朝は罰を受けているように見えた。

『王冠と国民』の著者フィリップ・ツィーグラーは記述した。「大英帝国は極端に常軌を逸した錯乱状態を露呈し、共和制を優遇した数世紀来の君主伝統を断念したように見える」

国民はあらゆる手段で現状から責任逃れをしてきたロイヤルファミリーに変革を求めている。君主国は維持に値すると国民を充分説得できるか、将来も積極的な役割を果たせるかを知らなくてはならない。それができなければ、英国の生活に不可欠なこの機構は消滅を余儀なくされる。

君主国に関する英国国民の気持ちを知る最良の方法は、一九三七年以降の一般庶民の意見や感想を網羅してある、サセックス大学の〈世論調査公式記録〉を調べることだ。そこには世論に影響する催しの九〇％にロイヤルファミリーは欠席していると記されている。共和制に有利な意見の傾向は大英帝国に広まっているとされている。アンソニー・ジェイによると、「ロイヤルファミリーのメンバー一〇名の行動や振舞いは、良かれ悪しかれ君主国の人気に影響を及ぼすが、恐らく他の二〇名はイメージに磨きをかけているだけだ」。

ウィンザー家の周辺にはそう多くの神秘主義者はいない。女王と家族は絶えずもろく傷つきやすい人間として登場する。離婚や別離やスキャンダルや欲望は王朝を破壊してきた。マスコミは血も涙もなく〈あらゆる絆や傷跡〉を詳細に描写する。彼らは微に入り細を穿って報道されることで、あからさまに攻撃され嘲笑される。苛酷にも矢面に立った彼らは勝負に負け、イメージを回復するには残念ながら既に遅すぎた。損害はあまりに大きく、支払い義務のある納税者の大半を非常に苛立たせた。アイドルたちは台から転げ落ちた。

女王が打撃を与えるあらゆる論争から長い間必死で守ってきたにもかかわらず、ロイヤルファミリーは混沌とした様子を呈している。スキャンダルはウィンザー家をむしばみ、克服することができない。フィリップ殿下はカナダに公式訪問したときにこう言った。

「君主国についての質問に答えるのはとても簡単です。国民が満足していないなら、変えていくしかありません。君主国は自分の利益のためではなく、国家の利益のために存在しているのです」

エリザベスは一九九〇年代に受けた打撃を修復しようと精力的に働き、国と歩調を合わせ、国民たちに歩み寄り、さらに人間的に見せるように努めた。ＢＢＣ放送を聞きながら紅茶を飲んで朝を過ごし、馬や犬の世話をし、ガーデニングや音楽やスポーツを楽しんでいるイギリスの地方の人びとにとって、バッキンガム宮殿は遥か彼方にあり、重厚で物静かなイメージだ。王室で起きることもちらりと脳裏をかすめるにすぎない。

霧と雨用のカーテンで遮られ、しわくちゃのツイードの洋服を着て、湯気の立った紅茶を飲んでいるイギリス人たちは、頑なにその生活を守っている。眠っているように見えるバッキンガム宮殿も同じである。邸宅の一部は本物の蜂の巣のように見えるが、庭園に面した部分はまるで麻酔をかけられたようである。権威の象徴であるバッキンガム宮殿は、どこかで自分の国が世界の中心だと考えている典型的なイギリス人のようでもある。恐らく全く間違いとは言えないが…。

エリザベス二世の権力は未だに夢のようである。彼女は自分の歴史（History）を大文字のHで表している。何という歴史だろう！　一九二六年に生まれ五二年に即位し、国家の悲喜こもごもを経験した。歴史は巡り、その中で王国は作り上げられてきた。エリザベス二世は二〇世紀に起きたさまざまな悲劇を彼女独自の方法で乗り越えてきた、近年世界で最も偉大な人物の一人である。彼女は戦中戦後の世代に属し、子ども時代に経験した戦争は、彼女に深く印象付けられている。その人生の特徴は、激変の中にあっても終始変わらない一貫性にある。社会主義が道筋をつけ、保守主義は持ちこたえ、サッチャーは磨きをかけ、リベラル保守主義のブレアにキャメロンが続いた。国内外問わず状況への天才的な順応性を発揮し、女王は苦境を乗り越え、イギリス君主国の永続性を保証した。

フィリップ殿下があるとき言及したように、君主国の永続性は国民の同意に基づくものである。二〇世紀と二一世紀にロイヤルファミリーの数名が跡形もなく消え去った。王族の家系は永久不滅ではない。即位後六〇年近くになるエリザベス二世は、君主らしく振舞い、それはイギリス国民の揺るがぬ思いの基礎になっている。エリザベス二世の死後、王位継承権はチャールズ三世に委ねられ、この制度の存続のためには再構築が必要になる。改革を繰り返しながら、世界に郷愁と華やかさへの憧れを取り戻させることが、彼の挑戦だろう！

経済の沈滞に永遠の別れを告げ、イギリス王国は現在、国中に活気を与えている。

二〇一一年四月二九日にはウィリアム王子が結婚し、二〇一一年六月一〇日にはフィリップ殿下が九〇歳の誕生日を迎え、二〇一二年六月にはエリザベス二世の即位六〇周年記念式典が四週間にわたって行われる。そして、二〇一二年七月二七日から国民的行事のロンドンオリンピックが始まる。

イギリス君主国は一連の行事を国民に広く周知することに成功し、かつての壮麗さを復活させようとしている。月日は流れ、エリザベス二世は母の皇太后に習い、王室典礼の方法と感覚を身につけ、比類なき〈THE QUEEN〉として君臨している。

人びとは女王と聞くと、世界で最も多く写真を撮影され、蝋人形博物館にもそっくりな人形が展示されていることを連想する。彼女の肖像は切手や紙幣にも使われ、イニシャルの〈ER〉（統治するエリザベス）は、赤い郵便ポストやロンドンタワーの矛槍兵やバッキンガム宮殿に続く道にも見受けられる。パスポートや納税証明書や運転免許証は彼女の名前で発行される。

即位後約六〇年間、成功の喜びと失敗の苦しみを経験し、崩壊した過去の均衡と再興しつつある新たな均衡の間で、身動きが取れずにいた国家が新しく生まれ変わろうとしている。君主国は批判の対象になることもあるが、女王の人格に対する攻撃は減少した。彼女の義務感と自己犠牲的な精神による波乱に満ちた人生は、称賛されている。内気で慎ましく華奢だった少女が、どうやって誰も予期しなかったような威光に満ちた人物になったのだろうか？　穏やかな威厳と務めに対する完璧な献身とある種の神秘性を保つ才能によるのだろうか。彼女は絶対的信念を持つ神秘主義者なのだ。

二〇一〇年六月〈女王の公式誕生日祝賀パレード〉のファンファーレが、ダウニング街一〇番地の首相官邸の近くで、繰り返し鳴り響いていた。広間ではメイドがグラスを片づけていたが、その一方でデヴィッド・キャメロン首相は直立不動で窓のそばに立ち、注意深く耳を傾けていた。

突然彼はメイドに顔を向けて叫んだ。

「音を立てるのをやめなさい！　聞こえませんか？　女王陛下がいらっしゃるのですよ！」

訳者あとがき

〈イギリス王室のウィリアム王子、ケイト・ミドルトン嬢と婚約〉

昨秋発表されたおめでたいニュースは、日本にもすぐ伝わってきました。長く低迷していた英王室に待ちに待った明るい話題で、イギリス中が活気づき、結婚式が近づくにつれ祝福ムードが高まっているると聞いています。そして、前作『ヌレエフ　20世紀バレエの神髄　光と影』の著者ベルトラン・メヤー＝スタブレ氏の著作の中に本書があり、翻訳に取り組むことになりました。

ジャーナリストであり、ロイヤルファミリーとも親交のあるスタブレ氏の情報量は膨大であり、イギリス王室の歴史的背景、バッキンガム宮殿の様子、王室の機構、ロイヤルファミリーの公人としての務めからプライベートな生活に至るまで、さまざまな視点で詳細にわたって記述されています。翻訳しながら私自身も、バッキンガム宮殿の中に足を踏み入れたような思いがしたり、壮麗な晩餐会を垣間見たり、また王室の伝統ある長い歴史に思いを馳せたりしました。

神秘のヴェールの向こう側の世界には、桁違いの豪華さや浮世離れした慣習、独特のヒエラルキーがあり、驚きや不思議さに満ちていると同時に、華やかさとは裏腹に言いようのない孤独感が迫ってきました。

しかし、最も印象に残ったのは、ロイヤルファミリーそれぞれの人間としての部分でした。本書の中心をなしているのは、女王陛下エリザベス二世です。エドワード八世の退位により父親が国王になり、王位継承第一位になったエリザベス。これは宿命だったのかもしれません。背負ったものの重さも、それに伴う喜びも懊悩も計り知れませんが、女王も自然を愛し、家族の幸福を願う一女性であることに変わりはありません。

胸中に去来する思いを心の奥底に封じ込め、運命を受け容れ粛々と務めを果たしている女王には心から敬意を覚え、感情豊かでユーモアのセンスのある一面は、魅力的に感じました。普段目にしているような公務から離れた姿を描くことで、本書が英王室のみならず、女王陛下の人となりの理解に役立つようでしたら嬉しく思います。

なお、本書は二〇〇二年に出版された作品のため、現状とは異なる点もありますことをお断りさせていただきます。またこのたびの出版にあたり、一部加筆されております。

最後に本書の翻訳出版にあたり、多大なご協力をいただきました阿部和江様とフランス著作権事務所の小澤美奈様に衷心よりお礼申し上げます。

世界中が経済不況や環境問題など多くの問題を抱えている中で、英王室の若きカップルの誕生が、人びとに明るい気持ちを取り戻させ、夢や希望を与えてくれますよう願ってやみません。

God bless you.

イギリス王家（ウィンザー家）

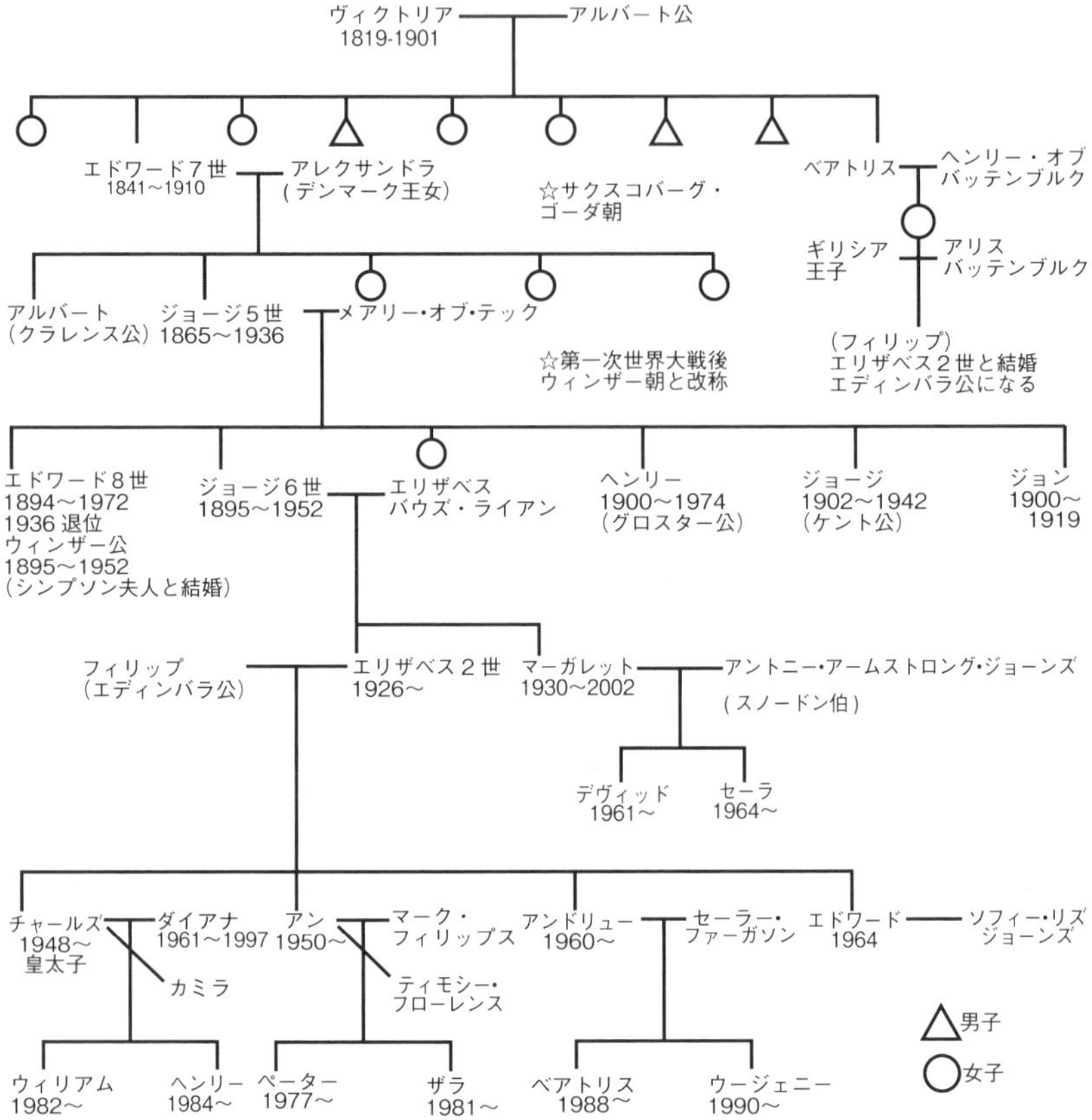

エリザベスⅡ世略歴

1926年4月21日	ロンドンで誕生
1936年	ジョージⅤ世崩御。英国皇太子、エドワードⅧ世の名で即位
1937年6月	エドワードⅧ世、ウォリス・シンプソン夫人との結婚により退位し、ウィンザー公になる。ジョージⅥ世即位、エリザベスは継承権のある王女になる
1947年11月20日	ギリシャ・デンマークのフィリップ王子と結婚
1948年	チャールズ皇太子誕生
1950年	アン王女誕生
1952年	ジョージⅥ世崩御。長女、エリザベスⅡ世の名で即位
1953年6月2日	ウエストミンスター寺院で戴冠式
1955年	タウンゼント事件。マーガレット王女、ピーター・タウンゼント大佐との結婚を断念
1960年	アンドリュー王子誕生。マーガレット王女、アントニー・アームストロング-ジョーンズと結婚
1964年	エドワード王子誕生
1965年	ウィンストン・チャーチル逝去
1972年	ウィンザー公逝去
1977年	即位25周年記念式典シルバー・ジュビリー
1979年	マウントバッテン卿暗殺。マーガレット・サッチャー首相就任
1981年	チャールズ皇太子、ダイアナ・スペンサー嬢と結婚
1982年	ウィリアム王子誕生
1984年	ヘンリー王子誕生
1992年	女王の〝悲惨な年〟:アンドリュー－セーラ別居、アン－マーク離婚、チャールズ—ダイアナ別居、ウィンザー城火災
1996年	チャールズ－ダイアナ離婚
1997年	ダイアナ　自動車事故によりパリで逝去
2002年	即位50周年記念式典ゴールド・ジュビリー マーガレット王女、エリザベス皇太后逝去
2005年4月9日	チャールズ－カミラ　ウィンザーで結婚
2006年	生誕80年祝賀記念式典
2011年4月29日	ウィリアム王子、キャサリン・ミドルトン嬢と結婚
2012年	即位60周年記念式典ダイアモンド・ジュビリー

王位継承順位

1　チャールズ皇太子
2　ウィリアム王子
3　ヘンリー王子
4　ヨーク公アンドリュー王子
5　ビアトリス　ヨーク公女
6　ユージェニー　ヨーク公女
7　ウェセックス伯爵　エドワード王子
8　レディ・ルイーズ・ウィンザー
9　アン王女
10　ピーター・フィリップス
11　ザラ・フィリップス
12　リンリー子爵
13　チャールズ・アームストロング・ジョーンズ
14　マルガリータ・アームストロング・ジョーンズ
15　レディ　セーラ・チャット
16　サミュエル・チャット
17　アーサー・チャット
18　グロスター公爵家の　リチャード
19　ウルスター伯爵家の　アレクサンドラ
20　レディ　ダヴィナ・ルイス
21　レディ　ローズ・ウィンザー
22　ケント公爵家の　エドワード
23　レディ　マリン・ウィンザー
24　レディ　アメリー・ウィンザー
25　レディ　ヘレン・タイラー

バッキンガムガイド

君主国の公式ホームページ：　http://www.royal.gov.uk

チャールズ皇太子の公式ホームページ：　http://www.princeofwales.gov.uk

バッキンガム宮殿公式諸間の夏期公開に関するチケット及び予約情報の連絡先：

The Official Residences of The Queen　London SW1A1AA　Great Britain

クレジットカード予約専用ライン：(＋44)（0）20　7766　7300

団体予専用ライン：(＋44)（0）20　7766　7321

ＦＡＸ：(＋44)（0）20　7930　9625

電子メール：　bookinginfo@royalcollection.org.uk

groupbookings@royalcollection.org.uk

エリザベス女王の住所：

Her Majesty The Queen, BuckinghamPalace,LondonSW1,Great Britain.

手紙の冒頭には必ず〈Your Majesty〉（女王陛下）と書き、最後には〈I have the honour to be Your Majesty's humble and obedient subject and servent〉（敬具）

と書くこと。

THE ROYAL COLLECTION

見学案内の公式ホームページ：　http://www.royalcollection.org.uk　（日本語版ほか）

〈衛兵交代〉

宮殿のメインエントランスの前で、５月から７月末まで毎日、その他の月は隔日、雨の日を除き毎朝11時30分から実施。ロンドンの観光名物で最も人気のあるセレモニーで、ヴィクトリアの大理石の石像の下で行われる。軍隊の音楽に合わせ、王室の騎馬兵と歩兵隊の交替を鑑賞することができる。常に多くの観衆がいるので早く行く方が良い！

セントジェームズ宮殿でも11時15分から実施されている。

〈軍旗敬礼分列式〉

元来大隊は軍旗のもとに集合した。セレモニーの名称はパレードでの演奏曲目が起源で、色の紹介も行う。各隊には女王陛下の色の他に、それぞれの色がある。公式誕生日祝賀パレードでは、大佐が敬意を表し女王と国王の色を披露する。

現在はロンドン市内の交通網の妨げにならないように、6月の第1第2土曜日に実施されている。女王はライフガードとブルース＆ロイヤルズという衛兵隊にエスコートされて宮殿を出発し、マルを通り騎馬兵のパレードに合流して、11時から1時間、閲兵式を披露する。国歌は3回斉唱される。

〈クイーンズギャラリー〉

王室コレクションの女王の絵画をはじめ、さまざまなコレクションが展示されている美術館は、ヴィクトリア駅に近バッキンガム通りにある。

住所：The Official　Residence of The Queen London SW1A 1AA

開場時間：毎日10時～17時30分まで

書籍、絵葉書、王室記念品を取りそろえた売店はバッキンガムゲート側にある。

〈ロイヤルミューズ〉

バッキンガム宮殿の厩舎は、バッキンガム宮殿通り側に面したクイーンズギャラリーから数メートル離れ、ドーリア式のアーチをくぐった所にある。

住所：The Official Residence of The Queen London SW1A 1AA

開場時間：1月3日～3月25日　月曜から金曜　11時～16時

3月26日～10月31日10時～17時

実に王室らしい馬車や馬具のコレクションが展示されている。戴冠のときに使用する馬車は必見。4トン近くある8頭立ての馬車で、偉大な建築家、ウィリアム・チェンバースのデッサンに基づいて1762年に作られ、フィレンツェ生まれでロンドン育ちの画家G.B.シプリアーニが装飾を施した。他にも大規模な公式行事に使用される、ランドー型馬車、ブロッサード型馬車、フェートン型馬車、ルイ・フィリップがヴィクトリアに贈った二輪馬車などが展示されている。車では王室カラーの1903年製造ダイムラーから、透明の屋根つきの1961年製造のロールスロイスまで陳列されている。ダイムラーは40年間王室用御料車だった。興味深い馬具用品も見ることができる。

〈ケンジントン宮殿〉

ケンジントン庭園の中央にある若きヴィクトリアの邸宅。宮中服のコレクションは1階に展示され、2階の邸宅は見事である。美しい庭園同様、一見の価値がある。

住所：Kensington Palace,The Broad Walk,Kensington Gardens,London W8

開場時間：3月1日～10月31日　10時～18時　11月1日～2月28日　10～16時

電話：087 － 0751—5170

運が良ければ、隣の宮殿の住人に会えるかもしれない。

〈近衛兵博物館〉

宮殿にほど近いウエリントン兵舎の中には女王の近衛兵博物館がある。有名な戦いで使われた武器や軍服が、絵画やパレードに使用される制服と共に展示されている。

住所：Birdcage Walk,London　Westminster SW1E6

開場時間：毎日10時～16時（金曜休館）

ヘンリーⅧ世の面影のあるウィンザーハンプトンコートやこじんまりしたキュー宮殿のように、ウィンザー城と素晴らしい邸宅も、女王の不在中は見学できる。宝石をちりばめた王冠を鑑賞できるロンドンタワーも忘れてはならない。

〈オールソップ〉

1508年からスペンサー家の祖先が居住しダイアナ妃が埋葬されている。

住所：Althorp,Northampton,Northamptonshire,NN74HQ

7月1日から8月30日までの間、10時～17時まで公開

〈ブロードランド〉

テスト川沿いの目を見張るような所有地は、ヴィクトリア王女時代の首相パーマストン卿の邸宅として使われていた。ルイ・マウントバッテン卿夫妻が多くの祭典を行って有名になり、チャーリー・チャップリンが20部屋のゲストルームを長期間使用していたこともある。1947年エリザベスとフィリップ殿下は新婚初夜をここで過ごし、34年後チャールズ皇太子とダイアナ妃も同じようにした。マウントバッテン卿邸、ヴァン・ダイク家、レイモンド家は素晴らしい。

住所：　Broadland,Romsey,Hampshire.

本書は二〇〇二年にフランスで出版された「BUCKINGHAM PALACE AU TEMPS D'ÉLISABETH II」を翻訳したものである。日本での出版にあたり、著者によって一部、修正、加筆された。

バッキンガム宮殿の日常生活
二〇一一年四月一九日　初版第一刷発行

著　者　B・メヤ-スタブレ
訳　者　新倉真由美
編集者　阿部和江
発行者　中島園江
発行所　株式会社文園社
〒113-0033
東京都文京区本郷一-三五-二八
電話　〇三（三八一六）一七〇五
FAX〇三（三八一五）三五〇九
http://www.bunensha.co.jp
E-mail/hongo@bunensha.co.jp
印刷所　中央精版印刷株式会社

ISBN978-4-89336-251-3 C0098　Printed in Japan